Leistungskurs Sport, Band I
Sportbiologische und trainingswissenschaftliche Grundlagen

Anka Weineck /
Jürgen Weineck

8. unveränderte Auflage 2010

Anschrift der Verfasser:

OStRin Anka Weineck
Ehrenbürg Gymnasium Forchheim
Ruhalmstraße 5
D-91301 Forchheim

Prof.em. Dr.phil. Dr.med. Dr.h.c. Jürgen Weineck
Institut für Sportwissenschaft und Sport
der Universität Erlangen - Nürnberg
Gebbertstraße 123 - D-91058 Erlangen

Leistungskurs Sport, Band I
Sportbiologische und trainingswissenschaftliche Grundlagen

Anka Weineck / Jürgen Weineck
8. unveränderte Auflage. Copyright 2010.
ISBN: 978-3-00-013707-5

Vertrieb
Südost Verlags Service GmbH
Am Steinfeld 4 - D-94065 Waldkirchen
Tel.: 0 85 81 / 96 05 0
Fax: 0 85 81 / 75 4
email: service@suedost-verlags-service-de
www.leistungskurs-sport.net

Layout, Satz: Christian Weineck
Grafiken, Fotos: Michael Weineck

Inhaltsverzeichnis

III Das Training der motorischen Hauptbeanspruchungsformen Kraft und Schnelligkeit 125

Vorwort

Im ersten Band werden die neuesten Erkenntnisse aus den Bereichen der Sportbiologie und der Trainingswissenschaft schulgerecht für den Leistungskurs bzw. die Oberstufe Sport (G8) aufbereitet.
Nach dem Grundsatz der Nachhaltigkeit wird dabei versucht, die für den Schüler wesentlichen Inhalte in verständlicher und praktisch umsetzbarer Form in überschaubaren Lerninhalten darzustellen.
Am Ende einer jeden Lerneinheit bietet die jeweilige Lernerfolgskontrolle dem Schüler Gelegenheit, sein erarbeitetes Wissen über konkrete Fragestellungen zu überprüfen und weiter zu festigen.
Es ist das besondere Anliegen des Buches, die sportbiologischen Hintergründe und Erklärungsgrundlagen den jeweiligen thematischen Schwerpunkten aus der Trainingswissenschaft voranzustellen, um Zusammenhänge erfahrbar zu machen und ein umfassendes Gesamtverständnis zu ermöglichen. Darüber hinaus soll es die thematische Aufbereitung des Stoffes in überschaubare Lerneinheiten dem Schüler ermöglichen, die Wissensfülle nicht nur im Unterricht, sondern auch im Eigenstudium zu erarbeiten.
Um die Lektüre des Buches nicht mit Autorennachweisen und Quellenzitaten zu überfrachten, wird die sonst übliche Zitatpflicht auf das Notwendigste reduziert. Besonders Interessierten steht zur weiteren Vertiefung oder zum genauen Quellenstudium die Ergänzungslektüre des „Optimalen Trainings“, der „Sportbiologie“ und der „Sportanatomie“ des gleichnamigen Autors zur Verfügung, die diesem Buch als wissenschaftliche Basis zugrunde liegen.

Der besondere Vorteil dieses Buches besteht schließlich darin, dass alle seine Inhalte bereits in mehreren Leistungskursen am Ehrenbürg-Gymnasium Forchheim auf ihre Durchführbarkeit und Umsetzbarkeit hin überprüft und von den jeweiligen Schülern kritisch diskutiert wurden.

Anka und Jürgen Weineck
Kunreuth, im Sommer 2009

Kurze Einführung in die Sporttheorie

Die Sporttheorie weist sich über die Sportwissenschaft als ein Fachbereich mit interdisziplinärem Charakter aus.

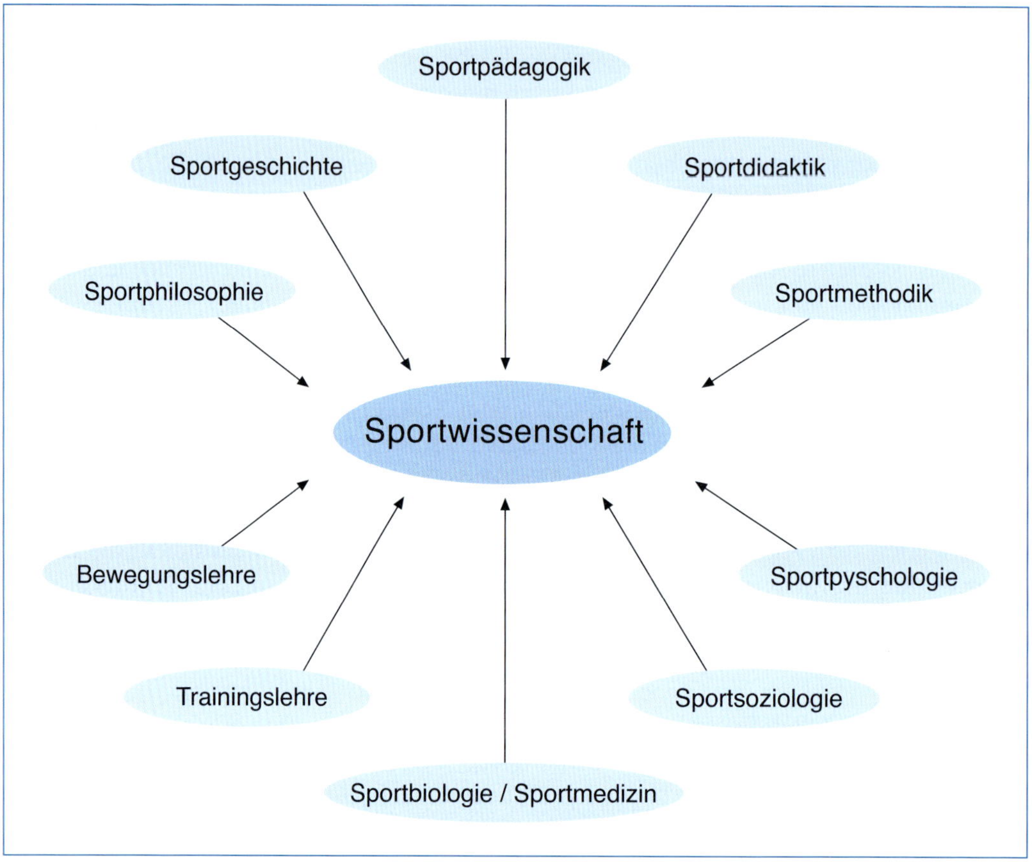

Abb. 1: Die Sportwissenschaft als interdisziplinärer Fachbereich

Aus der Vielzahl der verschiedenen Teildisziplinen der Sportwissenschaft sind - im Rahmen der zur Verfügung stehenden Zeit für das Verständnis von Gesundheits- und Leistungssport und ihrer gesellschaftlichen Einbettung vor allem die Sportbiologie, die Trainingslehre, die Bewegungslehre, die Sportpädagogik, die Sportpsychologie und die Sportsoziologie von Bedeutung.

Die *Sportbiologie* als interdisziplinäres Fachgebiet versucht den Einfluss von Bewegung bzw. körperlicher Aktivität und Training auf den menschlichen Organismus darzustellen und Einflussfaktoren, welche die körperliche Leistungsfähigkeit mitbestimmen, in ihren Wirkungsmechanismen zu erklären. Sie stützt sich dabei vor allem auf die Sportanatomie

und die Sportphysiologie, die den Aufbau und die Funktion der verschiedenen sportrelevanten Organsysteme beschreiben.
Über entsprechende Kenntnisse wird ein gezieltes Training der Muskulatur bzw. anderer leistungs- oder gesundheitsrelevanter Organsysteme ermöglicht.

Die *Trainingslehre* zeigt die Methoden und Inhalte auf, die zur Optimierung der verschiedenen Faktoren der sportlichen Leistungsfähigkeit (s. Abb. 3) einzusetzen sind.

Die *Bewegungslehre* beschreibt und analysiert sportliche Bewegungen. Sie zeigt Lösungsmöglichkeiten auf, die z.B. beim Erlernen oder Optimieren von Bewegungsabläufen von Bedeutung sind, und gibt u.a. Auskunft darüber, ob aus biomechanischer Sicht eine Bewegung optimal durchgeführt wird.

Die *Sportpädagogik* bezieht sich auf die Zusammenhänge von Sport und Erziehung. Sie trägt dazu bei eine Sportpraxis zu entwickeln, welche die Persönlichkeitsentfaltung fördert und neue Möglichkeiten der Lebensgestaltung eröffnet.

Die *Sportpsychologie* versucht menschliches Handeln und Erleben im Zusammenhang mit sportlicher Tätigkeit zu erfassen, zu beschreiben, zu erklären und somit zu beeinflussen.

Die *Sportsoziologie* schließlich vermittelt ein erstes Verständnis für die komplexen Zusammenhänge zwischen Sport und gesellschaftlichen Prozessen und beleuchtet die vielfältigen Verflechtungen zwischen Sport, Medien und Wirtschaft.

Da in der Literatur oft nebeneinander von Trainingslehre und Trainingswissenschaft gesprochen wird - vergleichbares gilt für Bewegungslehre und Bewegungswissenschaft - soll hier noch kurz eine Begriffsklärung erfolgen. Wie Abb. 2 verdeutlicht, stellt die Trainingslehre das bislang nicht oder noch nicht wissenschaftlich bestätigte, aber in der Sportpraxis bewährte Wissen des Trainers, Sportlehrers, Übungsleiters bzw. Sportlers dar. Die Trainingswissenschaft hingegen - als noch junge Teildisziplin der Sportwissenschaft - versucht dieser praxisorientierten Trainingslehre eine wissenschaftliche Basis zu geben und sie inhaltlich und methodisch auf ein wissenschaftliches Fundament zu stellen, sie in ihren Aussagen aufzuarbeiten und bestehende Annahmen und Überzeugungen zum Training wissenschaftlich fundiert zu bestätigen oder auch zu verwerfen.

Einer der zentralen Punkte der sportwissenschaftlichen Forschung ist die Bestimmung der sportlichen Leistungsfähigkeit und ihre Beeinflussbarkeit durch körperliche Aktivität bzw. Training.

Wie Abb. 3 erkennen lässt, hängt die körperliche bzw. sportliche Leistungsfähigkeit von einer Vielzahl von Faktoren ab.
Entsprechend der Vielfalt der unterschiedlichen Einflussfaktoren der sportlichen Leis-

tungsfähigkeit ist, wie bereits dargestellt, nur eine interdisziplinäre Betrachtungsweise und Umsetzung für ihre Optimierung erfolgversprechend.

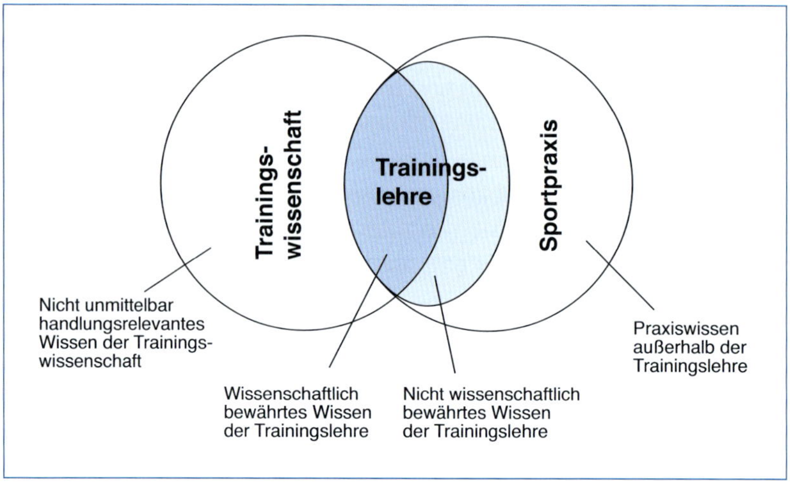

Abb. 2: Wissensbestände von Trainingswissenschaft, Trainingslehre und Sportpraxis (nach Hohmann / Lames / Letzelter 2002,25)

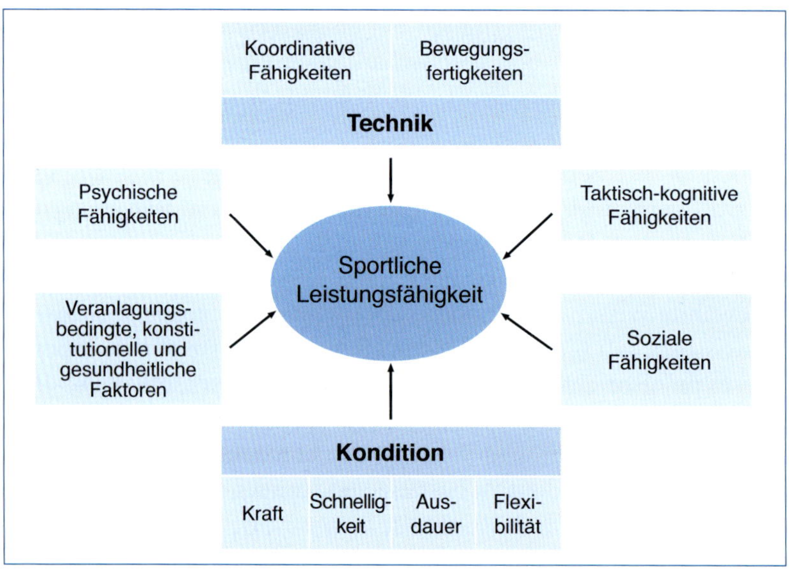

Abb. 3 : Vereinfachte Darstellung der Faktoren der sportlichen Leistungsfähigkeit

I Allgemeine Zielsetzungen und Merkmale des sportlichen Trainings

Lerninhalte:

- Biologische Gesetzmäßigkeiten der Anpassung und das Phänomen der Superkompensation
- Reizstufen- und Funktionszustandsregel
- Trainingsziele, -inhalte, -methoden und -mittel
- Belastungskomponenten
- Prinzipien des sportlichen Trainings
- Trainingsplanung und -steuerung in ihren Grundzügen

1. Lerneinheit: Anpassung als Grundvoraussetzung sportlichen Trainings

1.1 Adaptation und Superkompensation

Zum besseren Verständnis sportlicher Leistungen sind grundlegende sportbiologische sowie trainingswissenschaftliche Basiskenntnisse unabdingbar.
Die Auswirkungen von körperlicher bzw. sportlicher Aktivität auf den menschlichen Organismus lassen sich nur über hinreichende anatomisch-physiologische Kenntnisse der dabei ablaufenden Anpassungsprozesse verstehen.
Planung und Durchführung eines sportlichen Trainings können demnach nur dann gezielt und leistungsoptimierend erfolgen, wenn die biologischen Gesetzmäßigkeiten der Anpassung bekannt sind und in der Folge adäquate Trainingsreize gesetzt werden, die zu einem höheren Funktionszustand führen.

1.1.1 Adaptation

In der Biologie wird grundsätzlich unter "Anpassung" eine funktionelle bzw. organische (morphologische) Adaptation des Organismus auf innere und/oder äußere Anforderungen verstanden. Anpassung stellt also die Adaptation des gesamten Organismus oder eines Teilsystems an exogene (= äußere) bzw. endogene (= innere) Anforderungen dar. Sie erfolgt gesetzmäßig und ist auf eine bessere Bewältigung der sie in Gang setzenden Belastungen ausgerichtet.
Anpassung und Anpassungsfähigkeit gehören zur Evolution und sind ein wichtiges Kennzeichen des Lebens.
Anpassungen erfolgen in den einzelnen Organsystemen unterschiedlich schnell. Die Anpassungsfähigkeit ist dabei altersabhängig: Je jünger das Individuum, desto schneller und ausgeprägter ist die Anpassungsfähigkeit bzw. Trainierbarkeit. Anpassungen sind reversibel und müssen ständig aktiv erhalten bzw. neu erworben werden.

1.1.2 Biologische Gesetzmäßigkeiten der Adaptation

Eine der grundlegendsten Gesetzmäßigkeiten der Natur ist die Fähigkeit von Lebewesen, sich an die verschiedenen Umweltbedingungen (Reize) anzupassen.
Die naturgesetzlichen Wechselbeziehungen von organischer Form und Funktion sind die biologischen Grundlagen für die Gesetzmäßigkeiten des Trainings.

Die organische Form bestimmt die Funktion. Die Funktion ihrerseits entwickelt, formt und spezialisiert das Organ.

Abb. 4 verdeutlicht die gegenseitige Abhängigkeit von organischer Form und Funktion.

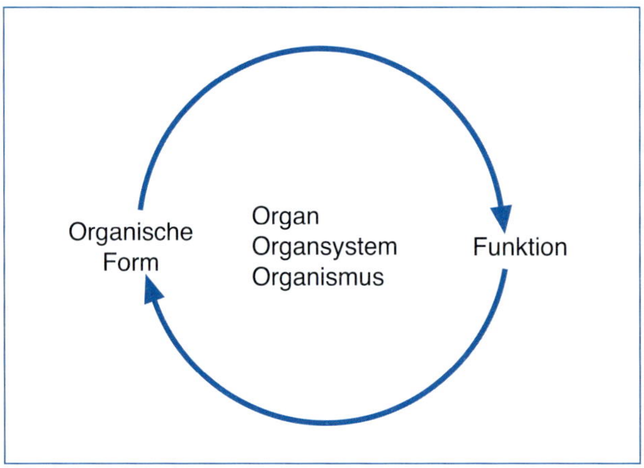

Abb. 4: Die Wechselbeziehungen von organischer Form und Funktion

Ohne dieses funktionelle Wirkungsgefüge wäre es dem menschlichen Organismus nicht möglich, sich an verändernde Umwelterfordernisse anzupassen.
Das Prinzip der Funktionsbeanspruchung von Organen, Organsystemen oder des Gesamtorganismus stellt die wesentliche Voraussetzung für die Leistungssteigerung dar und spielt im Bereich des Sports eine zentrale Rolle.
Den biologischen Adaptationen im Sport geht ein Lernprozess voraus, der die Beherrschung funktionssteigernder und die organismische Leistungsfähigkeit beeinflussender Bewegungsabläufe sichert. Danach bewirkt ein Training energetisch-metabolische (den Stoffwechsel betreffende), koordinative und psychologische Anpassungen (z.B. Steigerung der Willenskraft), die im Gegensatz zu den erlernten Bewegungsabläufen durch Übungsdefizite rasch wieder rückgängig gemacht werden.

Die individuell unterschiedliche Reizverarbeitung bei quantitativ und qualitativ gleichwertigen Übungen bzw. Trainingsbelastungen nennt man Anpassungsfähigkeit oder Adaptabilität.

Im Sportbereich wird Adaptabilität als *Trainierbarkeit* bezeichnet.
Durch Umwelt- bzw. Trainingsreize kommen die genetischen Anlagen - man spricht vom Genotyp - im Phänotyp (äußerc Erscheinungsform) zum Ausdruck, wobei nur ein kleiner Teil der möglichen Merkmalsausprägungen zur realen Ausbildung gelangt (vgl. Abb. 5).

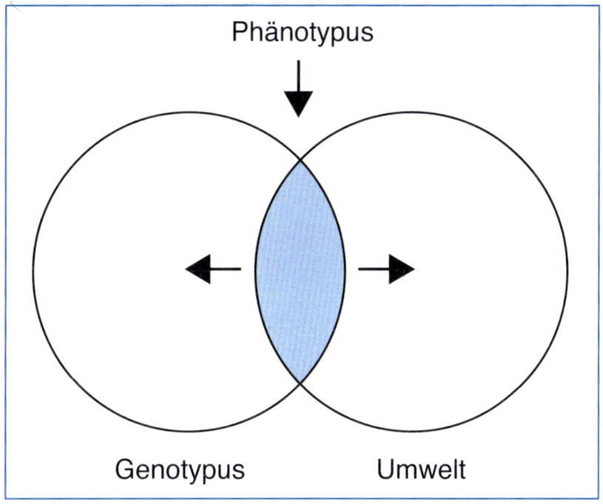

Abb. 5: Schematische Darstellung der Beziehungen zwischen Genotypus (Organismus) und Umwelt

Im Sportbereich wird aufgrund der vielfältigen Einflussfaktoren (s. Abb. 9, S.21) selbst bei härtestem Training nur selten der Genotypus vollständig in den Phänotypus umgesetzt.

Phasen erhöhter Adaptabilität - sie liegen für koordinative und konditionelle Leistungsfaktoren zu einem unterschiedlichen Zeitpunkt vor - werden als "sensitive" bzw. "sensible" Phasen bezeichnet.

Die biologische Adaptation an einen exogenen Reiz/Trainingsreiz erfolgt über einen gesetzmäßig gestaffelten zeitlichen Ablauf (vgl. Abb. 6):

1. Homöostase (= Stoffwechselgleichgewicht)

2. Störung der Homöostase durch einen Trainingsreiz (verbunden mit einer vorübergehenden Leistungseinbuße)

3. Erholungsphase

4. Gegenregulation mit
- **Erweiterung der Funktionsamplitude**
- **Formierung neuer Strukturen**
- **Steigerung der Leistungsfähigkeit**
- **Homöostase auf höherem Niveau**

5. Reversibilität (Umkehrbarkeit) der Anpassungsprozesse bei Übungsdefiziten

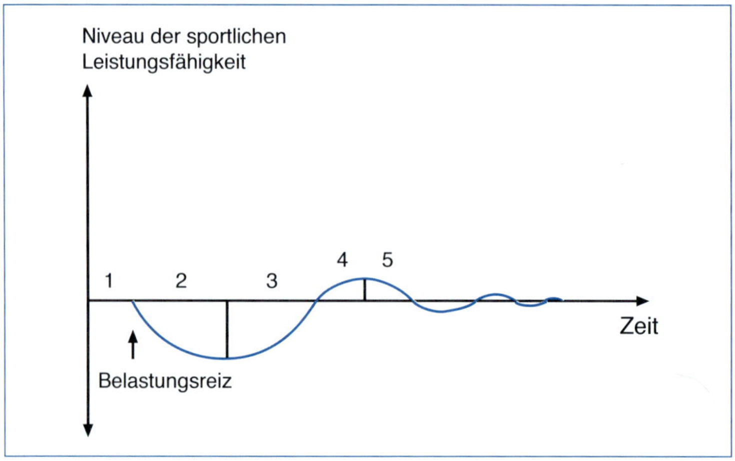

Abb. 6 : Phasen der Veränderung der Leistungsfähigkeit nach einem Belastungsreiz (Phaseneinteilung s. vorhergehenden Text)

Wie Abb. 6 erkennen lässt, kommt es nach Belastung zu einer vorübergehenden Abnahme der sportlichen Leistungsfähigkeit und einem anschließenden Wiederanstieg (in der Wiederherstellungsphase) über das Ausgangsniveau hinaus.
Folgen der Phase erhöhter sportlicher Leistungsfähigkeit keine weiteren Trainingsbelastungen mehr, dann wird allmählich wieder das Ausgangsniveau erreicht.
Werden weitere Trainingsreize in optimaler Folge gesetzt, dann steigt die sportliche Leistungsfähigkeit kontinuierlich an (s. Abb. 7a). Werden die Trainingsreize jedoch über einen längeren Zeitraum in der Phase der unvollständigen Erholung gesetzt, dann kann es zum "Übertraining" (s.S. 116) bzw. zur Abnahme der sportlichen Leistungsfähigkeit kommen (s. Abb. 7b).

Handelt es sich bei der Steigerung der sportlichen Leistungsfähigkeit (s. Phase 4) um Adaptationen im Bereich des Energiestoffwechsels, so spricht man von **Superkompensation**.

Superkompensation beinhaltet dabei eine "überschießende Wiederherstellung" der Energiespeicher, die sowohl die energiereichen Phosphate (ATP, KP) als auch das Glykogen (= die Speicherform der Glukose) in Muskel und Leber betreffen kann.

Beachten Sie: In der Sportpraxis hat es sich eingebürgert, den Begriff Superkompensation auch im Zusammenhang mit neuromuskulären Verbesserungen, z.B. bei der Optimierung nervaler Steuer- und Regelungsprozesse im Schnelligkeitstraining oder bei Steigerungen in der Dehnfähigkeit beim Beweglichkeitstraining zu verwenden. Dies ist aus muskelphysiologischer Sicht unzulässig und missverständlich und sollte in Zukunft vermieden werden!

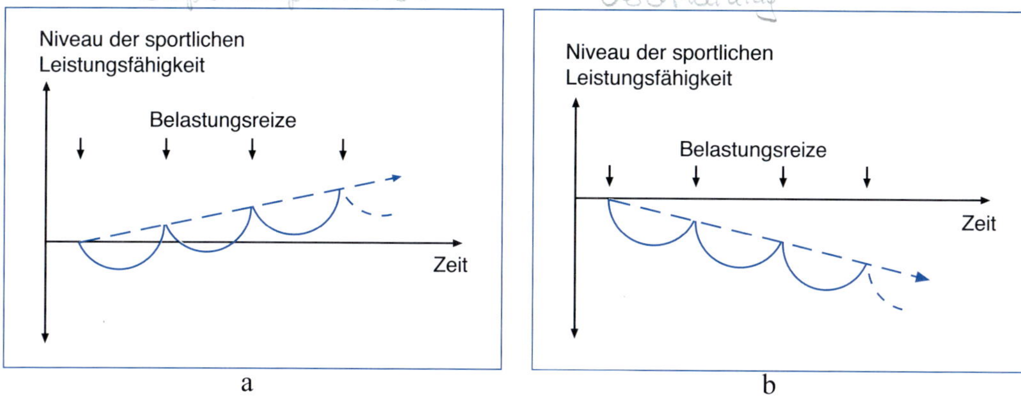

Abb. 7: (a) Steigerung der sportlichen Leistungsfähigkeit durch optimal gesetzte Trainingsreize; (b) Abnahme der sportlichen Leistungsfähigkeit durch zu schnell aufeinander folgende Belastungen

1.2 Reizstufen- und Funktionszustandsregel

Damit es zu Anpassungen im Sinne einer Leistungssteigerung kommt, muss ein bestimmtes Maß an Reizintensität und -quantität überschritten werden. Die so genannte Reizstufenregel macht dies deutlich (s. Tab. 1).

Reizstufenregel	
unterschwellige Reize	keine Wirkung
schwach überschwellige Reize	funktionserhaltend
stark überschwellige Reize	optimale Anpassungerscheinungen, Verbesserung des Leistungsniveaus
zu starke Reize	funktionsschädigend

Tab. 1: Die Reizstufenregel

Eng verbunden mit der Reizstufenregel ist die so genannte **Funktionszustandsregel**:

Je höher der Funktions- bzw. Trainingszustand eines Organs ist, desto größer/umfassender müssen die Reize zur Erhaltung bzw. Steigerung des Funktionszustandes sein!

Außerdem gilt in diesem Zusammenhang, dass ein gesteigerter Trainingszustand auch zu einer Erhöhung der so genannten *Mobilisationsschwelle* führt. Diese Erhöhung der Mobilisationsschwelle ist mit einer psychologischen Adaptation (auf anatomischer Basis)

gleichzusetzen: Durch hartes Training unter ständigem Willenseinsatz kommt es im Gehirn zu einer Hypertrophie der so genannten "Motivations- und Antriebsareale" und damit zu einem Anstieg der Willenskraft. Das bedeutet, dass Belastungen, die vorher als "schwer" empfunden wurden, in der Folge als "erträglich" oder gar "leicht" eingestuft werden und mit geringerem Willensaufwand bewältigt werden können.
Wie Abb. 8 veranschaulicht, lässt sich die Leistungskapazität des Menschen in verschiedene Bereiche einstufen, deren Mobilisierung unterschiedliche Willensleistungen verlangen.

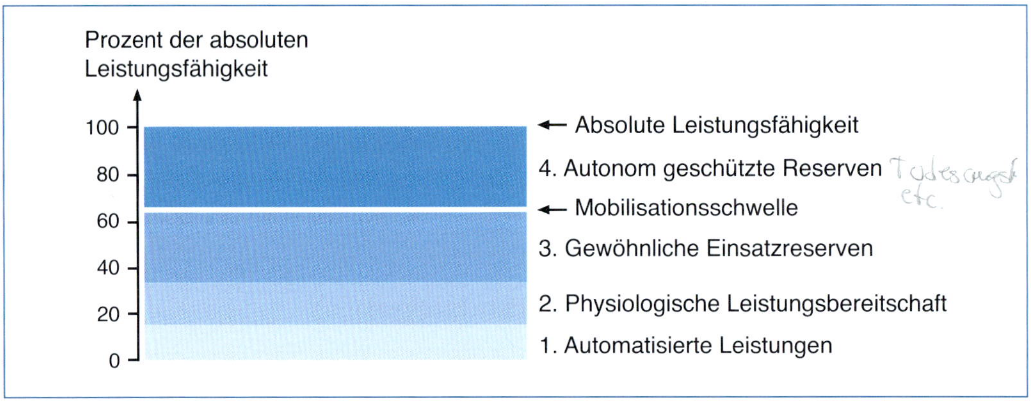

Abb. 8 : Schematische Darstellung der unterschiedlichen Leistungsbereiche

Der Bereich der automatisierten Leistungen (bis 15 %) erfordert ebenso wie die physiologische Leistungsbereitschaft (15 - 35 %) nur geringe bis mittlere Willensanstrengungen. Die Mobilisierung der gewöhnlichen Einsatzreserven (35 - 65 %) benötigt ausgeprägte Willenskräfte und geht mit einer relativ starken Ermüdung einher. Die autonom geschützten Reserven (65 - 100 %) schließlich sind im allgemeinen nur zugänglich über eine Enthemmung durch Affekte (z.B. Todesangst), Hypnose oder Pharmaka (z.B. Dopingmittel). Hier handelt es sich um Leistungen, die u.U. zur völligen Erschöpfung bzw. zum Tod führen können. Die Grenze zwischen dem Bereich der gewöhnlichen Einsatzbereitschaft und den autonom geschützten Reserven bezeichnet man als *Mobilisationsschwelle.*

Die Mobilisationsschwelle lässt sich unter Motivationsbedingungen und durch entsprechendes Training verschieben, so dass ein hochtrainierter bzw. hochmotivierter Sportler im Vergleich zu einem untrainierten kräftigen Mann mit gleichem Muskelquerschnitt größere Kräfte entwickeln kann. Als Ursache hierfür kann u.a. die erhöhte Zahl an gleichzeitig innervierten motorischen Einheiten in der Muskulatur - man spricht von verbesserter intramuskulärer Koordination (s.S. 127) des Trainierten - angeführt werden. Damit wird auch verständlich, dass unter Hypnosebedingungen der Anstieg der Maximalkraft beim Untrainierten bei etwa 30 %, der bei Trainierten jedoch nur noch bei etwa 10 % liegt: Der Trainierte hat die Mobilisationsschwelle bereits in ausgeprägtem Maße in den Bereich

der autonom geschützten Zone hinein verschoben.
Für die Beurteilung der jeweiligen Anpassung ist auch die Art der Adaptation von Bedeutung. Man unterscheidet verschiedene Arten der Anpassung.

1.3 Arten der Anpassung

1.3.1 Funktionelle / morphologische Anpassung

Unter anatomisch-physiologischem Aspekt unterscheidet man funktionelle und morphologische (die äußere Gestalt, die Form betreffende) Anpassungsphänomene. Eine strenge Trennung dieser Einzelaspekte ist dabei nicht möglich, da sich Struktur und Funktion gegenseitig bedingen.
Aus energetischen Gründen geht die funktionelle Anpassung der morphologischen voraus. Dabei beschreibt die funktionelle Anpassung vor allem Ökonomisierungsprozesse im Sinne einer Kapazitätsvergrößerung ohne strukturelle Veränderungen. Beispiel: Erniedrigung der Herzfrequenz bzw. der Atemfrequenz bei Erhöhung des Schlagvolumens bzw. des Atemzugvolumens im Rahmen eines Ausdauertrainings nach dem Motto: Volumenarbeit kostet weniger Energie als Frequenzarbeit!
Die morphologische Anpassung bezieht sich mehr auf strukturelle Veränderungen wie z.B. die Zunahme der Muskelmasse, der Knochendicke, etc...

1.3.2 Biopositive / bionegative Anpassung

Unter dem Aspekt der belastungsbedingten Umsetzung spricht man von biopositiven und bionegativen Adaptationen: Werden die Reize qualitativ und quantitativ optimal gesetzt - unter Berücksichtigung der Belastbarkeit des jeweiligen biologischen Systems -, dann erfolgt eine Verbesserung durch die Formierung neuer, leistungsfähigerer Trägerstrukturen, was einer biopositiven Adaptation entspricht. Ein zu Viel an Reizen hingegen führt zur bionegativen Anpassung und beinhaltet eine Überforderung des belasteten Systems und kann mit einer Strukturschädigung verbunden sein, wie dies z.B. beim Ermüdungsbruch bei exzessiver Laufbelastung der Fall ist. Desgleichen kann eine Unterforderung bzw. ein zu Wenig an Reizen - wie dies z.B. beim chronischen Bewegungsmangel der Fall ist - bionegative Anpassungen in Gang setzen.
Beispiele: Muskelatrophie und Knochenschwund (Osteoporose) bei Bettruhe, Immobilisation oder unzureichender muskulärer Aktivität.

1.3.3 Schnelle / langsame Anpassung

Unter dem zeitlichen Aspekt unterscheidet man schnell und langsam adaptierende Systeme.
Als ein sich schnell anpassendes System kann der aktive Bewegungsapparat (= Musku-

latur), als ein sich langsam anpassendes System der passive Bewegungsapparat (Knochen, Knorpel, Bänder) bezeichnet werden.
Um eine bionegative Adaptation zu vermeiden, muss der Belastungsreiz so gewählt werden - dies gilt vor allem für Kinder und Jugendliche im Wachstumsalter, aber auch für ältere Menschen -, dass das langsamer adaptierende System nicht überfordert wird.

1.3.4 Spezifische / unspezifische Anpassung

Unter dem Aspekt der Spezifität der Anpassungserscheinungen unterscheidet man spezifische und unspezifische Adaptationen. Spezifische Adaptationen äußern sich durch Anpassungsveränderungen im unmittelbar reizexponierten Bereich, unspezifische kommen dadurch zustande, dass es nicht allein in den direkt belasteten Bereichen zu Anpassungserscheinungen kommt, sondern auch in anderen Regionen, die mit dem Reiz direkt nichts zu tun haben. Beispiel: Ein gesundheitsorientiertes moderates Ausdauertraining löst nicht nur spezifische Anpassungen des Herz-Kreislauf-Systems aus, sondern bewirkt auch als “Nebenwirkung” eine Steigerung der Knochendichte der unteren Extremitäten.
Die unspezifische Adaptation wird auch als **Kreuzadaptation** bezeichnet. Dabei unterscheidet man biopositive und bionegative Kreuzadaptationen. Beispiel: Durch ein schuladäquates Ausdauertraining erhöht sich die allgemeine Abwehrkraft - man spricht von biopositiver Kreuzadaptation -, durch ein individuell zu intensives bzw. überforderndes Ausdauertraining hingegen kommt es zu einer Schwächung des Immunsystems, was einer bionegativen Kreuzadaptation entspricht.

1.3.5 Spezielle / allgemeine Anpassung

Unter dem Aspekt der tätigkeitsspezifischen und fähigkeitsspezifischen Anpassung unterscheidet man spezielle und allgemeine Adaptation.
Dabei beinhalten spezielle Adaptationen belastungs- und sportartspezifische Anpassungserscheinungen. Beispiel: Während die speziellen Adaptationen zwischen Schwimmern, Radfahrern oder Skilangläufern unterschiedlich ausfallen, zeichnen sich diese Ausdauersportarten durch eine gemeinsame allgemeine Adaptationserscheinung aus, nämlich die verbesserte allgemeine Grundlagenausdauer, die disziplinübergreifend auf ein höheres Adaptationsniveau gehoben wird.

1.3.6 Adaptation / Deadaptation / Readaptation

Unter dem Aspekt der Adaptationsfolge - Anpassung, Anpassungsverlust, neuerliche Anpassung - unterscheidet man schließlich Adaptation, Deadaptation und Readaptation.
Unter *Deadaptation* sind die Rückbildung struktureller und funktioneller Anpassungsvorgänge sowie der Stabilitätsverlust der Organsysteme zu verstehen, wenn die Belastungs-

reize ausbleiben.
Erfolgt die Deadaptation nicht passiv - durch Ausbleiben formativer Belastungsreize -, sondern aktiv - wie dies z.B. bei hochausdauertrainierten Athleten am Ende ihrer Hochleistungskarriere der Fall ist -, dann spricht man im Sportbereich von *Detraining* oder *Abtrainieren*.
Die *Readaptation* beinhaltet die Adaptationsprozesse, die nach gewollten oder ungewollten Belastungs- bzw. Trainingsunterbrechungen in Gang gesetzt werden. Sie laufen schneller ab als bei der Erstadaptation.

1.4 Faktoren, welche die Adaptation beeinflussen

Anpassung und Anpassungsfähigkeit des menschlichen Organismus bzw. seiner Teilsysteme sind nicht durchwegs gleichförmig in ihrem Erscheinungsbild. Wie Abb. 9 deutlich macht, gibt es eine Vielzahl von Faktoren, welche die Adaptationsprozesse beeinflussen. Man unterscheidet endogene und exogene Faktoren.

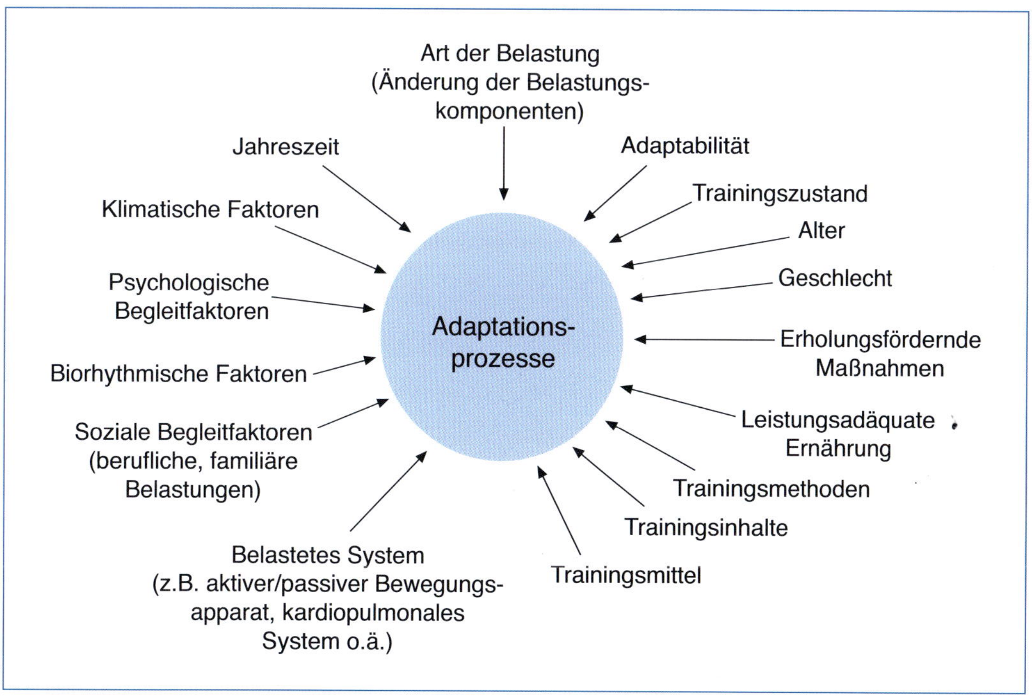

Abb. 9 : Faktoren, welche die Adaptationsprozesse beeinflussen

1.4.1 Endogene Faktoren

Die wichtigsten endogenen Faktoren sind Alter, Geschlecht und Trainingszustand.

- Alter
Der wachsende Organismus weist eine erhöhte Anpassungsfähigkeit auf. Für koordinativ-technische Anpassungen eignet sich insbesondere das Kindesalter, für konditionelle der Zeitraum der Pubertät und das junge Erwachsenenalter. Mit zunehmendem Alter sinkt die Anpassungsfähigkeit des menschlichen Organismus; sie bleibt aber prinzipiell bis ins hohe Alter erhalten.

- Geschlecht
Die Adaptationsfähgkeit bestimmter Organsysteme ist geschlechtsspezifisch. So ist z.B. die Anpassungsfähigkeit bzw. Trainierbarkeit der Muskulatur der Frau aufgrund ihres geringeren Testosteronspiegels niedriger als die des Mannes.

- Trainingszustand
Wie bereits in der Funktionszustandsregel (s.S. 17) zum Ausdruck gebracht wurde, ist die Anpassungsfähigkeit vom Ausgangsniveau abhängig.
Die Entwicklung des Adaptationsniveaus erfolgt bei Trainingsbeginn sehr rasch und wird dann immer langsamer und schwieriger (vgl. Abb. 68). Ursache: Durch die Verbesserung des Anpassungs- bzw. Trainingszustandes verursachen die angewandten Belastungen immer geringere Störungen des biochemischen Gleichgewichts und damit immer geringere Anpassungserscheinungen. Ebenso führen einseitige Belastungs- und Trainingsreize daher frühzeitig zu einer Stagnation des Leistungsanstieges.

1.4.2 Exogene Faktoren

Als wichtigste Faktoren aus dem weiten Spektrum der exogenen Einflussfaktoren seien hier nur der optimale Belastungsreiz und die richtige Ernährung dargestellt.

- Qualität und Quantität der Belastung
Die richtige Reizfolge unter Berücksichtigung der Belastungsnormative - Reizintensität, Reizdauer, Reizumfang, Reizdichte, Reizhäufigkeit und Reizkomplexität (s.S. 27) - sowie der bereits erwähnten Reizstufenregel entscheidet über Art und Umfang der Adaptationsprozesse.

- Ernährung
Adaptation bedeutet Anpassung und Aufbau von Strukturen an ungewohnte Belastungsreize. Dies ist jedoch nur möglich, wenn die für den Aufbau notwendigen Strukturbausteine über die Ernährung in ausreichendem Maße zur Verfügung gestellt werden.

1.5 Zusammenfassung:

Adaptation und Adaptationsfähigkeit als Grundvoraussetzungen zur Steigerung der Leistungsfähigkeit des Gesamtorganismus bzw. einzelner Teilsysteme werden von einer Vielzahl von Faktoren beeinflusst. Die Adaptationsprozesse äußern sich in verschiedenen Manifestationsarten und sind in ihrem Ausmaß von genetischen Faktoren begrenzt. Umweltreize - z.B. in der Form von Trainingsreizen - können nur in diesem organ- bzw. systemspezifisch mehr oder weniger eng gesteckten Rahmen die Umsetzung des Genotypus in den Phänotypus bewirken.

1.6 Lernerfolgskontrolle:

- Erläutern Sie den Begriff der Adaptation!
- Zeigen Sie die Wechselbeziehungen von organischer Form und Funktion an einem konkreten Beispiel auf!
- Entwerfen Sie eine Skizze zum zeitlichen Ablauf der Phasen der Leistungsfähigkeit nach einem Belastungsreiz!
- Erklären Sie den Begriff der "Superkompensation" und erörtern Sie ihren Anwendungsbereich!
- Erläutern Sie die Reizstufen- und die Funktionszustandsregel!
- Stellen Sie den biologischen Sinn der so genannten "autonom geschützten Reserven" dar!
- Nennen Sie verschiedene Arten der Anpassung und geben Sie je ein Beispiel!
- Beschreiben Sie einige endogene und exogene Faktoren, welche die Adaptationsprozesse beeinflussen!

2. Lerneinheit: Trainingsziele, -inhalte, -methoden, -mittel und Belastungskomponenten

Ein erfolgreiches Training ist nur dann möglich, wenn klar abgesteckte Zielsetzungen mit Hilfe entsprechender Trainingsmethoden, -inhalte und -mittel unter Berücksichtigung der Belastungskomponenten angesteuert werden.

2.1 Training und Trainierbarkeit - Begriffsbestimmung

Zum besseren Verständnis der Folgeausführungen sollen zuerst die Begriffe "Training" und "Trainierbarkeit" definiert werden.

- Training

Sportliches Training ist als komplexer Handlungsprozess mit dem Ziel der planmäßigen und sachorientierten Einwirkung auf den sportlichen Leistungszustand und auf die Fähigkeit zur bestmöglichen Leistungspräsentation in Bewährungssituationen zu definieren.

Als komplex wird dabei ein Handlungsprozess bezeichnet, der darauf ausgerichtet ist, angemessene Wirkungen auf alle leistungsrelevanten Merkmale des Sportlers zu erzielen (s. Abb. 3, S. 12).
Planmäßigkeit ist in diesem Zusammenhang dann gegeben, wenn Trainingsziele, Trainingsmethoden, Trainingsmittel und -inhalte sowie Trainingsaufbau und -organisation - unter Beachtung trainingswissenschaftlicher Erkenntnisse und trainingspraktischer Erfahrung - im Vorhinein festgelegt sind, wenn sich der Trainingsvollzug an diesen Vorgaben orientiert, wenn die Durchführung kontrolliert und die Wirkung mit differenzierenden Leistungskontrollen überprüft und gesteuert wird.
Sachorientiertheit liegt vor, wenn alle Handlungen bzw. Maßnahmen innerhalb des sportlichen Trainings auf direktem Wege zu den angestrebten Zielsetzungen führen.
Je nach Trainingsziel soll durch Training der Leistungszustand des Sportlers erhöht, erhalten - man spricht von so genanntem "Erhaltungstraining" - oder auch gezielt vermindert werden - man spricht von einem so genannten "Abtraining".
Entsprechend den verschiedenen Zielsetzungen und Entwicklungsstufen kann Training in sehr unterschiedlichen Trainingsarten realisiert werden, wie z.B. im Hochleistungstraining, Fitnesstraining, Gesundheitstraining, Rehabilitationstraining, Techniktraining, Nachwuchs- oder Kindertraining.

- Trainierbarkeit
Wie bereits dargestellt, ist die Trainierbarkeit eng mit den Mechanismen der Adaptation verbunden und gibt den Grad der Anpassung an Trainingsbelastungen wieder. Es handelt sich um eine dynamische Größe, die von einer Reihe endogener und exogener Faktoren abhängig ist (s. Abb. 9).

Sie kann bei ein und derselben Person in unterschiedlichen Organ- und Funktionssystemen verschieden sein.

2.2 Entwicklung der sportlichen Leistungsfähigkeit unter Vorgabe von Trainingszielen, -inhalten, -methoden und -mitteln

Die sportliche Leistungsfähigkeit (s. Abb. 3, S. 12) ist aufgrund ihrer multifaktoriellen Zusammensetzung nur komplex zu trainieren. Allein die harmonische Entwicklung aller leistungsbestimmenden Faktoren ermöglicht das Erreichen der individuellen Höchstleistung.
Die sportliche Leistungsfähigkeit erfährt im langfristigen Trainingsprozess durch die Vorgabe von Trainingszielen, -methoden, -inhalten, und -mitteln eine zielgerichtete Ausgestaltung.

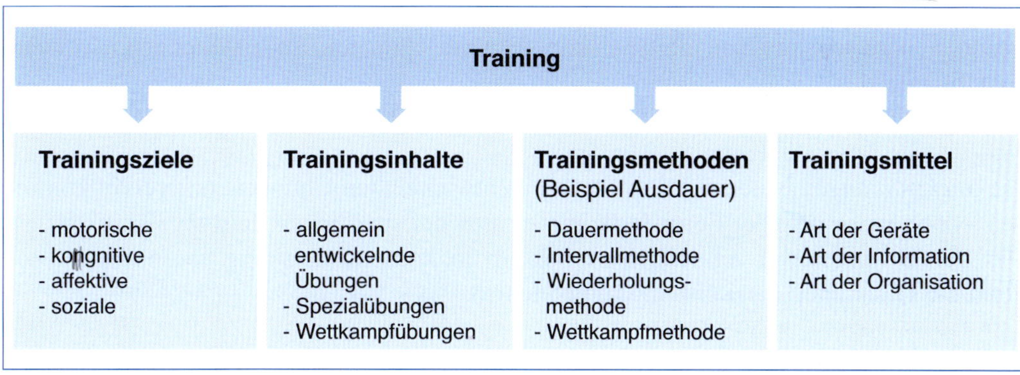

Abb. 10: Die Entwicklung der sportlichen Leistungsfähigkeit mittels Trainingszielen, -inhalten, -methoden und -mitteln

2.2.1 Trainingsziele

Trainingsziele des systematischen Trainingsprozesses können Fähigkeiten, Fertigkeiten, Eigenschaften, Einstellungen u.Ä. sein. Man unterscheidet:

- Psychomotorische Trainingsziele
Sie beinhalten vor allem konditionelle (Ausdauer, Kraft, Schnelligkeit und Beweglichkeit sowie deren Subkategorien) und koordinative Fähigkeiten und Fertigkeiten (Techniken).

- Kognitive Trainingsziele
Sie umfassen insbesondere Kenntnisse aus dem taktischen und technischen Bereich, aber auch allgemeines Grundlagenwissen zur Optimierung und Effektivierung des Trainings.

- Affektive Trainingsziele
Affektive Lernziele stellen Willensstärke, Selbstüberwindung, Selbstbeherrschung,

Durchsetzungsvermögen etc. dar: Sie stehen in enger Wechselbeziehung mit den physischen Leistungsfaktoren bzw. begrenzen sie.

2.2.2 Trainingsmethoden

Die Trainingsmethoden stellen zumeist in der Sportpraxis entwickelte planmäßige Verfahren zur Verwirklichung gesetzter Trainingsziele dar. Beispiel: Das Trainingsziel "Grundlagenausdauer" wird vor allem durch die Dauermethode erreicht.

2.2.3 Trainingsinhalte

Trainingsinhalte (Synonym: Trainingsübungen) stellen die konkrete Ausrichtung des Trainings auf das vorgegebene Trainingsziel dar. Beispiel: Das Trainingsziel "Kraftausdauer der Armstrecker" wird mittels des Trainingsinhaltes "Liegestützen" erreicht.
Inhaltlich unterscheidet man allgemeinentwickelnde Übungen, Spezialübungen und Wettkampfübungen.
Die *allgemeinentwickelnden Übungen* haben die Aufgabe, eine breite Basis für die später zunehmende Spezialisierung zu schaffen.
Die *Spezialübungen* bauen auf den allgemeinentwickelnden Übungen auf, vervollkommnen jedoch in spezifischer Form Teilkomponenten der sportlichen Leistungsfähigkeit.
Die *Wettkampfübungen* schließlich verbessern in komplexer, streng sportartbezogener Form die Gesamtheit der Leistungskomponenten.

2.2.4 Trainingsmittel

Die Trainingsmittel umfassen alle Mittel und Maßnahmen, die den Ablauf des Trainingsprozesses unterstützen. Man unterscheidet organisatorische (z.B. Aufstellungsformen), gerätemäßige (z.B. Scheibenhantel) und informative Trainingsmittel (z.B. Lehrbildreihe als visuelle Informationshilfe). Trainingsmittel sind stets auf die Trainingsinhalte hin ausgerichtet und ermöglichen bzw. unterstützen deren Verwirklichung.

Ein abschließendes, zusammenfassendes Beispiel aus der Trainingspraxis soll die enge Verflochtenheit bzw. Eigenständigkeit dieser vier Vorgaben für den Gestaltungsprozess des Trainings verdeutlichen: Das Trainingsziel "Maximalkraft der Kniestrecker" wird mittels der Trainingsmethode "positiv dynamisches Krafttraining" mit Hilfe des Trainingsinhaltes "Kniebeugen" unter Verwendung des Trainingsmittels "Scheibenhantel" verwirklicht.

2.3 Sportliche Leistungsfähigkeit und Belastungskomponenten

Zur Verbesserung der sportlichen Leistungsfähigkeit werden entsprechende Belastungsreize benötigt. Erreicht wird dies über die bereits dargestellte Folgekette:

Belastung ⇒ Störung der Homöostase ⇒ Anpassung ⇒ erhöhter Funktionszustand.

Um jedoch die Belastung der einzelnen Trainingseinheiten in ihrer Summe zu optimieren, bedarf es der Kenntnis der so genannten Belastungskomponenten (Synonym: Belastungsnormative). Sie bestimmen beim sportlichen Training die geleistete Gesamtbelastung in quantitativer und qualitativer Hinsicht und damit die Spezifität des jeweiligen Trainings.

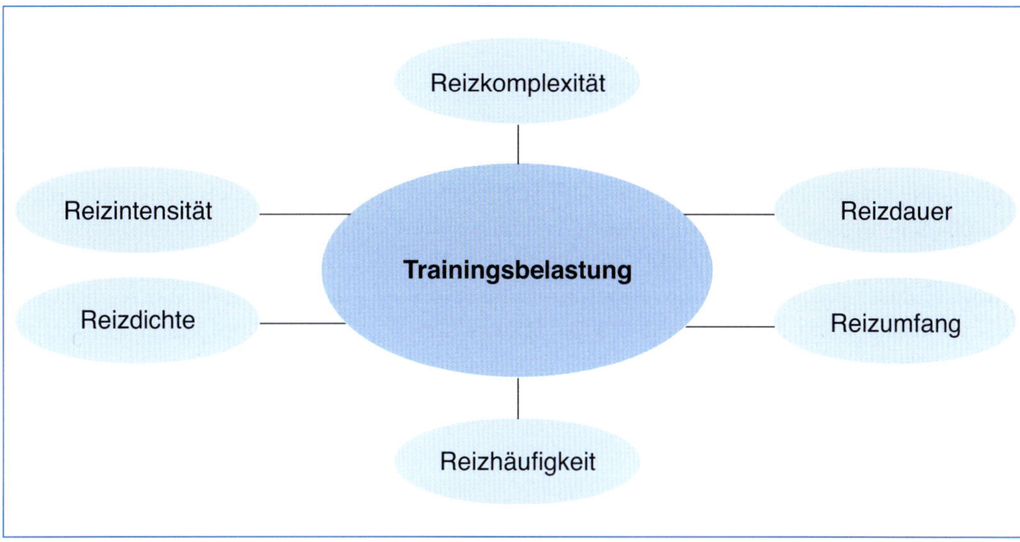

Abb. 11 : Komponenten der Trainingsbelastung

Wie Abb. 11 erkennen lässt, unterscheidet man:
- **Reizintensität** (Stärke des einzelnen Reizes)
- **Reizdichte** (zeitliches Verhältnis von Belastungs- und Erholungsphasen)
- **Reizhäufigkeit** bzw. Trainingshäufigkeit (Zahl der Trainingseinheiten pro Tag / Woche)
- **Reizumfang** (Gesamtvolumen bzw. -dauer und/oder -zahl der Reize pro Trainingseinheit)
- **Reizdauer** (Einwirkungsdauer eines einzelnen Reizes bzw. einer Reizserie)
- **Reizkomplexität** (Komplexität des jeweiligen Reizes)

Für die Wirkung des gesetzten Trainingsreizes ist nicht allein der im Training geleistete quantitative Aspekt (Reizdauer, -umfang, -häufigkeit), sondern auch der qualitative (Reizintensität, -dichte, -komplexität) von entscheidender Bedeutung.

2.3.1 Reizintensität

Die Reizintensität - sie wird in der Trainingspraxis meist in Prozent der individuellen maximalen Leistungsfähigkeit angegeben - ist beim Training der konditionellen Leistungsfaktoren von großer bzw. entscheidender Bedeutung für den Trainingseffekt. Unterschreitet sie z.B. 60 % der maximalen Ausdauerleistungsfähigkeit, so ist kein Trainingseffekt bezüglich der maximalen Sauerstoffaufnahme - sie gilt als Bruttokriterium der Ausdauerleistungsfähigkeit - zu erreichen.
Beispiel: Nach der allgemeinen Faustregel "maximale Herzfrequenz = 220 minus Lebensalter" würde bei einem 20-jährigen Sportler die HFmax 220 - 20 = 200 Schläge pro Minute betragen. Seine so genannte minimale, also gerade noch trainingswirksame Belastungsherzfrequenz müsste demnach 60 % von 200, d.h. 120 Schläge pro Minute betragen.

2.3.2 Reizdichte

Die Reizdichte ist - dies gilt vor allem für das Schnelligkeitstraining - von entscheidender Bedeutung bei der Ansteuerung maximal schneller Bewegungen. Auch bei motorischen Lernprozessen, wie z.B. beim koordinativ-technischen Training, ist ein ermüdungsfreier Zustand Voraussetzung für eine qualitativ hochwertige Bewegungsausführung, was bedeutet, dass die Übungsfolge nicht zu dicht sein darf - z.B. zu viele Würfe, Sprünge hintereinander ohne ausreichende Pause dazwischen - , wenn ein optimaler Lernerfolg erreicht werden soll.

2.3.3 Reizhäufigkeit

Die Reizhäufigkeit spielt für die Effektivität eine entscheidende Rolle. Ist der Abstand zwischen den einzelnen Trainingsreizen zu groß, dann verlieren sich die "Spuren" gesetzter Reize wieder, ohne dass von einem trainingsinduzierten erhöhten Ausgangsniveau ein weiterer Schritt in Richtung Leistungsverbesserung getan werden könnte.

2.3.4 Reizdauer

Die Reizdauer ist vor allem im konditionellen Bereich für die Trainingseffektivität wichtig. Wirkt z.B. im Krafttraining ein mittlerer Reiz über einen längeren Zeitraum auf den Muskel ein, wie dies bei der Muskelaufbaumethode der Fall ist, dann erfolgt eine Vergrößerung des Muskelquerschnittes. Ist der Trainingsreiz jedoch von sehr kurzer Dauer wie beim plyometrischen Training, dann kommt es trotz maximaler Belastungsintensität nur zu einer Zunahme der Schnellkraft, jedoch nicht zu einer (u.U. unerwünschten) Muskelmassenzunahme.

2.3.5 Reizumfang

Der Reizumfang stellt die Summe der in einem Training gesetzten Reize dar. Bei den Gewichthebern z.B. ergäbe eine bestimmte Anzahl von Sätzen/Serien mit einer gegebenen Wiederholungszahl eine präzise zu beschreibende Gesamtlast (in kg). Der Reizumfang ist vor allem zu Beginn eines Trainings oder im Kindes- und Jugendtraining wichtig, da hierdurch der Organismus Gelegenheit hat, ohne Gefahr seine Leistungsstrukturen aufzubauen: Aufgrund der geringen Belastungintensität und der hohen Zahl an Übungswiederholungen werden Gelenke und Bänder schonend an höhere Belastungen herangeführt.
Sonderfall: Bei einem Dauerlauf von 30 Minuten als einzigem Trainingsinhalt während einer Trainingseinheit entspricht der Reizumfang der Reizdauer.

2.3.6 Reizkomplexität

Die Reizkomplexität spielt sowohl im konditionellen, aber vor allem im koordinativen Training eine entscheidende Rolle. Durch das Mischen bzw. Kombinieren von Trainingsmethoden und -inhalten wird die Trainingseffektivität in erheblichem Maße gesteigert. Beispiel: Wird einem Sprint- oder Sprungtraining eine "isometrische Maximalanspannung" vorgeschaltet, dann kommt es über den dadurch erhöhten Muskeltonus in der Folge bei den dynamischen Sprung- bzw. Sprintübungen zu einer Steigerung der azyklischen bzw. zyklischen Schnelligkeitsleistungen.
Im koordinativen Training kann durch die Kombination einfacher Bewegungen eine höhere Leistungsstufe erreicht werden. Beispiel: Ball dribbeln und parallel dazu einen Luftballon vor sich her treiben. Die simultane Ausführung der beiden Bewegungen erfordert ein wesentlich höheres Maß an Dribbelfertigkeit als das alleinige Dribbeln ohne Zusatzaufgabe.

Beachten Sie: Die Verwendung der verschiedenen Belastungskomponenten in den unterschiedlichen motorischen Hauptbeanspruchungsformen - Ausdauer, Kraft, Schnelligkeit, Beweglichkeit und Koordinative Fähigkeiten - beinhaltet z.T. erhebliche Probleme bezüglich ihrer Quantifizierung.
Dabei gilt: Eine einheitliche Quantifizierung bzw. Übertragung der Belastungskomponenten auf alle motorischen Hauptbeanspruchungsformen bzw. ihre Subkategorien kann es nicht geben, da je nach Trainingsmethode, Trainingsinhalt oder Trainingsmittel bzw. je nach motorischer Hauptbeanspruchungsform vielfach völlig unterschiedliche Belastungskategorien erfasst werden. So lässt sich z.B. die Reizintensität nur im übertragenen Sinne (Steigerung der Schwierigkeit) bei den koordinativen Fähigkeiten wie Gleichgewichtsfähigkeit oder Orientierungsfähigkeit anwenden. Es sollte allerdings der Versuch unternommen werden, die Belastungskomponenten innerhalb einer Kategorie bzw. einer motorischen Hauptbeanspruchungsform einheitlich zu verwenden.

2.4 Zusammenfassung

Die sportliche Leistungsfähigkeit wird im langfristigen Trainingsprozess durch die Vorgabe von Trainingszielen mit adäquaten Methoden, Inhalten und Mitteln unter Berücksichtigung der sechs Belastungskomponenten zielgerichtet und altersgemäß entwickelt.

2.5 Lernerfolgskontrolle

- Charakterisieren Sie den Begriff "Training"!
- Zeigen Sie die Zusammenhänge zwischen der Trainierbarkeit und den biologischen Mechanismen der Adaptation auf!
- Erläutern Sie, was unter Trainingszielen, -inhalten, -methoden, und -mitteln zu verstehen ist!
- Nennen und charakterisieren Sie die 6 Belastungskomponenten!
- Erläutern Sie die besondere Bedeutung der Reizintensität für die Trainingseffizienz der verschiedenen motorischen Hauptbeanspruchungsformen!

3. Lerneinheit: Prinzipien des sportlichen Trainings

Auf den Trainingsprozess wirkt eine Vielzahl unterschiedlicher Gesetzmäßigkeiten biologischer, pädagogischer, psychologischer u.a. Art ein. Die Kenntnis dieser Gesetzmäßigkeiten ist mitentscheidend für eine effektive Gestaltung des Trainings.
Die Prinzipien bzw. Grundsätze des sportlichen Trainings dienen dazu, die methodische Handlungsfähigkeit von Sportlern und Trainern zu optimieren. Zu beachten ist jedoch, dass sie nicht isoliert, sondern aufgrund ihrer Wechselbeziehungen komplex betrachtet und in ihrer Gesamtheit beherrscht und angewandt werden müssen.
Die Prinzipien des sportlichen Trainings beziehen sich auf alle Seiten und Aufgaben des Trainings, sie bestimmen den Inhalt und die Methoden sowie die Organisation. Sie stellen verbindliche Handlungsaufforderungen für den Sportler bzw. Trainer dar, da sie sich auf die bewusste und komplexe Anwendung der Gesetzmäßigkeiten im Trainingsprozess beziehen.

Die Vielzahl der einzelnen Prinzipien lässt sich in vier Hauptgruppen unterteilen:

- Prinzipien der Belastung
- Prinzipien der Zyklisierung
- Prinzipien der Spezialisierung und
- Prinzipien der Proportionalisierung

Abb. 12 gibt eine Übersicht der Belastungsprinzipien des sportlichen Trainings.

Aus den vier Hauptgruppen sollen die jeweils wichtigsten Prinzipien kurz dargestellt werden.

3.1 Prinzipien der Belastung

3.1.1 Prinzip des trainingswirksamen Reizes

Bei den Prinzipien der Belastung zur Auslösung von Anpassungseffekten steht das Prinzip des trainingswirksamen Reizes an erster Stelle. Es beinhaltet die Notwendigkeit, dass der Belastungsreiz eine bestimmte Schwelle überschreiten muss, damit ein Leistungszuwachs erzielt werden kann. Die notwendige Höhe des Reizes ist dabei vom Trainingszustand des jeweiligen Sportlers abhängig.

3.1.2 Prinzip der individualisierten Belastung

Dieses Prinzip beinhaltet die Forderung nach Trainingsreizen, die der psychophysischen Belastbarkeit, der individuellen Akzeptanz, den speziellen Bedürfnissen und Gegebenheiten der jeweiligen Person entsprechen. Ein objektiv gleicher Trainingsreiz kann für den einen eine Unterforderung, für den anderen jedoch eine Überforderung darstellen.

Prinzipien des sportlichen Trainings

- Zur Auslösung der Anpassungseffekte die **PRINZIPIEN DER BELASTUNG**
  - **Prinzip des trainingswirksamen Reizes**
  - **Prinzip der individualisierten Belastung**
  - **Prinzip der ansteigenden Belastung**
  - **Prinzip der richtigen Belastungsfolge**
  - **Prinzip der variierenden Belastung**
  - **Prinzip der wechselnden Belastung**
  - **Prinzip der optimalen Relation von Belastung und Erholung**
  - **Prinzip der kontinuierlichen Belastung**
- Zur Sicherung der Anpassung die **PRINZIPIEN DER ZYKLISIERUNG**
  - **Prinzip der periodisierten Belastung**
  - **Prinzip der periodisierten Regeneration**
- Zur Spezifizierung des Trainings die **PRINZIPIEN DER SPEZIALISIERUNG**
  - **Prinzip der altersgemäßen Belastung**
  - **Prinzip der zielgerichteten Belastung**
- Zur Ausbildung der Leistungsvoraussetzungen, die **PRINZIPIEN DER PROPORTIONALISIERUNG**
  - **Prinzip der optimalen Relation von allgemeiner und spezieller Ausbildung**
  - **Prinzip der optimalen Relation der Entwicklung der Leistungskomponenten**

Abb. 12: Allgemeine Belastungsprinzipien des sportlichen Trainings

3.1.3 Prinzip der ansteigenden Belastung

Dieses Prinzip ergibt sich aus der gesetzmäßigen Beziehung zwischen Belastung, Anpassung und Leistungssteigerung (s.S. 15). Dementsprechend müssen die Anforderungen bezüglich der konditionellen, koordinativen, technisch-taktischen, intellektuellen und willensmäßigen Vorbereitung systematisch gesteigert werden. Bleiben Trainingsbelastungen über einen längeren Zeitraum konstant, dann verlieren sie ihre Wirksamkeit für die Leistungssteigerung.
Gleichbleibende Belastungen tragen demnach nur zum Erhalt, nicht aber zur Steigerung der Leistungsfähigkeit bei.
Die Steigerung der Belastung kann über den Umfang und die Intensität erfolgen, aber auch über ein Anheben der Anforderungen an die Bewegungskoordination. Sie kann *allmählich* (Gesundheitssport, Anfängertraining, Schulsport) oder *sprunghaft* (Spitzensport) erfolgen.

3.1.4 Prinzip der richtigen Belastungsfolge

Dieses Prinzip ist vor allem in den Trainingseinheiten von Wichtigkeit, in denen mehrere Leistungskomponenten geschult werden sollen. Dabei gilt:
Am Anfang einer Trainingseinheit stehen Übungen, deren Effektivität einen erholten psychophysischen Zustand und nachfolgend vollständige Erholungspausen erfordern, wie z.B. Koordinations-, Schnelligkeits-, Schnellkraft- oder Maximalkraftübungen.
Es folgen Übungen, deren Effektivität auf einer unvollständigen Pausengestaltung beruht, wie z.B. Schnelligkeits- und Kraftausdauerübungen.
Am Ende stehen Übungen, die der Schulung der Ausdauer dienen.

3.1.5 Prinzip der variierenden Belastung

Ab einer bestimmten Leistungshöhe stellt dieses Prinzip eine unabdingbare Voraussetzung für eine weitere Leistungsverbesserung dar. Es soll dann zur Anwendung kommen, wenn über die kontinuierliche Belastungssteigerung keine weitere Leistungsverbesserung mehr zu erreichen ist.
Beispiele: Die Variation kann über einen Wechsel von Trainingsmethoden - z.B. Wechsel von isometrischem zu positiv dynamischem Krafttraining oder Verwendung von Kombinationen konzentrischer und exzentrischer Belastungen - erfolgen. Sie kann aber auch durch eine Variation der Trainingsinhalte - Wechsel von beidbeinigen zu einbeinigen Sprüngen, Hinzunahme von Zusatzgewichten etc. - in Gang gebracht werden. Schließlich ist auch durch einen Wechsel in der Art der Belastungssteigerung eine Variationsmöglichkeit gegeben: Weg von der kontinuierlichen Belastung hin zur "sprunghaften" Belastungssteigerung. Allerdings handelt es sich hier um eine Form der Variation, die vor allem im Spitzensport im Sinne einer weiteren "Homöostasestörung" zur Anwendung kommt.
Beachten Sie: Aus pädagogischer Sicht ist das Prinzip der variierenden Belastung im Kindertraining von Anfang an zu berücksichtigen: "varietas delectat"!

3.1.6 Prinzip der wechselnden Belastung

Dieses Prinzip ist vor allem in komplexen Sportarten von Bedeutung, bei denen mehrere physische Leistungsfaktoren von Bedeutung sind, wie z.B. im Zehnkampf oder den großen Sportspielen. Der richtige Wechsel bzw. die richtige Folge von Belastungen verschiedener Organsysteme bzw. unterschiedlicher motorischer Hauptbeanspruchungsformen (Krafttraining = vor allem Eiweißstoffwechsel; Ausdauertraining = vor allem Kohlehydratstoffwechsel; Techniktraining = vor allem neuronales Training etc.) ermöglicht ein Mehr an Umfang und Intensität, da jeweils "frische" Systeme belastet werden. In diesem Zusammenhang bedarf es der Kenntnis des *Heterochronismus der Wiederherstellung* nach Belastung, was besagt, dass verschiedene Belastungsformen (z.B. Kraft-, Ausdauer-, oder Koordinationstraining) den Organismus unterschiedlich belasten und dass der Umfang bzw. die Dauer der Regeneration je nach Belastungsart verschieden sind (vgl. Abb. 13).

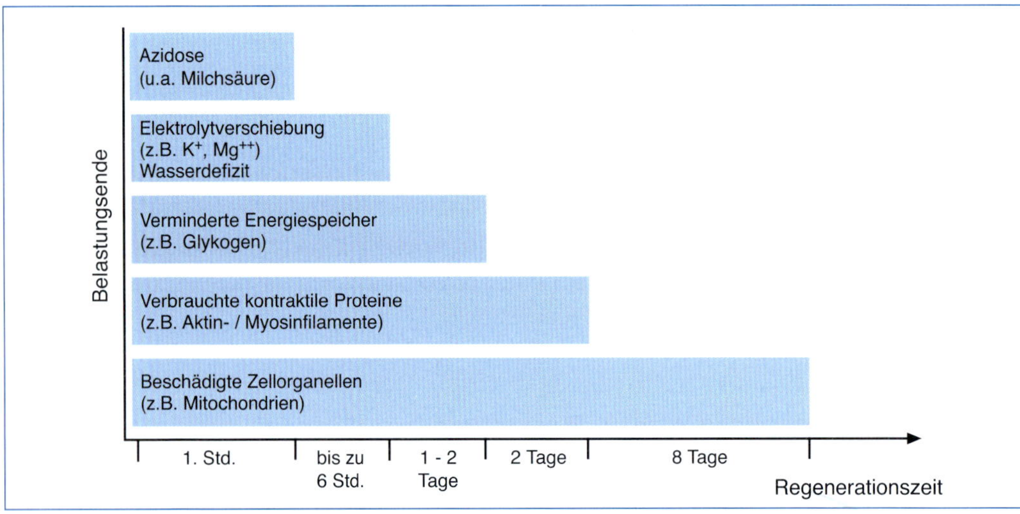

Abb. 13: Die unterschiedlichen Regenerationszeiten biologischer Teilsysteme

3.1.7 Prinzip der optimalen Relation von Belastung und Erholung

Wie bereits dargestellt (s.S.16 und Abb. 6), kommt es bei einer richtigen Belastung bzw. Belastungssfolge zum Phänomen der Superkompensation. Werden in der Folge weitere Trainingsreize zum optimalen Zeitpunkt (Moment des erhöhten Ausgangsniveaus) gesetzt, dann kommt es zu einem kontinuierlichen Anstieg der sportlichen Leistungsfähigkeit. Wird das jeweils belastete System jedoch durch unzureichende Erholungspausen oder inadäquate Ernährung etc. überfordert, dann kommt es zu einer Abnahme der sportlichen Leistungsfähigkeit oder u.U. gar zum Phänomen des so genannte "Übertrainings" (s.S. 116).

3.1.8 Prinzip der kontinuierlichen Belastung

Kontinuierliche Belastungen - im Sinne einer regelmäßigen Trainingsfolge - stellen die Grundvoraussetzung für einen Anstieg der sportlichen Leistungsfähigkeit dar. Wird die Kontinuität des Trainings nämlich unterbrochen (z.B. durch Verletzungen, Krankheit, unregelmäßiges Training etc.), dann kommt es zu einem Abfall der Leistungsfähigkeit. Dabei entspricht die Geschwindigkeit des Leistungsabfalles in etwa der des Anstieges: schnell erworbene Zuwachsraten gehen schnell, langfristig erworbene langsam zurück.

3.2 Prinzipien der Zyklisierung

Die Zyklisierungsprinzipien beinhalten Richtlinien, welche die erfolgte Anpassung stabilisieren.
Von besonderer Bedeutung ist dabei das **Prinzip der periodisierten Belastung**.
Da sich der Sportler im Verlauf seines langjährigen Trainingsprozesses nicht ununterbrochen "in Form" und nicht ganzjährig im Grenzbereich der individuellen Belastbarkeit befinden kann, unterwirft man den Aufbau, die Erhaltung bzw. den Verlust der sportlichen Form in den meisten Sportarten einer zyklisch sich wiederholenden Periodisierung.
Dadurch wird es möglich, zum richtigen Zeitpunkt (wichtiger Wettkampf) die optimale Form zu erreichen, ohne dabei das Prinzip der kontinuierlichen Belastung außer acht zu lassen. Aus diesem Grunde hat sich die Unterteilung des Trainingsprozesses in eine Vorbereitungs-, Wettkampf- und Übergangsperiode (nähere Ausführungen s.S. 42) als günstig erwiesen. Ein derartiger Wechsel macht es möglich, dass der Sportler zum einen nicht "übertrainiert" wird, zum anderen aber Leistungsspitzen erreicht, die bei einer hohen Dauerbelastung nicht möglich wären.

3.3 Prinzipien der Spezialisierung

Von dieser Prinzipiengruppe soll an dieser Stelle nur das **Prinzip der Altersgemäßheit** erläutert werden. Nach dem Motto: "Die Altersstufe ist das Maß aller Dinge" muss im Trainingsprozess sowohl aus pädagogisch-psychologisch-soziologischer als auch aus biologischer Sicht auf die jeweiligen Besonderheiten - sei es des Kindes- und Jugendalters oder des frühen, mittleren oder späten Erwachsenenalters - eingegangen werden. Jede Altersstufe hat ihre spezifische Belastbarkeit und Trainierbarkeit, wobei zu beachten ist, dass Trainingsbelastungen im Jugendbereich nicht nach dem kalendarischen, sondern mehr nach dem biologischen, funktionalen Alter ausgerichtet sein sollten unter Ausnutzung der so genannten "sensiblen Phasen" (s.S. 15).

3.4 Prinzipien der Proportionalisierung

Aus dieser Gruppe soll hier nur das Prinzip der optimalen Relation von allgemeiner und spezieller Ausbildung dargestellt werden:

In Abhängigkeit vom sich entwickelnden Trainingszustand im Sinne einer zunehmenden Spezialisierung verändern sich auch die Anteile der allgemeinen und speziellen Ausbildung. Dabei gilt: Das Allgemeine hat stets dem Speziellen vorauszugehen. Aber: Das Allgemeine ist stets im Hinblick auf die speziellen Anforderungen der Zielsportart auszuwählen.
Beispiel: Zu Beginn des Trainingsprozesses erfolgt z.B. ein Krafttraining überwiegend unter dem Aspekt einer allgemeinen Kräftigung, wobei alle großen Muskelgruppen auf ein höheres Leistungsniveau gebracht werden. In der Folge wird dann auf dieser Basis die jeweils für eine Sportart leistungsbestimmende Muskulatur speziell geschult: Der Kugelstoßer verändert dabei z.B. die Basisübung "Drücken in der Rückenlage" in die speziellere Form des "Drückens in der Schrägrückenlage" (er passt sich damit im Schulter- und Armbereich dem Ausstoßwinkel an), wobei er auch die Handstellung in die Stoßstellung bringt (Finger zeigen zueinander).

3.5 Zusammenfassung

Die Trainingsprinzipien stellen Gesetzmäßigkeiten vor allem biologischer, pädagogischer und psychologischer Natur dar, deren Berücksichtigung die Entwicklung des Trainingszustandes maßgeblich beeinflussen. Ihre Missachtung kann im Trainingsprozess zu negativen Konsequenzen wie Leistungsstagnation, Übertraining etc. führen.

3.6 Lernerfolgskontrolle

- Nennen Sie die vier Hauptgruppen der Trainingsprinzipien!
- Stellen Sie das Prinzip der individualisierten Belastung dar!
- Begründen Sie die Notwendigkeit des Prinzips der richtigen Belastungsfolge!
- Erläutern Sie die unterschiedliche Wertigkeit des Prinzips der Periodisierung für den Spitzensport bzw. den Schulsport!
- Begründen Sie die Notwendigkeit des Prinzips der Altersgemäßheit unter dem Aspekt des Schulsportes!

4. Lerneinheit: Trainingsplanung und -steuerung des langfristigen Trainingsprozesses

Für die Effektivität des Trainingsprozesses sind nicht nur die Belastungskomponenten und Belastungsprinzipien, sondern auch die langfristige Planung sowie die planmäßige Gestaltung und Auswertung des Trainings von ausschlaggebender Bedeutung.

4.1 Trainingsplanung

Unter Trainingsplanung ist ein auf das Erreichen eines Trainingsziels ausgerichtetes, den individuellen Leistungszustand berücksichtigendes Verfahren der vorausschauenden, systematischen Strukturierung des (langfristigen) Trainingsprozesses zu verstehen.

Trainingspläne stellen eine verbindliche Arbeitsrichtlinie zur Steuerung des Trainings für einen Sportler dar. Wie Abb. 14 zeigt, lassen sich je nach Zielgruppe und Zeitraum verschiedene Trainingsplantypen unterscheiden.

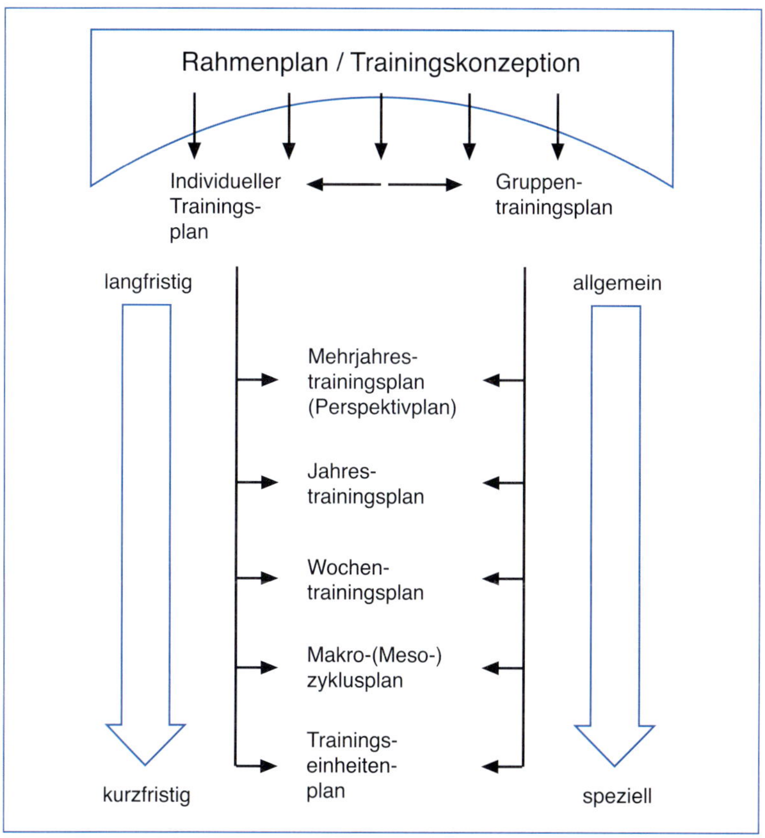

Abb. 14: Trainingsplantypen (nach Starischka 1988,11)

Unter *Trainingskonzeption* ist dabei eine Grundorientierung für die Leitung, Planung und Gestaltung des Trainings zu verstehen, die klare und konkrete Ziel- und Aufgabenstellungen sowie Lösungswege beinhaltet, die beschritten werden sollen, um die gestellten Ziele und Aufgaben zu verwirklichen.
Als *Rahmentrainingsplan* werden die auf der Trainingskonzeption eines Fachverbandes basierenden verallgemeinerten Richtlinien zur Gestaltung des Trainingsprozesses für definierte Personengruppen bezeichnet. Sie beinhalten die wesentlichen Aufgaben eines Trainingsjahres sowie die konkrete Vorbereitung des Jahreshöhepunktes.
Der *Gruppentrainingsplan* ist eine aus dem Rahmentrainingsplan hervorgehende Arbeitsrichtlinie zur Gestaltung des Trainings für Sportlergruppen mit gleicher Zielsetzung und annähernd gleichem Ausgangsniveau (z.B. im Spielsport- und Nachwuchsbereich).
Der *individuelle Trainingsplan* enthält alle wesentlichen Festlegungen (Ziele, Aufgaben, Inhalte, Mittel, Methoden, organisatorische Maßnahmen, Kontrollen, Wettkämpfe etc.), um für eine Einzelperson optimale Leistungen zu erreichen.
Der *Mehrjahresplan* stellt ein Planwerk zur Gestaltung des langfristigen Trainingsaufbaus dar und umfasst das Grundlagen-, Aufbau- und Hochleistungstraining.
Der *Jahrestrainingsplan* gibt Auskunft darüber, wie der jährliche Trainingsprozess gestaltet werden soll. Er konkretisiert somit den Mehrjahresplan für das jeweilige Trainingsjahr und beinhaltet die verschiedenen Trainingsziele und Schwerpunkte im Jahresverlauf, die Belastungs-, Leistungsdiagnose-, Wettkampf- und Auswertungsplanung.
Der *Makrozyklusplan* dient der Ausgestaltung mittelfristiger, mehrwöchiger Abschnitte des Trainingsprozesses mit dem Ziel der Ausformung definierter Entwicklungsphasen (z.B. Vorbereitungs-, Wettkampf- und Übergangsperiode).
Der *Wochentrainingsplan* - auch Mikrozyklus genannt - gibt Auskunft über die Gestaltung mehrtägiger, bis zu einer Woche umfassender Trainingsabschnitte. Er macht die Abfolge und Variation der Hauptaufgaben deutlich und zeigt auf, an welchen Tagen erhöhte bzw. erniedrigte Belastungen geplant sind und in welcher Reihenfolge die Trainingsmethoden und -inhalte eingesetzt werden.
Der *Trainingseinheitenplan* schließlich beinhaltet konkrete Hinweise zur Ausgestaltung der jeweiligen Trainingseinheit und beschreibt die einzelnen Belastungsziele sowie die Methoden, Inhalte und Mittel, die zu ihrer Realisierung benötigt werden. Er zeigt auf, welche Aufgabenstellungen der vorbereitende Teil, der Hauptteil und der abschließende Teil zu erfüllen hat.

4.2 Der langfristige Trainingsprozess

Im allgemeinen ist jeder Trainingsprozess auf Langfristigkeit und prospektive Planung mit klar gesteckten Zielen und Inhalten angelegt, da eine hohe sportliche Leistungsfähigkeit aufgrund ihrer komplexen Struktur bzw. der Vielzahl an leistungsbestimmenden Faktoren nur über einen längeren Zeitraum erreichbar ist. Es gilt das Motto: “Wie man sät, so erntet man”. Nicht das Erreichen “unerklärlicher” Zufallsleistungen sind das Ziel eines langfristigen Trainings, sondern die Ansteuerung einer individuell höchstmöglichen, konstanten, vorhersehbaren, kontrollierten und optimierten Leistungssteigerung.

4.2.1 Notwendigkeit einer langfristigen Trainingsplanung

Sportliche Höchstleistungen können nur dann erreicht werden, wenn die dafür benötigten Grundlagen bereits im Kindes- und Jugendalter gelegt werden. Dies setzt eine langfristige und systematische Planung des Trainingsprozesses voraus.
Entscheidend für den langfristigen Trainingsprozess ist einerseits der Aufbau perspektivischer Leistungsvoraussetzungen im langfristigen Leistungsaufbau, andererseits die Sicherung der notwendigen Zeitstrukturen - gemeint sind hier die konsequente Ausrichtung auf das sportartspezifische Höchstleistungsalter (s.S. 41) und die Rahmenbedingungen für die langfristige Vorbereitung und Entwicklung von Spitzenleistungen.
Beim langfristigen Leistungsaufbau ist die Komplexität und Einheit der Zielsportart unter Berücksichtigung des spezifischen Anforderungsprofils der Sportart zu beachten.

4.2.2 Gliederung des langfristigen Trainingsprozesses

Der langfristige Trainingsprozess wird ganz allgemein in verschiedene Trainingsstufen mit relativ eigenständigen Trainingszielen, -methoden und -inhalten sowie einer entsprechenden altersgemäßen Trainingsorganisation eingeteilt.

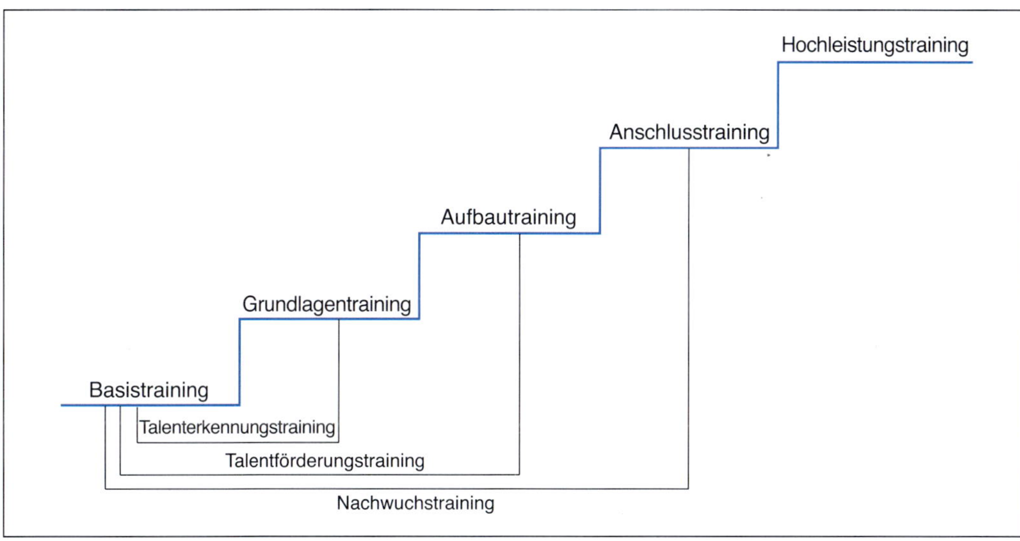

Abb. 15: Stufen des systematischen und langfristigen Trainingsaufbaus eines am Spitzensport orientierten Trainings

Die Gliederung des langfristigen Trainingsprozesses erfolgt - wie Abb. 15 zeigt - unabhängig von einer Alterszuteilung, da z.B. im Eiskunstlauf, im Geräteturnen oder im

Schwimmen Jugendliche bereits das Hochleistungstraining absolvieren, während sie in anderen Sportarten, z.B. in den Ausdauersportarten, erst das Grundlagentraining beginnen. Das Ziel des langfristigen Trainingsprozesses ist die allmähliche Steigerung der Trainingsanforderungen bzw. die kontinuierliche Verbesserung der sportlichen Leistungsfähigkeit. Die sportliche Leistungsfähigkeit ist abhängig vom körperlichen, psychischen, technisch-taktischen und intellektuellen Leistungsvermögen. Um in der Gesamtheit dieser Teilkomponenten der Leistungsfähigkeit ein möglichst hohes Niveau zu erreichen, bedarf es einer sorgfältigen prospektiven Planung des Trainingsprozesses.

- Basistraining

Die Zielsetzungen des Basistrainings (oft auch als allgemeine Grundausbildung bezeichnet) - es umfasst i.A. das gesamte Vorschulalter - beruhen auf einer umfassenden allgemeinen Ausbildung, die altersangemessen, kindgemäß, freudbetont, vielfältig und variabel zu gestalten ist und sportartübergreifend die allgemeine Lernfähigkeit über die Erweiterung des Bewegungsschatzes und der Bewegungserfahrung steigert und allmählich an ein regelmäßiges "Trainieren" heranführt. Dem Alter entsprechend erfolgt diese Schulung ausschließlich in spielerischer Form. Die Angebotsvielfalt sollte im Sinne einer polysportiven sportartunspezifischen Ausbildung erfolgen und auch eine gezielte und variable Ballschulung mit verschiedenen Hand- und Fußspielen beinhalten.

Das Basistraining ist vor allem ein koordinativ orientiertes Training, das Spaß macht und spielerisch das Kind für sportliche Aktivitäten begeistert.

Bereits in dieser Trainingsstufe ist auf das Prinzip der progressiven Belastung bezüglich der Anforderungen zu achten: Die Zunahme der Komplexität der Bewegungen bzw. Bewegungsfolgen, die Steigerung der Bewegungsschnelligkeit und der Bewegungspräzision fördern nicht nur die koordinative Leistungsfähigkeit, sondern erhöhen auch die motorische Lernfähigkeit durch die Ausbildung einer Vielzahl neuer "Bewegungsschleifen".

- Grundlagentraining

Das Grundlagentraining - auch Anfängertraining genannt - stellt neben dem Aufbau- und Anschlusstraining einen Teil des Nachwuchstrainings dar. Als Zielsetzung beinhaltet es eine vielseitige, jetzt aber bereits sportartgerichtete Grundausbildung, die dem Erwerb grundlegender technischer Fertigkeiten bzw. der Anlage einer breiten motorischen Basis dient, unter Einsatz vielfältiger und allgemeinbildender Trainingsinhalte und -methoden. In diesem sportartspezifischen Grundlagentraining perfektioniert das Kind progressiv die Basistechniken der jeweiligen Sportart so wie es auf der Sprachebene bereits "akzentfrei" die Muttersprache präsentiert.

- Aufbautraining

Das Aufbautraining - auch Fortgeschrittenentraining genannt - hat als Zielsetzungen:

* die Weiterführung und den Ausbau der im Anfängertraining gelegten Grundlagen,
* die stärkere Orientierung auf die Belange der gewählten Sportart und die zunehmende Spezifizierung der eingesetzten Trainingsmethoden und -inhalte,
* die Schaffung der Voraussetzungen für den Übergang zum Hochleistungstraining,
* die Steigerung von Umfang und Intensität unter Berücksichtigung der individuellen psychophysischen Belastbarkeit sowie die Erhöhung des Leistungsanspruchs.

Generell gilt im Aufbau- bzw. Nachwuchstraining das Primat der Trainingsphasen gegenüber den "Wettkampfphasen", das heißt, Wettkämpfe werden vorwiegend "aus dem Training heraus" ohne längere wettkampfspezifische Vorbereitung bestritten.

Beachten Sie: Der Verlauf des Grundlagen- und Aufbautrainings ist so mit dem sportartspezifischen Höchstleistungsalter zu korrelieren, dass der allmähliche Leistungsanstieg seinen Höhepunkt im Moment des für die jeweilige Sportart typischen Leistungsmaximums hat.

- Das Anschlusstraining

Die Etappe des Übergangs vom Nachwuchs- zum Hochleistungstraining wird als Anschlusstraining bezeichnet. Es umfasst im allgemeinen einen Zeitraum von 2 bis 4 Jahren.

Generell ist diese Etappe die dynamischste Vorbereitungsetappe des gesamten langfristigen Leistungsaufbaus.

Allgemeines Ziel dieser Etappe ist die Minimierung der Differenzen zum Hochleistungstraining der Erwachsenen.

Trainingsmethodische Schwerpunkte des Anschlusstrainings sind:

* die weitere deutliche Steigerung der Belastung, insbesondere durch den Einsatz sportartgerichteter allgemeiner und semispezifischer Trainingsformen,
* die Anwendung der Mehrfachperiodisierung mit Makrozyklen (s. S. 43), die eine feste Folge der Trainingsakzente auf höherer Anforderungsstufe im Jahresverlauf wiederholen und eine Phase der unmittelbaren Wettkampfvorbereitung vor dem entscheidenden Wettkampf einschließen,
* die Zunahme wettkampfspezifischer Belastungen und die Erweiterung des Wettkampfspektrums und die bewusste Sicherung einer ausgeprägten Belastungs- und Erholungsdynamik,
* die Sammlung erster Erfahrungen mit speziellen, bislang nicht verwendeten Trainingsmethoden (wie z.B. dem Höhentraining in den Ausdauersportarten oder speziellen Trainingsmethoden aus dem Kraft- und Schnelligkeitsbereich sowie die periodische Nutzung der leistungsdiagnostischen, wettkampfanalytischen und trainingsbegleitenden Möglichkeiten zur Überprüfung und Analyse der konditionellen und technisch-taktischen Vorbereitung und Einschätzung der Trainingseffektivität.

- Das Hochleistungstraining

Die wichtigsten allgemeinen Planungsziele des Hochleistungstrainings beinhalten:

* das Heranführen an die individuelle Höchstleistung, die höchstmögliche, optimale Steigerung von Trainingsumfang und -intensität,
* die weitere Spezifizierung von Trainingsmethoden und -inhalten,
* die Perfektionierung, Stabilisierung und variable Verfügbarmachung der sportlichen Technik,
* die Verbesserung bzw. das Halten der individuellen Höchstleistungsfähigkeit über einen möglichst langen Zeitraum.

Zusammenfassend kann festgestellt werden, dass bei diesem Etappen- bzw. Stufenmodell jeder Abschnitt vom vorhergehenden abhängig ist und es progressiv in allen die sportliche Leistungsfähigkeit beeinflussenden Faktoren zu einer individuell angepassten Anforderungssteigerung kommt, welche es schließlich ermöglicht, die individuelle Höchstleistung zu erzielen und in der Folge über einen möglichst langen Zeitraum halten zu können.

4.3 Training und Periodisierung

Der langfristige Trainingsprozess erfährt im ganzjährlichen Zyklus eine nochmalige Unterteilung (s. Prinzip der periodisierten Belastung, s.S. 35). Ein Trainingszyklus - er kann sich je nach Sportart bzw. Qualifikation des Sportlers ein-, zwei- oder in Extremfällen sogar dreimal im Verlauf des Jahres wiederholen - wird dabei in mehrere Perioden unterteilt

4.3.1 Gliederung des Jahreszyklus

Der Jahreszyklus wird im allgemeinen in drei Perioden unterteilt:

- Die Vorbereitungsperiode:
  Zielsetzung: Leistungsentwicklung bzw. Entwicklung der sportlichen Form.
- Die Wettkampfperiode:
  Zielsetzung: Leistungspräsentierung; Weiterentwicklung der sportlichen Form durch Wettkampfteilnahme.
- Die Übergangsperiode:
  Zielsetzung: aktive Erholung und Regeneration des Sportlers, Verlust der sportlichen Form.

Die Phasen der Formentwicklung erreichen im Laufe der Trainingsjahre ein stetig zunehmendes Niveau und führen letztlich zu der angestrebten individuellen Höchstleistung.

Die Einteilung in Vorbereitungs-, Wettkampf- und Übergangsperiode und ihre jeweilige Zielsetzung hat in mehr oder weniger differenzierter Form für alle Bereiche Gültigkeit: Sie ist unabhängig vom "Trainingsalter" oder der Qualifikation des Sportlers. Was jedoch das Verhältnis von Umfang und Intensität bzw. den Einsatz allgemeiner und spezieller Trainingsinhalte in den einzelnen Perioden betrifft, so lassen sich deutliche Unterschiede in den Bereichen des Spitzensports bzw. des Nachwuchstrainings oder des Trainings auf mittlerem Niveau feststellen.

- Die Vorbereitungsperiode

Die Vorbereitungsperiode des Anfängertrainings bzw. des mittleren Leistungsbereichs ist in zwei Phasen unterteilbar. In der ersten Phase steht eine breite allgemein-konditionelle Vorbereitung im Vordergrund, in der zweiten Phase überwiegen die spezifischen Mittel unter Verringerung des Umfangs unter Erhöhung der Intensität. Im Spitzensport hingegen dominiert die Belastungsintensität und die wettkampfspezifische Belastung in der gesamten Vorbereitungsperiode.
Im Spitzensport erfolgt eine detailliertere Untergliederung in verschiedene Makrozyklen (siehe unten), da hierdurch ein präzises Eingehen auf die Gesetzmäßigkeiten der Herausbildung der sportlichen Leistung möglich ist.

- Die Wettkampfperiode

Diese Periode ermöglicht über die hohen Belastungen der verschiedenen Wettkämpfe die Entwicklung und Stabilisierung der individuellen Höchstform. Der Wettkampf stellt die Probe auf das Exempel (Training) dar!
Die Bedeutung der Wettkampfperiode ergibt sich aus der Tatsache, dass der Wettkampf und die dabei zu präsentierende Leistung alle Maßnahmen des Trainings sowie dessen grundsätzlichen Charakter bestimmen. Die im Wettkampf erzielte Leistung stellt die Effizienz des vorangegangenen Trainings auf den Prüfstand und bestätigt komplex das durchgeführte Training oder stellt es in Frage.
Quantität und Qualität der Wettkämpfe hängen dabei von der individuellen Belastungsfähigkeit ab.

- Die Übergangsperiode

Die Übergangsperiode als Phase des gesteuerten "Formverlustes" lässt Intensität und Umfang des Trainings absinken. Die "aktive Erholung" wird durch Ausgleichssportarten erreicht, die ein zu starkes Abfallen der Leistungsparameter verhindern.

4.3.2 Einteilung in Monats- und Wochenzyklen

- Makro- und Mikrozyklen

Durch die Makrozyklen (sie erstrecken sich über mehrere Wochen) und die Mikrozyklen (sie erstrecken sich über mehrere Tage) erfährt der Periodenzyklus von Vorbereitungs-, Wettkampf- und Übergangsperiode eine weitere Unterteilung, die eine bessere Steuerbarkeit des Trainingsprozesses ermöglicht.
Die unterschiedlich langen **Makrozyklen** - in der Vorbereitungsperiode umfassen sie meist vier bis sechs Wochen, in der Wettkampfperiode zwei bis vier Wochen - stellen das

Verhältnis von Umfang und Intensität und den Wechsel von erhöhter und erniedrigter Belastung dar.
Beispiel: Zu Beginn der Vorbereitungsperiode 1 (= Makrozyklus) liegt der Akzent im Ausdauertraining vor allem auf umfangsbetonter Trainingsarbeit (also z.B. Laufen langer Strecken mit relativ geringer Intensität zum Aufbau der Grundlagenausdauer). Anschließend wird in Vorbereitungsperiode 2 (= weiterer Makrozyklus) der Akzent mehr auf die Herausbildung der speziellen Ausdauer und damit mehr auf eine Intensitätssteigerung bzw. -optimierung gelegt.
Die **Mikrozyklen** erfassen einen zeitlich geringeren Umfang, wie z.B. die Planung und Gestaltung einer Trainingswoche. Die Mikrozyklen können sich, da sie kürzere Zeiträume erfassen, präziser an die gegebenen Umstände - augenblicklicher Trainingszustand, Trainingsbereitschaft, klimatische Verhältnisse etc. - anlehnen und das jeweilige Belastungsmaß differenzierter bestimmen.
Durch den Mikrozyklus werden die Anzahl und der Zeitpunkt der Trainingseinheiten vorgegeben. Der Mikrozyklus ist dabei grundsätzlich so aufzubauen, dass Trainingseinheiten mit besonderen Anforderungen an die Schnelligkeit, die Schnellkraft, die Technik oder die koordinativen Fähigkeiten an Tagen der optimalen Leistungsfähigkeit durchgeführt werden.

4.4 Nachbereitung und Auswertung des Trainings

In der unmittelbaren Nachbereitung wird eine einzelne Trainingseinheit auf ihre Wirksamkeit hin überprüft. In der distanzierten Nachbereitung wird die Summe aller zu einem Trainingsblock (Trainingsperiode, Trainingsjahr) gehörenden Trainingseinheiten auf ihre komplexe Gesamtwirkung hin analysiert. Beide Formen der Nachbereitung erlauben die Klärung für den Trainingsprozess wichtiger Fragen wie:

- Wurden die gesetzten Ziele erreicht?
- Entsprachen die Zielstellungen der Zusammensetzung bzw. dem Leistungsstand der Sportlergruppe?
- Wurden die örtlichen Trainingsbedingungen beachtet bzw. ausreichend genutzt?
- War die Auswahl der Übungen zweckmäßig?
- Waren Umfang des Übungsstoffes bzw. Intensität der Übungsausführung richtig bemessen?
- Konnte der geplante zeitliche Verlauf bzw. die inhaltliche Akzentuierung eingehalten werden?
- Entsprachen die gewählten Methoden dem Ziel und Inhalt der Trainingseinheiten bzw. des Trainingsblockes?
- Wurde das Verhältnis zwischen Belastung und Erholung richtig gewählt?

Aus der Beantwortung dieser Fragen lassen sich in der Folge Konsequenzen für die Optimierung zukünftiger kurz- bzw. langfristiger Trainingsplanungen ziehen. Unterbleibt die Auswertung oder erfolgt sie nur unvollständig, dann ist eine gezielte Lenkung bzw.

Korrektur des Trainingsprozesses nicht in ausreichendem Maße möglich!
Die Problematik der Nachbereitung und Auswertung des Trainings führt direkt zur Trainingssteuerung und Leistungsdiagnostik.

4.5 Trainingssteuerung

Die Trainingssteuerung bezeichnet zusammenfassend die gezielte Abstimmung aller Maßnahmen der Trainingsplanung, des Trainingsvollzugs, der Wettkampf- und Trainingskontrollen und der Trainings- und Wettkampfauswertung zur Veränderung des sportlichen Leistungszustandes.

Trainingssteuerung beinhaltet demnach die gezielte Veränderung des momentanen Ist-Wertes hin zum perspektivischen Sollzustand.
Entscheidende Steuergröße des Trainings ist die **Trainingsbelastung**.
Die Regelung und Steuerung des Trainings läuft über fünf eng miteinander verknüpfte Teilschritte ab (s. Abb. 16).

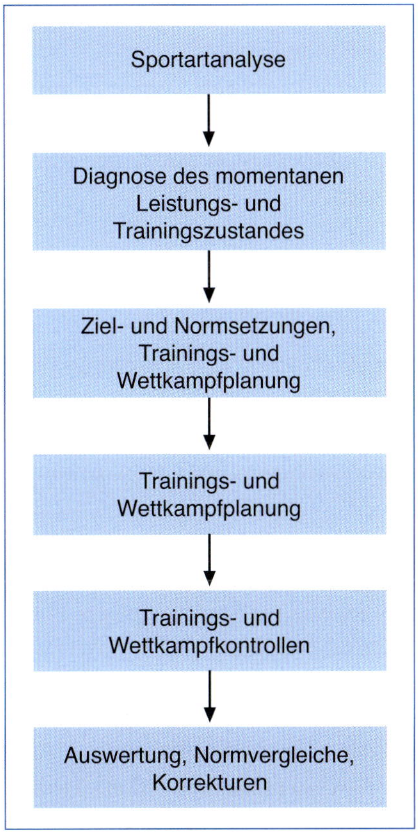

Abb. 16: Steuerungs- und Regelungsschritte in Training und Wettkampf

Die Analyse der in einer Sportart leistungsbestimmenden Faktoren stellt die unabdingbare Voraussetzung für jeden Steuerungs- und Regelungsprozess dar!

Zentrales Thema der Trainingssteuerung sind zum einen die Steuerung und Regelung der leistungsbestimmenden Faktoren - z.B. der konditionellen Fähigkeiten Ausdauer, Kraft, Schnelligkeit und Beweglichkeit - , zum anderen die trainingsbegleitenden und -optimierenden Maßnahmen (z.B. Aufwärmen, Auslaufen, Physiotherapie und Ernährung). Mit der Trainingssteuerung untrennbar verbunden ist die Leistungsdiagnostik, da eine wirksame Trainingssteuerung zuverlässige Testwerte voraussetzt.

4.6 Leistungsdiagnostik

Die Leistungsdiagnostik beinhaltet das Erkennen und Benennen des individuellen Niveaus der leistungsbestimmenden Komponenten oder eines komplexen sportlichen Leistungszustandes, durch das Erheben von Testwerten.

Nur auf der Grundlage einer genauen sportartspezifischen und sportmedizinischen Analyse des Leistungs-Ist-Zustandes kann für den Sportler kurz-, mittel- und langfristig die individuelle Höchstleistung geplant werden.
Als leistungsdiagnostische Kontrollverfahren kommen zur Anwendung: Befragungen / Interviews; sportmotorische, sportpsychologische und sportmedizinische Tests sowie biochemische Verfahren. Abb. 17 gibt eine Übersicht der im Hochleistungssport gängigen leistungsdiagnostischen Verfahren.

Als Beispiel für *sportmotorische Tests* kommen zur Ermittlung der horizontalen bzw. vertikalen Sprungkraft der "Standweitsprung" bzw. der "Jump and reach-Test" in Frage.

Biomechanische Untersuchungen erfassen z.B. Absprung- oder Abwurfwinkel, Absprung- oder Abwurfgeschwindigkeiten, auftretende Kräfte bei Absprüngen oder Landungen (über entsprechende Messplatten oder Kontaktmatten) etc. und dienen der Bestimmung der augenblicklichen Leistungsparameter bzw. der Optimierung von Bewegungsabläufen.

Sportmedizinische Untersuchungen geben im Gesundheits- und Leistungssportbereich z.B. Aufschluss über die individuelle Ausdauerleistungsfähigkeit über die Feststellung der aeroben bzw. anaeroben Schwelle via Herzfrequenz- und Laktatbestimmung.

Biochemische Tests - sie erfolgen über eine entsprechende Urin- oder Blutabnahme - geben Rückschlüsse über die individuelle Belastungsreaktion - z.B. über die Bestimmung des Nachbelastungs-Laktats. Über Hormonbestimmungen - z.B. Feststellung des Nachbelastungsverhaltens der anabolen (eiweißaufbauenden) Hormone Testosteron, Östrogen, Wachstumshormon etc. - kann auf die Belastungsverträglichkeit rückgeschlossen oder ein "Übertrainingszustand" rechtzeitig diagnostiziert werden.

Leistungsdiagnostische Verfahren

- Standardisierte Wettkampf- und Trainingsbeobachtung
- Sportmotorische Tests
  - Konditionstests
  - Techniktests
  - Taktiktests
- Biomechanische Tests
  - Biomech. Grunduntersuchung
  - Biomech. Hauptuntersuchung
  - Biomech. Zusatzuntersuchung
  - Biomech. Kontrolluntersuchung
- Sportmedizinische Untersuchungen
  - Gesundheitsuntersuchung
  - Funktionsprüfung des kardiopulmonalen Systems
  - Funktionsprüfung des neuro-muskulären Systems
  - Funktionsprüfung des Bewegungsapparates
- Biochemische Untersuchungen
  - Untersuchung der Mobilisationsfähigkeit der Energiequellen
  - Untersuchung der Utilisationsfähigkeit der Energiequellen
  - Untersuchung der Regulationsfähigkeit des Stoffwechsels bei gegebener Belastung
- Sportpsychologische Tests
  - Sensomotorische Leistungstests
  - Belastbarkeitstests

Abb. 17: Übersicht der im Hochleistungssport gängigen leistungsdiagnostischen Verfahren (verändert nach Starischka 1988,72)

Sportpsychologische Tests schließlich versuchen über spezielle Fragestellungen z.B. die Motivationslage oder die Stressresistenz eines Sportlers zu ergründen.

Man unterscheidet direkte und indirekte Leistungskontrollen.
Als *direkte Leistungskontrolle* wird dabei die Registrierung der komplexen sportlichen Leistungsfähigkeit bezeichnet.
Unter *indirekter Leistungskontrolle* wird hingegen die Feststellung einzelner Leistungskomponenten verstanden.
Bei der Durchführung von leistungsdiagnostischen Tests ist auf die so genannten **Hauptgütekriterien** Validität, Reliabilität und Objektivität zu achten. Dabei bedeutet *Validität* (Gültigkeit), ob der Test auch wirklich das misst , was er zu messen vorgibt; *Reliabilität* (Zuverlässigkeit) gibt den Grad der Genauigkeit der Messung an (ergeben Test und Retest vergleichbare Ergebnisse?) und *Objektivität* stellt den Grad der Unabhängigkeit der Testleistung von der Person des Untersuchers, Auswerters und Beurteilers dar.
Als **Nebengütekriterien** gelten Ökonomie und Machbarkeit (sowohl zeitlich als auch materiell und organisatorisch) (siehe Band III, S.111ff).

Leistungsdiagnostische Verfahren haben ihre Vor- und Nachteile bzw. Grenzen. Einerseits können einzelne Leistungsfaktoren mit relativ großer Genauigkeit ermittelt werden (ein Vorteil), andererseits kann aufgrund der meist vorliegenden komplexen Leistungssituation - dies gilt vor allem für die Spielsportarten - die Komplexität der Spielleistung nur partiell erfasst werden (ein Nachteil). An ihre Grenzen stößt die Leistungsdiagnostik u.a. auch dann, wenn Sportler in der Wettkampfsituation die Durchführung von Tests (z.B. Abnahme von Blutproben) nur ungern zulassen bzw. strikt verweigern.

4.7 Zusammenfassung

Trainingsplanung, Leistungsdiagnostik und Trainingssteuerung sind auf das engste miteinander vernetzt. Auf der Grundlage der Trainingsplanung, unter Zuhilfenahme leistungsdiagnostischer Verfahren versucht die Trainingssteuerung über ein situationsangepasstes Planen und Lenken, Kontrollieren und Auswerten individuell abgestimmter Trainings- und Wettkampfbelastungen zielgerichtet von einem gegebenen Ist-Wert zu einem angestrebten Soll-Wert zu führen.

4.8 Lernerfolgskontrolle

- Geben Sie einen Überblick über die verschiedenen Trainingsplantypen!
- Gliedern und charakterisieren Sie den langfristigen Trainingsprozess!
- Begründen Sie die Notwendigkeit der Trainingsperiodisierung im Spitzensport und relativieren sie ihre Bedeutung für den Schulsport!
- Beschreiben Sie die Ziele der Vorbereitungsperiode am Beispiel eines Spielsportlers!
- Erläutern Sie die Bedeutung der Nachbereitung und Auswertung des Trainings!
- Stellen Sie die 5 wesentlichen Teilschritte der Trainingssteuerung dar!
- Charakterisieren Sie die Zielsetzungen der Leistungsdiagnostik!
- Erstellen Sie aus Ihrem bisherigen Erfahrungsschatz eine Testbatterie schulrelevanter Tests zur Beurteilung der verschiedenen Kategorien der Kraft, der Ausdauer, der Schnelligkeit und der Beweglichkeit!

II Anatomisch-physiologische Grundlagen zur Adaptation der verschiedenen Organsysteme an sportliches Training

Lernziele:
- Aufbau und Funktion der Zelle
- Aufbau und Funktion des Gewebes
- Aufbau und Funktion der Organe
- Aufbau und Funktion des passiven Bewegungsapparates - Anpassung an sportliche Belastung
- Aufbau und Funktion des aktiven Bewegungsapparates - Anpassung an sportliche Belastung

1. Lerneinheit: Aufbau und Funktion von Zelle, Gewebe und Organ

1.1 Aufbau und Funktion der Zelle

Jede Zelle besteht in starker Vereinfachung aus dem Zellleib, dem Zellkern und verschiedenen subzellulären Strukturen, die für die Funktion und den Erhalt der Zelle von Bedeutung sind.

Da primär jeder Belastungsreiz an der Zelle angreift bzw. übergeordnete Funktionen auf der kleinsten funktionellen Einheit, nämlich der Zelle, beruhen, soll für das bessere Verständnis der nachgeordneten Strukturen der allgemeine Bau einer Körperzelle dargestellt werden. In aufsteigender Reihe werden anschließend die jeweiligen Folgestrukturen besprochen:
Zelle ⇒ Zellverbände = Gewebe ⇒ Organisation und funktioneller Zusammenschluss zum Organ bzw. zu Organsystemen, wie sie z.B. als passiver und aktiver Bewegungsapparat in Erscheinung treten.

1.1.1 Zellmembran

Wie aus Abb. 18 hervorgeht, ist die Zelle von einer Zellmembran (dem Sarkolemm der Muskelzelle) umgeben. Ihre selektive Durchlässigkeit für organische Substanzen (z.B. Aminosäuren als kleinste Bausteine des Eiweißstoffwechsels) und Elektrolyte (Mineralien), sowie ihre Fähigkeit zur Verbindung mit anderen Zellen weisen die Zellmembran als eine komplexe, hochspezialisierte biologische Struktur aus. Die mit dem aktiven Transport von Natrium- und Kaliumionen gekoppelten Vorgänge (z.B. Natrium-

Kalium-Pumpe) zur Aufrechterhaltung des Membranpotentials - es ist für die Erregbarkeit bzw. die Arbeitsfähigkeit der Zelle unabdingbar - sind in den Zellmembranen lokalisiert.

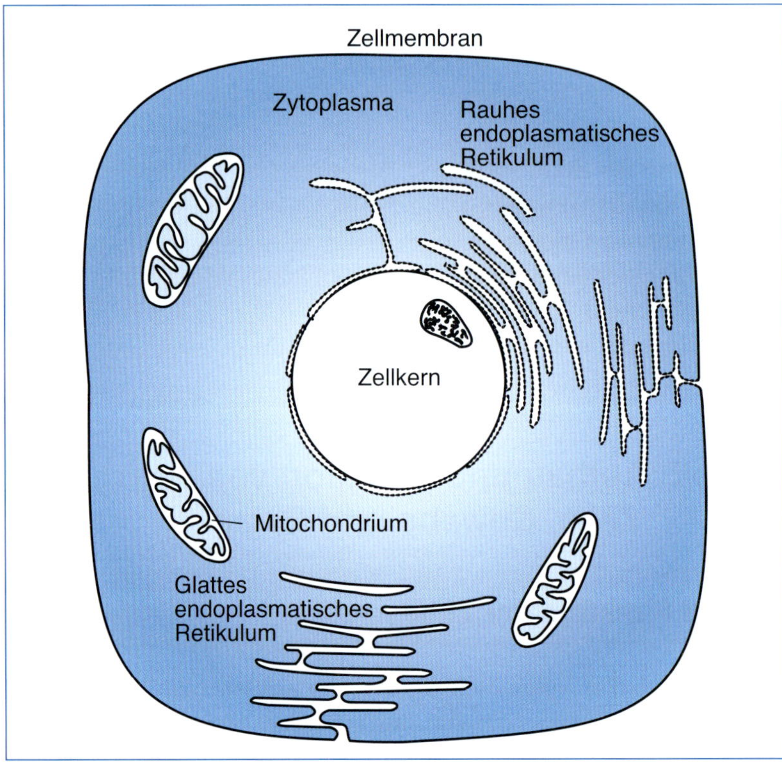

Abb.18 Schematischer Aufbau einer Zelle

1.1.2 Zellplasma

Das Zell- bzw. Zytoplasma (das Sarkoplasma der Muskelzelle) - eine elektrolyt- und proteinhaltige Flüssigkeit - ist der Ort der anaeroben Energiegewinnung (Glykolyse), der Glykogensynthese (Glykogen stellt die Speicherform der Glukose = Traubenzucker dar), des Glykogenabbaus sowie des Fettsäureauf/-abbaus. Im Zytoplasma befinden sich auch die verschiedenen Energiespeicher, wie z.B. Glykogenschollen und Fetttröpfchen.
Weiterhin befinden sich im Zellplasma die Mitochondrien. Sie stellen die Kraftwerke der Zelle dar, da in ihnen die oxydative (= aerobe, mit Sauerstoff ablaufende) Verbrennung der energiereichen Substrate (Kohlenhydrate, Fette, Eiweiße) stattfindet. In ihnen befinden sich die für die aerobe Energiegewinnung notwendigen Enzyme des Zitratzyklus und der Atmungskette.
Beachten Sie: Enzyme sind Katalysatoren, welche chemische Reaktionen beschleunigen und beim Abbau der verschiedenen Nährstoffe im Energielieferungsprozess von entscheidender Bedeutung sind. Je nach Training werden mehr die anaeroben oder aeroben En-

zyme in ihrer Leistungsfähigkeit (Steigerung ihrer Aktivität) und Zahl gesteigert. Inaktivität verlangsamt und verringert die Enzymkapazität.

1.1.3 Endoplasmatisches Retikulum und Ribosomen

Das glatte endoplasmatische Retikulum (im Zellplasma befindliches Netzwerk) - es entspricht dem sarkoplasmatischen Retikulum der Muskelzelle - erstreckt sich, von der Zellmembran ausgehend, über das gesamte Zytoplasma und stellt ein intrazelluläres Transportsystem dar, das teilweise von kugelförmigen Partikeln, den Ribosomen, besetzt ist (man bezeichnet diese Sonderform auch als rauhes endoplasmatisches Retikulum).
Endoplasmatisches Retikulum und Ribosomen bilden u.a. den Ort der Proteinsynthese. In der Muskelzelle spielt das sarkoplasmatische Retikulum bei der Erregungsübertragung von der Oberfläche zum kontraktilen Fibrillenapparat eine wichtige Rolle (s.S. 99).

1.1.4 Zellkern

Der Zellkern enthält das genetische Material und besitzt die Fähigkeit zur identischen Verdopplung (er gibt z.B. das Muster für die Eiweißsynthese vor). Zusammen mit den bereits genannten Ribosomen ist er demnach bei der Eiweißsynthese von Bedeutung. Beide ermöglichen durch die Vermehrung der Eiweißstrukturen die Größenzunahme (Hypertrophie) z.B. der Muskelzelle während des Wachstums oder bei körperlichem Training.

1.2 Aufbau und Funktion der Gewebe

Jedes Gewebe baut sich aus einer Vielzahl von Zellen auf.

Ein Verband gleichartig gebauter Zellen mit gleicher funktioneller Aufgabe und Differenzierung wird Gewebe genannt. Das Gewebe stellt einen Bauanteil im Gesamtorganismus dar und ist der Träger einer Teilfunktion.
Man unterscheidet 4 Grundgewebe:
- Epithelgewebe (z.B. Haut)
- Binde- und Stützgewebe (z.B. Fettgewebe bzw. Knochen und Knorpel)
- Muskelgewebe (z.B. glatte und quergestreifte Muskulatur)
- Nervengewebe (z.B. Nervenzellen und -fasern)

1.3 Aufbau und Funktion der Organe

Alle Organe des Menschen sind aus mehreren Gewebearten zusammengesetzt und haben unterschiedliche hochspezifische Funktionen: z.B. setzt sich das Herz aus Muskelgewebe, Nervengewebe und Bindegewebe (Herzklappen etc.) zusammen und stellt den Motor des Herz-Kreislaufsystems dar.

Organsystem	... dazu gehören:	wichtige Aufgaben:
Nervensystem 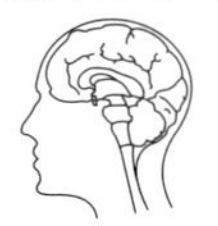	Gehirn, Rückenmark, Nerven, Sinnesorgane (z.B. Augen und Ohren)	- Erfassung der Umwelt durch Sinnesorgane - Steuerung und Regelung fast aller Körperaktivitäten durch Nervenimpulse - "Sitz" der Psyche - Regulationszentrum für das innere Milieu
Herz-Kreislauf-System 	Herz, Blut, Blut- und Lymphgefäße	- Transport von Sauerstoff und Nährstoffen zu den Zellen - Abtransport von Kohlendioxid und Stoffwechselendprodukten - Wärmeregulation - Blutgerinnung - Aufnahme der Lymphe in den venösen Kreislauf
Atmungssystem 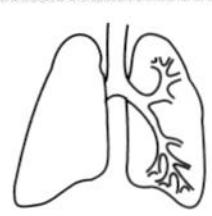	Atemwege (Nase, Rachen, Kehlkopf, Luftröhre, Bronchien) und Lunge	- Zufuhr von sauerstoffreicher Luft - Abatmung von Kohlendioxid - Gasaustausch in der Lunge über die Lungenbläschen - Aufrechterhaltung des Säure-Basen-Gleichgewichtes
Bewegungs- und Stützapparat 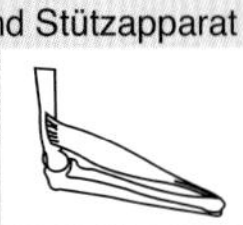	Knochen, Knorpel, Bänder, Sehnen, Muskeln	- Stützfunktion - Bewegungsfunktion - Blutbildung (Knochenmark) - Wärmeproduktion (Muskulatur) - Mineralspeicher (Knochen)
Hormonsystem 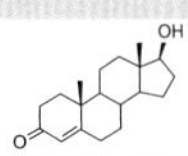	Alle Drüsen und Gewebe, die Hormone und hormonähnliche Stoffe produzieren	- Regulation fast aller Aktivitäten des Körpers - Steuerung des gesamten Stoffwechsels - Beeinflussung des Sexualverhaltens
Immunsystem 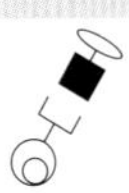	Lymphbahnen, Lymphknoten, weiße Blutkörperchen, Thymus, Milz und Tonsillen (Mandeln)	- Erkennung und Reinigung von körperfremden Stoffen - Unterstützung von Entzündungs- und Heilungsprozessen
Haut 	Haut- und Hautanhangsgebild wie z.B. Haare, Nägel, Schweiß- und Talgdrüsen	- Schutzmantel gegen Außeneinflüsse - Wärmeregulation über Strahlung, Konvektion, Konduktion und Schweißabgabe - Vitamin-D-Hormon-Synthese - Sinnesorgan für Temperatur-, Druck- und Schmerzempfindungen
Verdauungssystem 	Mund, Speiseröhre, Magen, Dünndarm, Dickdarm, Rektum, Leber, Bauchspeicheldrüse	- Aufnahme, Verdauung und Resorption von Nährstoffen - Ausscheidung von Abfallstoffen - Leber als Synthese- und Entgiftungsorgan
Harntrakt 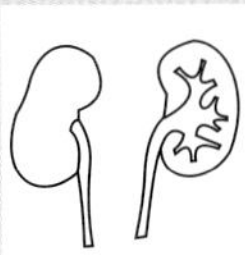	Nieren, Harnleiter, Harnblase, Harnröhre	- Produktion, Sammlung und Ausscheidung von harnpflichtigen Substanzen - Regulation des Flüssigkeits- und Elektrolythaushaltes - Aufrechterhaltung des Säure-Basen-Gleichgewichtes - Blutdruckregulation - Blutbildung via Erythropoetin über die Nieren

Tab. 2: Sportrelevante Organsysteme des Menschen

Tab. 2 macht deutlich, dass sich der menschliche Organismus aus einer Vielzahl von Teilsystemen bzw. Organen zusammensetzt, die alle unentbehrlich für das menschliche Leben und damit auch für jede sportliche Aktivität sind.
In der Folge soll auf die verschiedenen Organsysteme eingegangen werden, die durch Bewegung und Sport in besonderem Maße beeinflusst werden.
Allen Zellen, Geweben und Organsystemen ist gemeinsam, dass sie auf erhöhte Anforderungen an die zell-, gewebs- bzw. organspezifischen Leistungen mit funktionellen bzw. morphologischen Anpassungen, wie z.B. *Hypertrophie* (Vergrößerung der Zellen, der Gewebe bzw. des Organs) und/oder *Hyperplasie* (Vermehrung der Zellen und damit ebenfalls Gewebe- bzw. Organvergrößerung) reagieren.
Zum besseren Verständnis der jeweils spezifischen Anpassungsphänomene soll daher in der Folge stets die Funktion und der spezielle Aufbau des jeweiligen Gewebes dargestellt werden.

1.4 Zusammenfassung

Der menschliche Körper besteht aus Billionen von Zellen, die in unterschiedlichen Geweben bzw. Organsystemen spezifische Aufgaben erfüllen. Sowohl durch Belastung als auch Entlastung (z.B. Bewegungsmangel) passen sich die verschiedenen Strukturen den jeweiligen Reizen an und reagieren mit erhöhter bzw. erniedrigter Leistungsfähigkeit.

1.5 Lernerfolgskontrolle

- Erstellen Sie eine schematische Darstellung der Zelle und beschriften Sie die jeweiligen Strukturen!
- Nennen Sie die Orte der aeroben und anaeroben Energiebereitstellung in der Muskelzelle!
- Erläutern Sie die besondere Funktion der Mitochondrien!
- Beschreiben Sie die Funktion der Enzyme im Rahmen der Energiebereitstellung!
- Nennen Sie die 4 Grundgewebe mit je einem Beispiel!
- Definieren und erläutern Sie exemplarisch die Begriffe der Hypertrophie und Hyperplasie!

2. Lerneinheit: Gewebearten des passiven Bewegungsapparats

Jede körperliche Aktivität beansprucht primär den Bewegungsapparat und damit das Skelettsystem und die Skelettmuskulatur. Aus diesem Grunde soll zuerst der passive und aktive Bewegungsapparat dargestellt werden.

2.1 Knochengewebe

Der Knochen bildet das stabilste Gewebe des menschlichen Organismus. Seine Druckfestigkeit ist zehnmal größer als die des Knorpels und beruht auf der Einlagerung von anorganischen Bestandteilen in eine organische Knochengrundsubstanz.

2.1.1 Funktionen des Knochens

Die wesentlichen Funktionen des Knochens sind:
- Hebelfunktion (z.B. Röhrenknochen der Extremitäten)
- Schutzfunktion (z.B. platte Schädelknochen)
- Stützfunktion (z.B. Wirbelsäule)

2.1.2 Aufbau des Knochens

Knochengewebe wird auch als Stützgewebe bezeichnet und enthält im Gegensatz zu anderen Geweben in großer Menge Mineralien (v.a. Kalziumverbindungen), was zu seiner Festigkeit führt.
Die Knochen - ihr Gesamtgewicht beträgt ca 15 % des Körpergewichts - sind nach der so genannten “Leichtbauweise” aufgebaut: Mit einem Minimum an Material wird ein Maximum an Stabilität erzeugt. Dichtes Knochengewebe befindet sich nur außen (Knochenrinde = substantia compacta), innen befinden sich locker aufgebaute Knochenbälkchenstrukturen (= substantia spongiosa), in deren Hohlräumen das Knochenmark (Ort der Blutbildung) untergebracht ist.
Der Knochenan-, -ab- und -umbau erfolgt über die Knochenzelle (Osteozyt).
Man unterscheidet Osteoblasten (knochenaufbauende Zellen) und Osteoklasten (knochenabbauende Zellen).
Im Sport sind vor allem die Röhrenknochen als Hebel für sportliche Aktivitäten von Bedeutung. Aus diesem Grunde sollen sie hier kurz in Bau und Funktion dargestellt werden.

- Aufbau eines Röhrenknochens
Der Röhrenknochen lässt sich in Diaphyse und Epiphyse unterteilen.
Die Diaphyse bildet den Schaft des Röhrenknochens - ein Rohr aus fester Knochensubstanz -, das in seinem Inneren das Knochenmark enthält.
Die Epiphysen stellen die beiden Knochenenden des Röhrenknochens dar und sind mit

hyalinem Knorpel (s.S. 57) überzogen. Im Inneren bestehen sie aus einem schwammartigen Gerüst von Knochenbälkchen.

Beim noch wachsenden Knochen existiert zwischen Diaphyse und Epiphyse eine hyalinknorpelige Gewebsschicht, die als Epiphysen- bzw. Wachstumsfuge bezeichnet wird. Bis zur Verknöcherung nach Abschluss des Wachstumsalters findet hier das knöcherne Längenwachstum statt.

Von außen nach innen setzt sich der Knochen aus Knochenhaut, Knochensubstanz und Knochenmark zusammen.
Die Knochenhaut umhüllt den Knochen allseitig bis auf die Gelenkflächen und die Befestigungsstellen von Sehnen und Bändern. Sie besteht aus einer inneren Regenerationsschicht - sie ist bei Knochenbrüchen für die Wiederherstellung von Wichtigkeit - und einer äußeren Faserschicht, die den Knochen mechanisch schützt.
Die Knochenhaut ist mit vielen Blutgefäßen und Nerven versehen und hat folgende Funktionen:
- Ernährung des Knochens durch die Blutgefäße
- Schutz des Knochens, den sie mit einer festen und gleichzeitig elastischen Membran umgibt; sie warnt durch ihre reichliche nervale Versorgung vor mechanischer Überbeanspruchung (Schmerzempfindung). Beispiel: "Knochenhautentzündung" bei ungewohnter bzw. zu hoher Belastung.
- Regeneration: Mit ihren knochenbildenden Zellen ist sie an der Herstellung von Knochengewebe und nach Knochenbrüchen an der Bildung von neuem Knochen (Kallus) beteiligt.
Knochenrinde und *Knochenbälkchenstruktur* zeigen entsprechend ihrer unterschiedlichen Funktion eine charakteristische Architektonik und Infrastruktur. Abb. 19 zeigt den Aufbau eines Röhrenknochens.

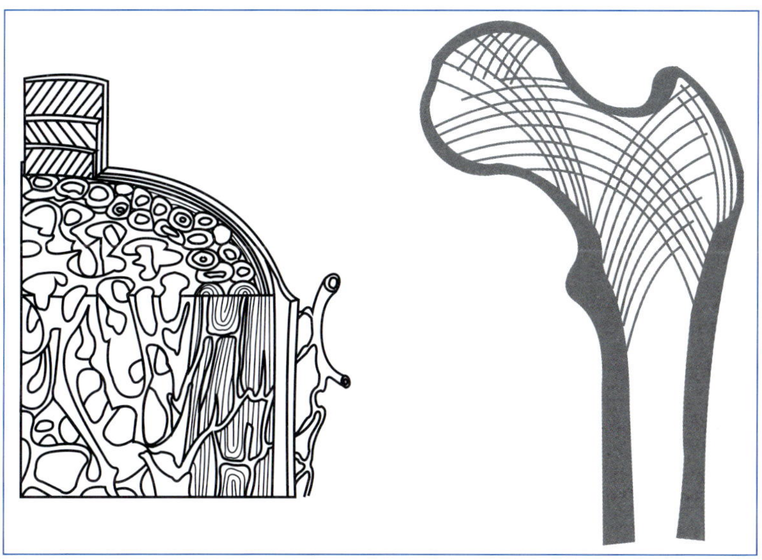

Abb. 19: Darstellung der Knochenrinde und der Knochenbälkchenstruktur eines Röhrenknochens

2.1.3 Anpassung des Knochens an Belastung

Der Knochen reagiert auf mechanische Beanspruchungen mit zweckmäßigen Änderungen seiner Architektonik, was zu einer erhöhten Widerstandskraft in den Hauptbeanspruchungsrichtungen führt. Im allgemeinen lassen sich folgende Anpassungserscheinungen des Knochens und seiner Verbindungen feststellen:

- Dickenzunahme der kompakten Knochenrinde der langen Röhrenknochen
- Verstärkung der Knochenbälkchenstruktur, die sich nach den Druckkraftlinien der körperlichen Beanspruchung ausrichtet
- Verstärkte Ausprägung von Knochenvorsprüngen im Bereich der Ansatzzonen von Muskeln, Sehnen bzw. Gelenkkapseln
- Entmineralisierung des Knochens bei Entlastung (Bewegungsmangel)

Wird der Knochen nicht ausreichend mechanisch belastet, dann kann es zur Ausbildung einer **Osteoporose** (Kochenschwund) kommen. Bewegungsmangel - hier insbesondere das Fehlen eines ausreichend intensiven Krafttrainings - stellt neben ernährungsbedingten (kalziumarme Kost, Vitamin D-Mangel) und hormonellen Faktoren (erniedrigte Sexualhormonspiegel nach Eintritt der Wechseljahre bzw. mit zunehmendem Alter) den wichtigsten Auslöser für eine Osteoporose dar.
Allerdings ist zu beachten: Wird das Knochensystem überfordert - z.B. durch exzessives Ausdauertraining - , dann kann es zu *Ermüdungsbrüchen* kommen, die auf eine überlastungsbedingte Entmineralisierung der jeweils betroffenen Knochenstrukturen zurückzuführen sind.

Der Entwicklung einer Osteoporose kann zu jedem Zeitpunkt im Leben durch regelmäßige körperliche Aktivität Vorschub geleistet werden. Am günstigsten ist jedoch der Knochenaufbau im Kindes- und Jugendalter, da in dieser Lebensphase aufgrund des noch ausgeprägten Bewegungsdranges die intensivsten und vielseitigsten Trainingsreize für den Bewegungsapparat gesetzt werden: 98 % der Knochendichte wird im Kindes- und Jugendalter erworben!

2.2 Knorpelgewebe

Wie jedes Binde- und Stützgewebe wird auch der Knorpel aus Zellen, so genannten Knorpelzellen (Chondrozyten) und Grundsubstanz (Interzellularsubstanz) aufgebaut.

2.2.1 Funktion und Aufbau der verschiedenen Knorpelarten

Allen Knorpelarten gemeinsam ist die Funktion der Amortisierung (Dämpfung) von Zug- Druck- und Scherkräften. Zusätzlich dient der hyaline Gelenkknorpel der Minimierung von Reibung im Bereich der verschiedenen Gelenke.

Man unterscheidet je nach Funktion drei Knorpelarten: Faserknorpel, hyalinen Knorpel und elastischen Knorpel. Abb. 20 gibt eine Übersicht zur Zusammensetzung der drei Knorpelarten.

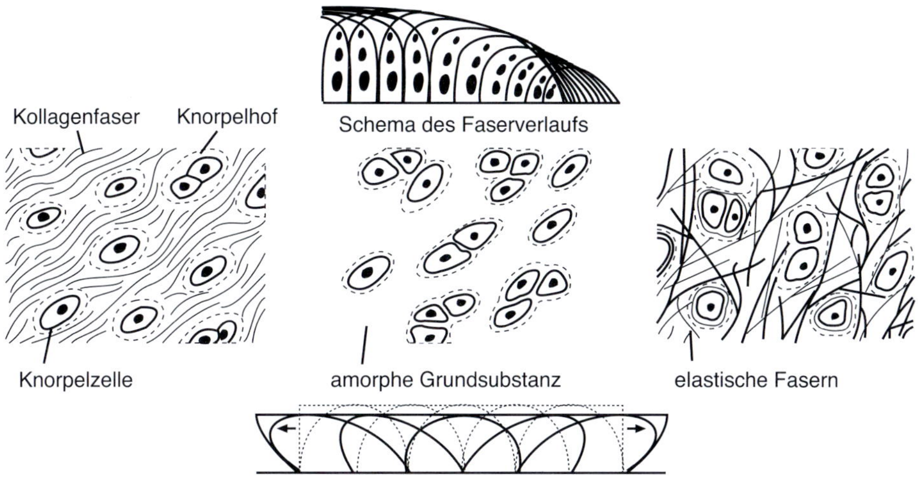

Abb. 20: Darstellung der drei Knorpelarten

Beim *Faserknorpel* dominiert der Anteil an kollagenen Fasern, was zur Erhöhung der Resistenz gegen Zug- und Scherkräfte führt. Beispiele: Schambeinfuge, Bandscheiben, Menisken.

Der *hyaline Knorpel* überzieht alle Gelenkenden und enthält neben spezifisch angeordneten kollagenen Fasern viele Chondrone (= Zusammenschluss mehrerer Knorpelzellen, welche die Funktion eines Wasserkisseneffektes haben), was zur Erhöhung der Resistenz gegen Druckkräfte führt. Beispiel: Gelenkknorpel.
Beachten Sie: Eine Zerstörung des hyalinen Knorpels durch chronische Überlastung führt zu einer Gelenkarthrose!

Beim *elastischen Knorpel* schließlich dominiert der Anteil der elastischen Fasern, was zu einer erhöhten Biegefestigkeit führt. Beispiel: Ohrmuschel.

Gemeinsamkeiten der drei Knorpelarten:
- Sie besitzen weder Nerven noch Gefäße. Die Ernährung erfolgt durch Diffusion aus randständigen Kapillaren oder beim Gelenkknorpel durch die Gelenkflüssigkeit (Synovia)
- Im Altersprozess nimmt der Wassergehalt ab, das heißt, die Druckelastizität verringert sich

- Knorpelgewebe ist ein Gewebe mit herabgesetztem Stoffwechsel und geringer Regenerationsfähigkeit
- Die Tätigkeit der Knorpelzelle wird hormonell beeinflusst (Steigerung durch Testosteron, Hemmung durch Kortison).

2.2.2 Die Anpassung des Knorpels an Belastung

In Abhängigkeit von der jeweiligen Belastung nehmen die entsprechenden Knorpelkomponenten zu.
Da der **hyaline Knorpel** aufgrund seiner gelenkbildenden Funktion im Sport von besonderer Bedeutung ist, soll er an dieser Stelle vertieft in seinen Anpassungsmechanismen dargestellt werden.

- Kurzfristige Anpassung
Bei kurzzeitigen Belastungen kommt es zu einer akuten Dickenzunahme um 12 bis 13 % durch Flüssigkeitsaufnahme. Durch den vorübergehenden, belastungsbedingten Quellzustand (z.B. durch Warmlaufen) ist der Knorpel damit resistenter gegen erhöhte Druck- und Scherkräfte.
- Längerfristige Anpassung
Längerfristige Belastungen (z.B. im Rahmen eines mehrwöchigen Ausdauertrainings) führen zur Hypertrophie des Knorpels, wobei sich die Knorpelzellen und die Chondrone vergrößern, die Zahl der Zellen innerhalb der Chondrone zunimmt (= Hyperplasie) und die Stoffwechselaktivität der Knorpelzellen erhöht wird - alles Mechanismen, die den hyalinen Knorpel befähigen, erhöhte mechanische Belastungen ohne Gelenkschädigung zu bewältigen

Als "kritische Knorpeldicke" für eine umfassende Substratzufuhr gelten 3 mm. Da der Knorpel der Kniescheibe bis zu 6 mm dick sein kann, erklärt sich die relative Häufung der so genannten **Chondropathia patellae** (degenerative Veränderung des Kniescheibenknorpels): Aufgrund der Verlängerung der metabolischen (den Stoffwechsel betreffenden) Transitstrecke, kommt es zu einer Beeinträchtigung der Diffusionsvorgänge und damit zu einer lokalen Unterversorgung, was längerfristig zu degenerativen Folgeschäden führen kann.
Durch sportliche Überlastung (z.B. durch mehrfach wiederholte Serien mit tiefen Kniebeugen und Zusatzbelastung) kann es zur Zerstörung des Gelenkknorpels und damit zur Ausbildung einer Arthrose kommen.

2.3 Sehnen- und Bändergewebe

2.3.1 Funktionen und Aufbau von Sehnen und Bändern

Sehnen dienen der Übertragung von Muskelkräften auf die Erfolgsorgane Knochen und Gelenke. Die hierfür notwendige Zugbelastbarkeit wird durch Kollagenfasern und ihre

spezielle Anordnung gesichert.
Bänder sind ähnlich aufgebaut wie die Sehnen (hoher Anteil an Kollagenfasern), allerdings sind sie ihrer Funktion entsprechend meist flächiger und verbinden nicht wie die Sehnen Muskeln mit Knochen, sondern dienen der Verbindung von Knochen untereinander und sorgen auf diese Weise für deren Lagestabilität.
Die Zugbelastbarkeit von Sehnen und Bändern wird durch eine spezielle Anordnung (Bündelung) von parallel verlaufenden Sehnen- bzw. Bandfasern gewährleistet. Sie setzen sich aus den mechanisch am höchsten belastbaren Bindegewebsfasern, nämlich den Kollagenfasern, zusammen.
Alle Sehnen bzw. Sehnenfasern werden von bindegewebigen Hüllen umgeben, die sowohl Nerven und ernährende Gefäße als auch elastische Faseranteile enthalten. Bei Überbeanspruchung kann es zum Phänomen der so genannten *Sehnenscheidenentzündung* kommen.

2.3.2 Anpassung von Sehnen und Bändern an Belastung

Auch Sehnen und Bänder sind zur Anpassung an Belastung in der Lage. Durch entsprechendes Training werden der Querschnitt sowie die Zug- und Rissfestigkeit der Sehnen und Bänder erhöht. Die belastungs- bzw. trainingsbedingte Zunahme der Zugfestigkeit ist die Folge sowohl quantitativer als auch qualitativer Anpassungen.
Quantitativ kommt es zu einer Zunahme der Dicke und Zahl der Sehnenfasern bzw. deren Substrukturen. Qualitativ ändert sich die Infrastruktur der Sehnen und Bänder, indem es zu einer Verfestigung des Mizellargerüstes (kristallgitterähnliche Strukturen der für die Zugaufnahme verantwortlichen festen Proteinketten) und damit zu einer Erhöhung der Zugfestigkeit kommt.
Bei unphysiologischen Belastungen, wie sie oftmals im Hochleistungssport gegeben sind, kann eine Sehnenzelle (Fibrozyt), die u.a. für die Kollagenproduktion verantwortlich ist, wie eine Knochenzelle reagieren und eine vermehrte Kalziumeinlagerung in Gang bringen, was in der Folge eine Verknöcherung der betroffenen Bindegewebsbezirke nach sich ziehen kann. Beispiel: Achillessehnenverkalkung bei chronischen Entzündungen in Folge von Überberlastung.

Beachten Sie: Die Einnahme von Anabolika zum schnelleren Muskelaufbau ist in diesem Zusammenhang nicht unproblematisch, da es durch den rascheren Anstieg der Muskelmasse im Vergleich zum Sehnendurchmesser zu einer Diskrepanz zwischen Muskelkraft und Zugfestigkeit der Sehnen und damit zu einer erhöhten Rissgefährdung kommen kann.
Auch die Verwendung von Kortison - z.B. bei der Bekämpfung von chronischen Entzündungen im Bereich der Achillessehne (=Achillodynie) oder des Ellbogens (Tennis- und /oder Werferellbogen) - kann zu nicht gewollten Begleiterscheinungen führen: Kortison hat nicht nur einen entzündungshemmenden, sondern auch einen eiweißkatabolen (abbauenden) Effekt an den kollagenen Fasern der Sehnen und Bänder. In der Folge kann es dadurch zu einem vermehrten Auftreten von Sehnen- und Bänderrissen kommen.

2.4 Zusammenfassung

Der passive Bewegungsapparat beeinflusst entscheidend die sportliche Belastbarkeit und ist durch Training im biopositiven Sinne zu vielfältigen Anpassungserscheinungen in der Lage. Chronische Überlastungen und nicht ausreichend auskurierte Mikroverletzungen hingegen bewirken bionegative Adaptationen im Sinne degenerativer Veränderungen, die längerfristig zum so genannten Sportschaden, vor allem aber zur Gelenksarthrosebildung, führen können.

2.5 Lernerfolgskontrolle

- Erläutern Sie die erhöhte Druckfestigkeit des Knochens im Vergleich zum Knorpel!
- Nennen Sie die 3 wesentlichen Funktionen des Knochens!
- Beschreiben Sie den Aufbau eines Röhrenknochens!
- Stellen Sie die Funktionen der Knochenhaut dar!
- Beschreiben Sie die Anpassungen des Knochens an Belastung!
- Erläutern Sie die Ursachen und Mechanismen der Osteoporoseentstehung!
- Nennen und charakterisieren Sie die drei Knorpelarten!
- Beschreiben Sie die Gemeinsamkeiten der 3 Knorpelarten!
- Erläutern Sie die besondere Bedeutung des hyalinen Knorpels!
- Stellen Sie die kurz- und längerfristige Anpassung des Knorpels an Belastung dar!
- Beschreiben Sie die unterschiedliche Funktion von Sehnen und Bändern!
- Stellen Sie die Anpassungen von Sehnen und Bändern an Belastung dar!

3. Lerneinheit: Das menschliche Skelett

Ohne sein knöchernes Achsenskelett und ohne die Hebelwirkung der Extremitätenknochen hätte sich der Mensch weder zum "homo erectus" entwickelt noch wäre er jemals der so erfolgreiche Jäger und Sammler geworden. Auch hätte er die mit der "Aufrichtung" verbundene fulminante zerebrale Entwicklung (über die verbesserte "Übersicht" ⇒ "Einsicht") nicht mit der Schnelligkeit durchlaufen, wie er dies in seiner phylogenetischen Entwicklung (Stammesentwicklung) tat.

3.1 Funktionen und Aufbau des menschlichen Skeletts

Der Aufbau des menschlichen Skeletts ist untrennbar mit seinen unterschiedlichen Funktionen verbunden.
Das Skelett des Menschen setzt sich zusammen aus Wirbelsäule, Brustkorb und Schädel, Schultergürtel und oberer Extremität sowie Beckengürtel und unterer Extremität.

3.1.1 Funktionen des menschlichen Skeletts

Die drei wesentlichen Funktionen des Skeletts sind die Stützfunktion, die Schutzfunktion und die Hebelfunktion.
Dem Rumpf und der Wirbelsäule fallen funktionell vorwiegend zwei Aufgaben zu: Zum einen stellt der Rumpf die schützende Umhüllung für die verschiedenen inneren Organsysteme dar, zum anderen stellt die Wirbelsäule als Tragsäule bzw. die Basis für die Extremitätenbewegungen und die Haltung des Kopfes dar.

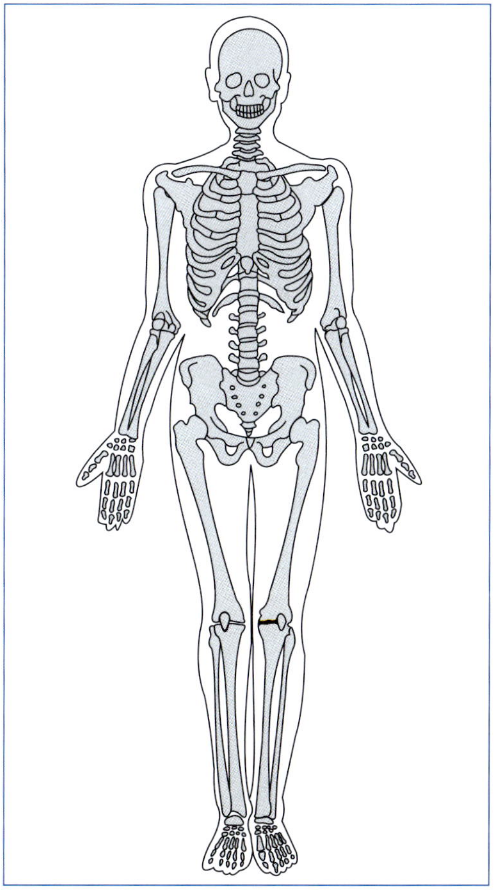

Abb. 21: Schematische Darstellung des menschlichen Skeletts

3.1.2 Aufbau des menschlichen Skeletts

Die Wirbelsäule (s. auch S. 82) stellt das zentrale Achsenskelett des Menschen dar. Sie schützt das Rückenmark, trägt den Kopf frei beweglich, stützt den Schultergürtel und stellt die Verbindung zum Beckengürtel her.
Die obere Extremität ist durch den Schultergürtel mit dem Rumpf verbunden. Der Schultergürtel - bestehend aus Schulterblatt, Schlüsselbein und Brustbein - steht mit dem Rumpf in einer außergewöhnlich beweglichen Verbindung. Er hängt in einer Muskelschlinge - sie wird aus einer Reihe von Schulterblattmuskeln gebildet, welche den Schultergürtel mit dem Rumpf (Wirbelsäule, Brustkorb) verbinden.

Die hohe Beweglichkeit des Schultergürtels sowie des Schultergelenks ist notwendig, da die obere Extremität aufgrund ihrer Funktion als Greif-, Tast- und Ausdruckswerkzeug einen großen Bewegungsraum benötigt.

Abb. 22 zeigt die knöchernen Anteile des Schultergürtels.

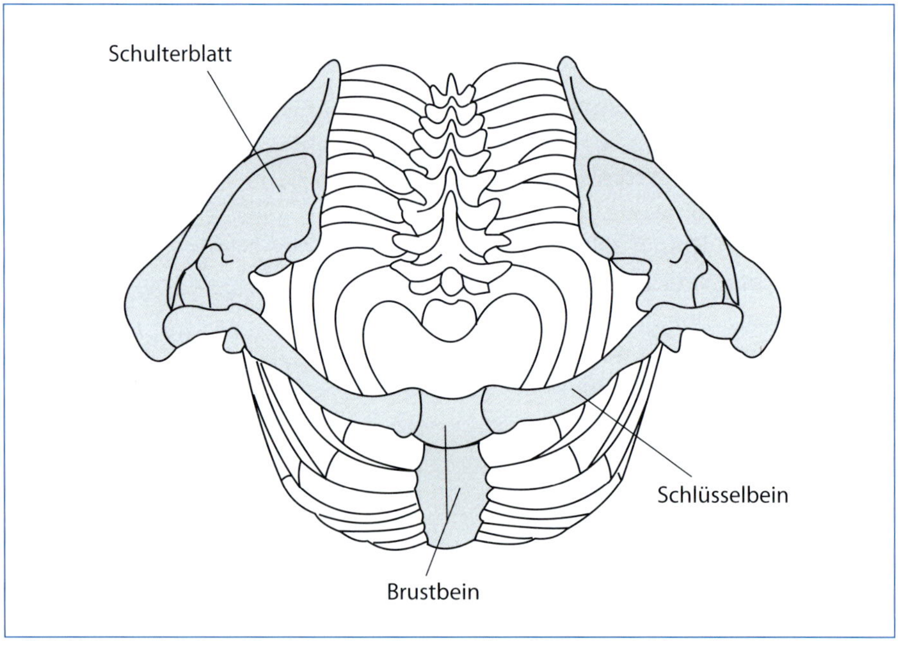

Abb. 22: Schematische Darstellung (Aufsicht) der knöchernen Anteile des Schultergürtels

Ebenso wie die obere ist auch die untere Extremität durch einen Extremitätengürtel, den Beckengürtel, mit dem Rumpfskelett verbunden. Die besondere Bedeutung des Beckengürtels als Stützapparat zeigt sich in der Größe und der kräftigen Ausbildung seiner Anteile sowie in der Verwachsung der ursprünglich einzelnen Knochen zu der Gesamtheit des Beckengürtels.

3.2 Der Knochen als Gelenkbildner - Einteilung der Gelenke

Die Knochen sind entweder fest oder beweglich miteinander verbunden. Man unterscheidet demnach Scheingelenke oder Haften - sie werden als so genannte Synarthrosen bezeichnet - und echte Gelenke, die als Diarthrosen bezeichnet werden.

3.2.1 Synarthrosen

Hierbei handelt es sich um Scheingelenke, das heißt, um eine feste Verbindung der Knochen miteinander durch ein Bindematerial, das praktisch keine Beweglichkeit zulässt. Man unterscheidet:

- Syndesmose (Bandhaft). Beispiel: Die straffe, bindegewebige Verbindung von Schien- und Wadenbein.
- Synchondrose (Knorpelhaft). Beispiel: Die bindegewebsknorpelige Verbindung der Schambeinfuge oder von Rippe und Brustbein.
- Synostosis (Knochenhaft) Beispiel: Die knöcherne Verbindung von verschiedenen Wirbelkörpern zum Kreuzbein oder die Verschmelzung der verschiedenen Beckengürtelknochen.

3.2.2 Diarthrosen

Unter Diarthrose versteht man eine bewegliche Verbindung der Knochen mit einem Gelenkspalt. Die Knochenenden sind mit Knorpel überzogen und gegeneinander beweglich; es handelt sich somit um ein echtes Gelenk.

3.2.2.1 Aufbau eines echten Gelenks (Diarthrose)

- Gelenkfläche
Die artikulierenden Knochenenden sind von hyalinem Knorpel überzogen, so dass sie eine glatte Oberfläche bilden und die Reibung weitestgehend herabgesetzt ist.

- Gelenkkapsel
Die Gelenkkapsel bildet eine bindegewebige Hülle für das Gelenk und schließt die Gelenkhöhle luftdicht ab. Sie besteht aus einer inneren und äußeren Schicht. Die innere Schicht ist glatt und sondert Gelenkschmiere (Synovia) ab, die bei Bewegung die Gelenkflächen schmiert und gleitfähig macht. Die äußere Schicht besteht aus kollagenen Bindegewebsfasern und ist für die mechanische Sicherung des Gelenkes verantwortlich.

- Gelenkhöhle
Die Gelenkhöhle ist eigentlich als “Höhle” gar nicht vorhanden, da zwischen den gelen-

kenden Teilen aufgrund des bestehenden Unterdrucks bzw. des Zuges der über das Gelenk ziehenden Muskeln nur ein kapillärer Spalt besteht.

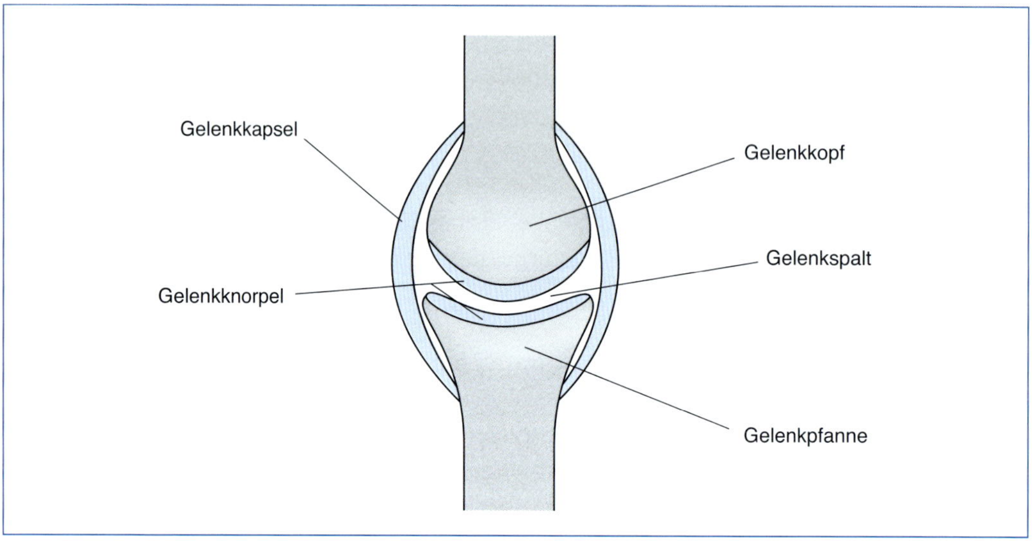

Abb. 23: Schematische Darstellung einer Diarthrose

3.2.2.2 Einteilung der Gelenke (Diarthrosen)

Die Gestaltung der artikulierenden Flächen und die Anordnung des zugehörigen Bandapparates bestimmen weitgehend die Bewegungsmöglichkeiten eines Gelenkes. Abb. 24 gibt eine Übersicht der verschiedenen Gelenktypen.

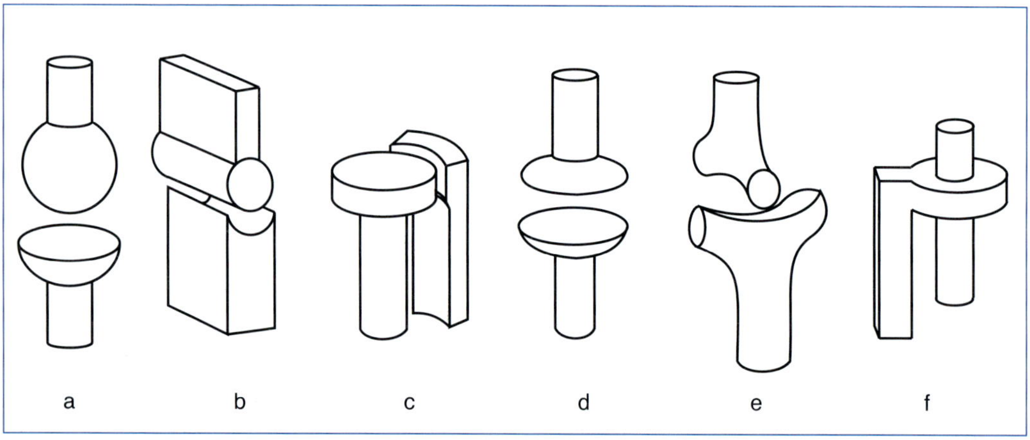

Abb.24: Schematische Darstellung verschiedener Gelenktypen: a) Kugelgelenk, b) Scharniergelenk, c) Dreh- oder Radgelenk, d) Eigelenk, e) Sattelgelenk und f) Zapfengelenk

Tab. 3 zeigt die verschiedenen Gelenkarten, ihre Lokalisation und ihre Bewegungsachsen.

	Gelenkart	Lokalisation	Zahl der Bewegungsachsen
a	Kugelgelenk	Schulter / Hüfte	3
b	Scharniergelenk	Oberes Sprunggelenk Finger, Zehen	1
c	Dreh- oder Radgelenk	Speichen-Ellegelenk	1
d	Eigelenk	Handgelenk	2
e	Sattelgelenk	Daumengrundgelenk	2
f	Zapfengelenk	Zwischen erstem und zweitem Halswirbel	1

Tab. 3 : Arten, Lokalisation und Zahl der Bewegungsachsen menschlicher Gelenke

Man unterscheidet demnach aus funktioneller Sicht ein-, zwei- und dreiachsige Gelenke. Die Gelenksbeweglichkeit ist je nach Notwendigkeit über verschiedene Mechanismen eingeschränkt.

3.2.2.3 Vorrichtungen zur Einschränkung der Gelenkbeweglichkeit

Man unterscheidet Knochen-, Band- und Muskelhemmung bzw. -führung.

- Knochenhemmung

Bei der Knochenhemmung wird die Bewegung durch Knochenanschlag begrenzt. Im Ellbogengelenk wird z.B. der Streckung durch den Hakenfortsatz der Elle (Olecranon) ein Ende gesetzt; im Schultergelenk kommt es durch das Akromion (= äußeres Ende der Schulterblattgräte = "Schulterhöhe") zur so genannten "Anschlagsperre" (s. S. 68).

- Bandhemmung

Bei der Bandhemmung wird der Bewegungsumfang durch den Bandapparat eingeschränkt. Das Darmbeinschenkelband (ligamentum iliofemorale, s. Abb. 26) z.B. gestattet nur ein geringfügiges Zurückführen des Rumpfes gegen das fixierte Standbein (das Bein soll nicht zu stark der Sichtkontrolle entzogen werden).

- Muskelhemmung

Bei der Muskelhemmung sind über mehrere Gelenke hinwegziehende Muskeln in ihrer Extremstellung zu kurz und lassen daher eine weitere Beugung nicht mehr zu. So können z.B. die Finger bei stark gebeugten Handgelenken nicht mehr zur Faust geschlossen werden.

3.3 Zusammenfassung

Das menschliche Skelett setzt sich zusammen aus Wirbelsäule, Brustkorb und Schädel, Schultergürtel und oberer Extremität sowie Beckengürtel und unterer Extremität und ist in seinem Aufbau untrennbar mit ihren wesentlichen Funktionen - der Stütz-, Schutz- und Hebelfunktion - verbunden.
Die Knochen stehen untereinander mit unterschiedlichen Gelenken - die Funktion bestimmt dabei die jeweilige Form - in Verbindung, wobei man unechte und echte Gelenke unterscheidet.

3.4 Lernerfolgskontrolle

- Stellen Sie exemplarisch die drei wesentlichen Funktionen des menschlichen Skeletts dar!
- Nennen und erläutern Sie die drei Arten von Scheingelenken (Synarthrosen) und geben Sie je ein Beispiel!
- Erstellen Sie eine schematische Zeichnung zum Aufbau eines echten Gelenks und beschriften Sie die wichtigsten Strukturen!
- Nennen Sie die verschiedenen Arten von echten Gelenken (Diarthrosen) und geben Sie je ein charakteristisches Beispiel!
- Stellen Sie die wesentlichen Vorrichtungen zur Einschränkung der Gelenksbewegungen dar!

4. Lerneinheit: Anatomie der wichtigsten Gelenke bzw. Gelenksysteme

In der Folge sollen einige wichtige Gelenke bzw. Gelenksysteme, die im Sport von besonderer Bedeutung sind, exemplarisch und kurz dargestellt werden.
Als Beispiele für ein **Kugelgelenk** sollen hier das Schultergelenk und das Hüftgelenk beschrieben werden.

4.1 Das Schultergelenk

Beim Schultergelenk stehen der Kopf des Oberarmes und die Gelenkpfanne des Schulterblattes in gelenkiger Verbindung.

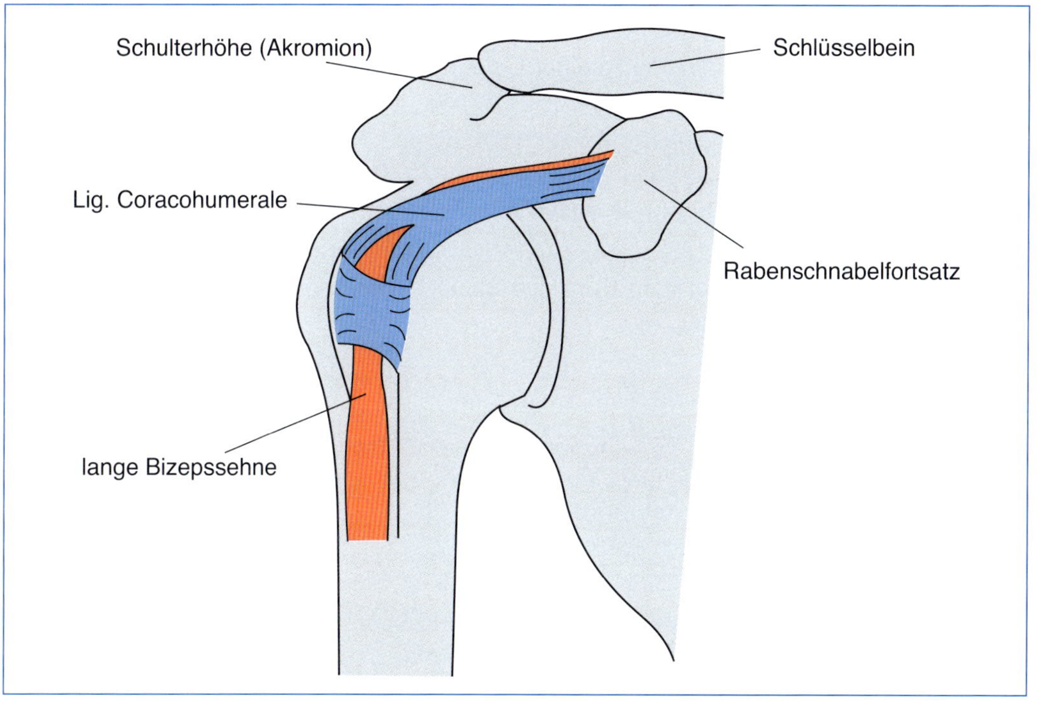

Abb. 25: Das Schultergelenk mit dem Rabenschnabelfortsatz-Oberarmband (lig. coracohumerale) zur Stabilisierung der langen Bizepssehne

Das Schultergelenk ist das beweglichste, damit aber auch das luxationsgefährdetste Gelenk des Menschen.

Ursachen für diese außergewöhnliche Beweglichkeit sind:
- die unterschiedlichen Größenverhältnisse von Gelenkfläche des Schulterblattes und

Größe der Gelenkfläche des Oberarmknochens (humerus): ihre Flächen verhalten sich wie 1 : 4.
- die schlaffe Gelenkkapsel, die nur durch ein Band - es zieht vom Rabenschnabelfortsatz zum großen Höcker des Oberarmes - verstärkt wird.
- die geringe knöcherne Bewegungseinschränkung: Lediglich durch das Dach der Schulterhöhe (Akromion) erfährt der Oberarm bei der Anteversions- und Abduktionsbewegung eine "Anschlagsperre" bei waagrechter Armhaltung, die aber durch eine Drehung des Schulterblattes weitgehend kompensiert werden kann: Somit ist ein Heben des Armes bis etwa zur Senkrechten möglich.

Beim Schultergelenk handelt es sich um ein dreiachsiges Gelenk, das Armbewegungen in sechs Bewegungsrichtungen erlaubt, nämlich Adduktion (Heranführen) und Abduktion (Wegführen), Ante- und Retroversion (Vor- und Rückschwingen) sowie Innen- und Außenrotation.

Eine Besonderheit des Schultergelenks gegenüber anderen Gelenken besteht darin, dass es eine Sehne - die Sehne des langen Bizepskopfes - innerhalb der Gelenkkapsel durch das Gelenk führt, wodurch ein Beitrag zu einer Gelenkstabilisierung geleistet wird (vgl. Abb. 25).

Das Schultergelenk ist ein fast ausschließlich muskulär geführtes Gelenk.

4.2 Das Hüftgelenk

Das Hüftgelenk wird gebildet vom Kopf des Oberschenkelknochens (caput femoris) und von der Pfanne des Hüftbeines.

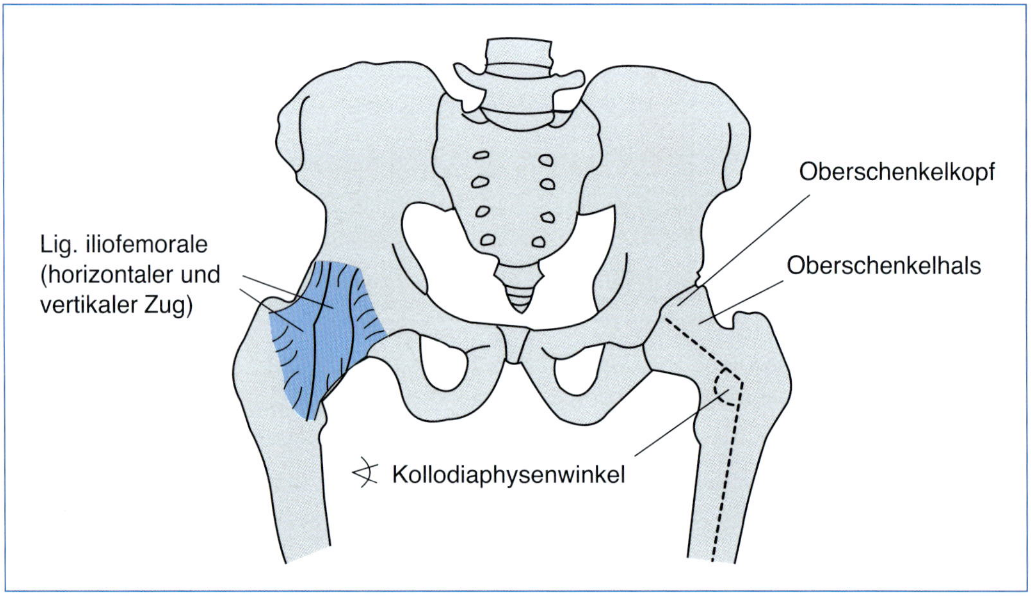

Abb. 26: Der Knochen- und Bandapparat des Hüftgelenks

Im Gegensatz zum Schultergelenk, einem Gelenk mit Muskelführung, stellt das Hüftgelenk ein modifiziertes Kugelgelenk (Nussgelenk) mit Knochen-, Band- und Muskelführung dar. Diese Dreifachsicherung des mechanisch hochgradig belasteten Hüftgelenks ist aus Evolutionssicht überlebensnotwendig: Ein luxiertes Hüftgelenk wäre unter natürlichen Bedingungen nicht wieder reponierbar.

Die Knochenführung wird durch eine tiefe Einlagerung des Oberschenkelkopfes in die Pfanne erreicht. Zusätzlich wird der knöcherne Rand noch mit einer faserknorpeligen Gelenklippe versehen, die zu einer weiteren Vergrößerung der Kontaktfläche der Gelenkkörper und damit zu einer verstärkten Gelenkbindung führt.
Die Bänderführung erfolgt durch einen außergewöhnlich straffen Bandapparat, der in seinem Gesamtaufbau einer Schraubenstruktur gleicht: Bei der Hüftgelenksstreckung wird diese Bänderschraube zu-, bei ihrer Beugung aufgedreht. Aus diesem Grunde ist z.B. der Seitspagat bei gebeugter Hüfte leichter realisierbar als bei gestreckter!
Sinn der vier Hüftgelenksbänder - eines davon bildet als Darmbeinschenkelband (lig. iliofemorale) das stärkste Band des Menschen - ist vor allem die Sicherung der Becken- und Rumpfstellung. So verhindert der vertikale Zug dieses Bandes beim Stehen das Abkippen des Rumpfes nach hinten, der horizontale unterbindet beim Gehen das Absinken des Oberkörpers zur Spielbeinseite im Moment, wo das Becken beim Übergang vom Standbein zum Spielbein auf dem Hüftgelenkskopf ausbalanciert werden muss.
Die Muskelführung erfolgt über eine Vielzahl an überaus kräftigen Muskeln, die in ihrer Gesamtheit das Hüftgelenk bei jeder sportlichen Bewegung sichern.

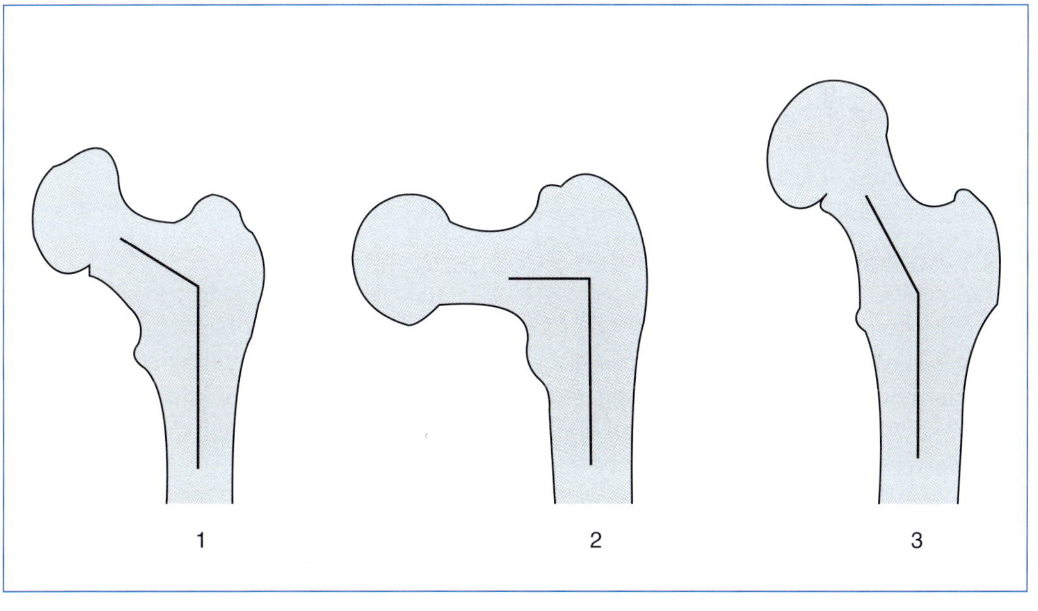

Abb. 27: Hüftgelenke mit unterschiedlichem Kollodiaphysenwinkel. 1 = Normal, 2 = Coxa vara (O- oder Flachhüfte), coxa valga (X- oder Steilhüfte)

Der Oberschenkelschaft ist gegen die Traglinie etwas nach außen abgewinkelt und bildet mit dem Oberschenkelhals den so genannten Kollodiaphysenwinkel (Oberschenkelhals-Schaft-Winkel). Er beträgt beim Säugling etwa 150°, beim Erwachsenen aber nur noch 120° und kann im Alter aufgrund von Übergewicht und / oder osteoporotischer Veränderungen bis auf 90° abfallen.

Wie Abb. 27 verdeutlicht, kann es bei verschiedenen Arten von Hüftfehlbildungen zu Änderungen des Schenkelhals-Schaft-Winkels kommen. Dies bleibt nicht ohne Konsequenzen für das Hüftgelenk: Aufgrund der verkleinerten Druckaufnahmeflächen bei Hüftfehlstellungen nimmt der Belastungsdruck auf die Gelenkknorpel in außergewöhnlicher Weise zu: So erhöht sich z.B. die Hüftbelastung bei einer Steilhüfte (angeboren) beim Gehen auf das 10- bis 20-fache der normalen Belastung, was frühzeitige Verschleißerscheinungen in der Form einer Hüftgelenksarthrose - sie stellt nach der Kniearthrose die zweithäufigste degenerative Gelenkveränderung des Menschen dar - nach sich ziehen kann. Dies gilt insbesondere für Sportler, die hohen Gelenksbelastungen ausgesetzt sind, wie z.B. Dreispringer oder Gewichtheber.

Als Beispiele für ein **Scharniergelenk** sollen hier aufgrund ihrer hohen Sportrelevanz das Ellbogen- und Kniegelenk mit ihren wesentlichen Besonderheiten dargestellt werden.
Beachten Sie: Sowohl das Ellbogen- als auch das Kniegelenk sind keine reinen Scharniergelenke, da sie über die Scharnierbewegungen hinaus auch noch Drehbewegungen ausführen können. Sie heißen deshalb auch Drehscharnier- bzw. Drehwinkelgelenk.

4.3 Das Ellbogengelenk

Das Ellbogengelenk ist ein im Sport vielseitig und sportartspezifisch oftmals hochgradig beanspruchtes Gelenk, das aufgrund seiner Funktionsvielfalt einer besonderen Beanspruchung unterliegt.

4.3.1 Aufbau und Funktion des Ellbogengelenks

Das Ellbogengelenk verbindet den Oberarm mit dem Unterarm. Es handelt sich um ein Drehwinkelgelenk, das in seinen drei Teilgelenken so gegliedert ist, dass es Dreh- und Scharnierbewegungen in jeder Gelenkstellung und unabhängig voneinander ermöglicht. Auf diese Weise wird der funktionell wichtigste Teil des Armes, nämlich die Hand, in die Lage versetzt, in einem erweiterten Greif-, Tast- und Ausdrucksraum zu agieren.

Das Ellbogengelenk wird von drei unterschiedlichen Teilgelenken gebildet. Dabei artikulieren Oberarmknochen (humerus), Elle (ulna) und Speiche (radius) unter einer einheitlichen Gelenkkapsel miteinander. Man unterscheidet drei Gelenke:
- Die Gelenkverbindung zwischen Oberarm und Elle. Hierbei artikuliert die Gelenkrolle des Oberarmknochens mit der Gelenkfläche des Hakenfortsatzes der Elle.

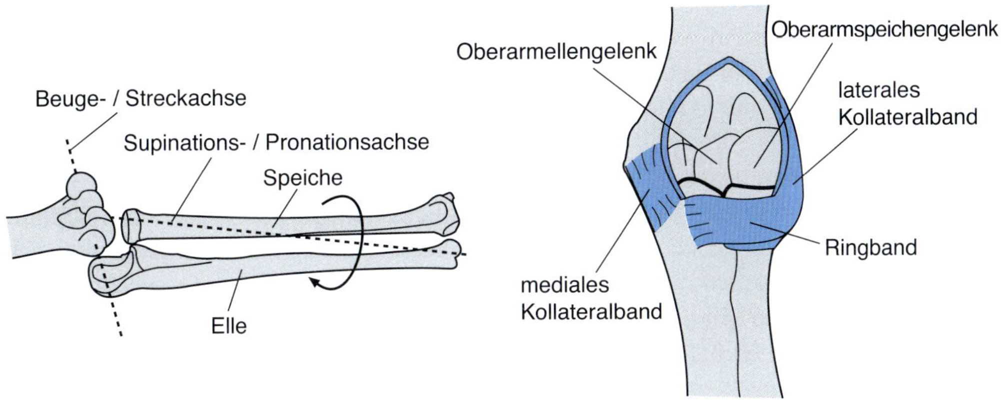

Abb. 28: Der Knochen- und Bandapparat des Ellbogengelenks sowie die zugehörigen Bewegungsachsen

In diesem Gelenk sind nur Scharnierbewegungen möglich.

- Die Gelenkverbindung zwischen Oberarm und Speiche. In diesem Teilgelenk sind Scharnier- und Drehbewegungen möglich, wobei sich das Speichenköpfchen innerhalb des Ringbandes um sich selbst drehen kann.
- Die Gelenkverbindung zwischen Speiche und Elle. Hier dreht sich das Speichenköpfchen wie bereits gesagt in einem korrespondierenden Einschnitt der Elle und ermöglicht dadurch die Umwendbewegungen (Pronation und Supination) der Hand.

Beachten Sie: Da in der Greif-, Tast- und Ausdrucksfunktion der Hand vor allem differenzierte Beugestellungen bewegungsrelevant sind, wird es verständlich, dass die Beugemuskulatur eine stärkere Gliederung erfährt als die Streckmuskulatur, die quasi aus einem einzigen Muskel besteht, nämlich dem dreiköpfigen Armmuskel (m. triceps brachii).

4.3.2 Typische Verletzungen des Ellbogengelenks

Im Sportbereich kommt es in den Wurf- bzw. Spielsportarten (vor allem Speerwurf bzw. Handball und Tennis) häufig zum “Tennisellbogen” bzw. “Werferellbogen”.

- Der Tennisellbogen

Unter dem “Tennisellbogen” ist ein chronischer Reizzustand am äußeren Oberarmhöckerchen mit Schmerzen am Ursprung der Unterarm- und Handstrecker zu verstehen. Der “Tennisellbogen” stellt einen mechanischen Überlastungsschaden dar, der sich vor allem bei Rückhandschlägen einstellt.

Als **Entstehungsursachen** kommen fehlerhafte Technik, ein falsch gewählter Schlägergriff, eine zu harte oder zu weiche Bespannung, ein schlechter muskulärer Trainingszustand, ungenügendes Aufwärmen etc. in Frage.
Typische Symptome sind lokaler Druckschmerz über dem äußeren Oberarmhöckerchen (hier haben alle Handgelenksstrecker ihren Ursprung), Schmerz bei Händedruck oder in den Unterarm ausstrahlende Schmerzen.

Therapie: Neben der ursächlichen Therapie (Wahl des richtigen Sportmaterials, Optimierung der Schlagtechnik etc.) empfehlen sich im akuten Zustand Eisanwendungen und die Einnahme entzündungshemmender Medikamente. Bei chronischem Tennisellbogen ist folgendes stufenweises Vorgehen sinnvoll: An erster Stelle steht ein absolutes Spiel- und Trainingsverbot, u.U. Ruhigstellung für 2 bis 3 Wochen sowie durchblutungsfördernde Salben und entzündungshemmende bzw. schmerzstillende Mittel. Führt dies nicht zum Erfolg, dann empfiehlt sich eine Kortisonbehandlung bei paralleler physikalischer Therapie. Am Ende käme ein operatives Therapieverfahren in Frage.

- Der Werferellbogen
Unter dem "Werferellbogen" - er ist im Vergleich zum "Tennisellbogen" relativ selten - ist ein Reizzustand am inneren Oberarmhöcker (Ursprungsort der Unterarm- und Handbeuger) zu verstehen. Wie beim Tennisellbogen liegt auch hier ein Überlastungsschaden vor. Tennis- und Werferellbogen können gemeinsam auftreten.
Als **Entstehungsursachen** kommen vor allem eine fehlerhafte Wurftechnik, ein ungenügender muskulärer Trainingszustand und ein ungenügendes Warmmachen in Frage.
Charakteristisch für den Werferellbogen sind Schmerzzustände im Ellbogenbereich mit lokalem Druckschmerz am inneren Oberarmhöcker.

Therapie: Überprüfen der Wurftechnik, Optimierung des Warmmachens, Kräftigung der Wurfmuskulatur. Ansonsten ist über eine physikalische und entzündungshemmende Behandlung für eine Beseitigung der lokalen Überlastungsbeschwerden zu sorgen.

4.4 Das Kniegelenk

Beim Kniegelenk artikulieren die Gelenkknorren des Oberschenkels mit den beiden Gelenkflächen des Schienbeines. Im Gegensatz zum Ellbogengelenk stehen also zur besseren Sicherung der "Tragsäule Bein" nicht drei, sondern nur zwei Knochen in gelenkiger Verbindung. Das Kniegelenk erlaubt als Drehwinkelgelenk Beuge- und Streck- sowie Drehbewegungen - leztere allerdings nur in gebeugtem Zustand.

Das Kniegelenk verleiht einerseits der Funktionseinheit Oberschenkel-Unterschenkel in der Streckstellung (Standbein) eine feste Sicherung der Tragsäule Bein, andererseits ermöglicht es dem Fuß in der Beugestellung (Spielbein) über die Drehbewegungen eine Erweiterung seines Bewegungsraumes.

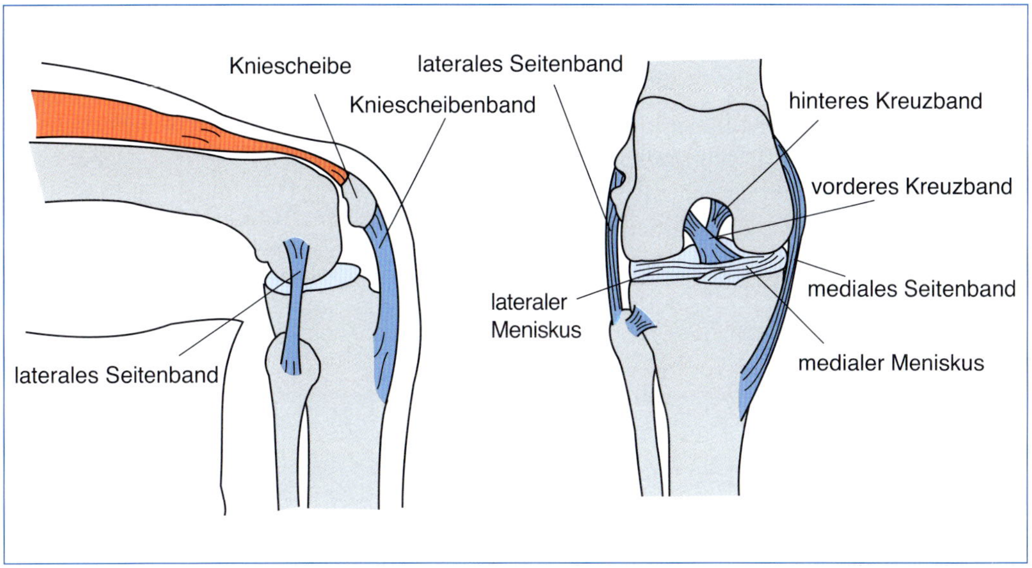

Abb. 29: Schematische Darstellung des Kniegelenks (Seit- und Vorderansicht)

4.4.1 Besonderheiten des Kniegelenks

4.4.1.1 Kniescheibe

Durch den Einbau der Kniescheibe (patella) in die Endsehne des vierköpfigen Schenkelstreckers (m. quadriceps femoris) kommt es zur Bildung des Oberschenkel-Kniescheiben-Gelenks. Die Kniescheibe erfüllt im wesentlichen vier wichtige **Funktionen**:

- Führung der Oberschenkelmuskulatur
Durch ihre Keilform gleitet die Kniescheibe im Gleitlager des Oberschenkelknorrens wie in einer Führungsnute und kann sich nur in geringem Maße verschieben; dadurch sichert sie die Beuge- und Streckbewegungen im Kniegelenk.

- Optimierung der Hebelverhältnisse
Die Kniescheibe hat die Aufgabe, die Quadrizepssehne auf größtmöglicher Entfernung vom Drehpunkt des Kniegelenks zu halten und damit zu einer Verbesserung der Hebelverhältnisse im Kniegelenksbereich beizutragen.
Durch diese hebelarmvergrößernde Wirkung wird erst mit zunehmender Streckung die maximale Entfernung erreicht und damit der Auflagedruck der Kniescheibe auf die Gelenkknorren erheblich verringert.
Wird die Kniescheibe nach einem Trümmerbruch entfernt, dann verringert sich z.B. die Weitsprungleistung um etwa 1 Meter durch die Verschlechterung der Hebelverhältnisse!

- Bremsfunktion

Wie Abb. 30 verdeutlicht, stellt die Kniescheibe ein wichtiges Element bei der Verlangsamung bzw. Abbremsung einer Bewegung dar. Dadurch erklärt sich auch, warum nach Entfernung der Kniescheibe sportliche Aktivitäten, die mit schnellen Richtungswechseln einhergehen (wie z.B. in den Ballspielen), nur noch selten praktiziert werden. Dabei ist es weniger das Unvermögen schnell zu laufen, als vielmehr die Unfähigkeit abrupt abzubremsen, was hier leistungslimitierend wirkt.

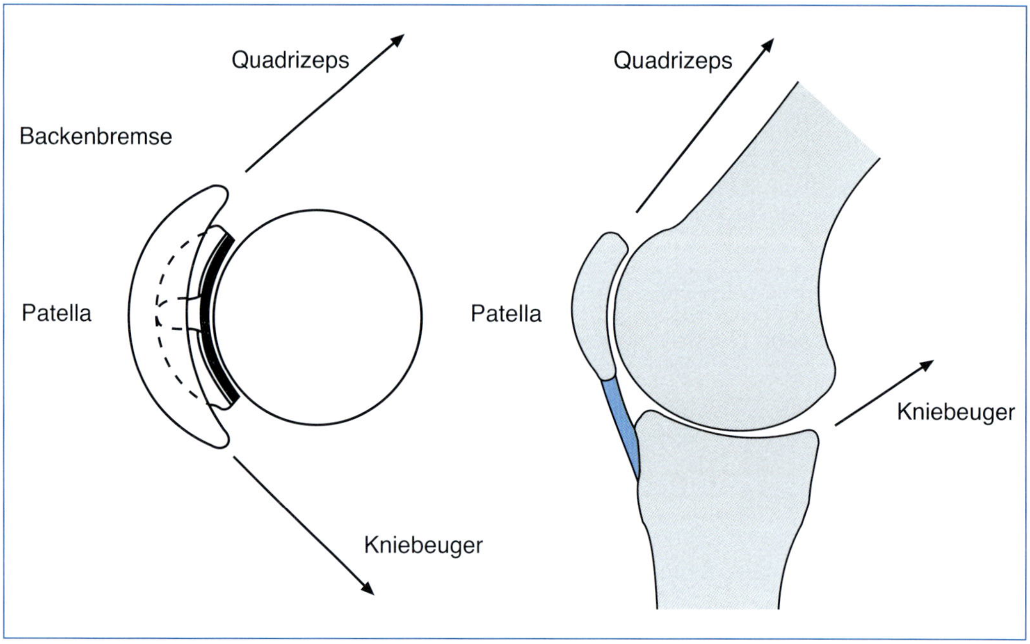

Abb. 30 : Die Bremsfunktion der Kniescheibe, vergleichbar einer "Backenbremse"

- Schutzfunktion

Die Kniescheibe übt eine gewisse Schutzfunktion für das Kniegelenksinnere aus, indem sie den direkten Zugang zu den Kreuzbändern und Menisken abdeckt.

4.4.1.2 Menisken

Um die Inkongruenz bzw. den punkthaften Kontakt der Gelenkkörper von Schenkel- und Schienbein auszugleichen, sind zwischen ihre artikulierenden Gelenkknorren zwei Gelenkscheiben - der mediale und der laterale Meniskus - eingeschoben, die zusammen mit dem Bandapparat und der Kniescheibe das Kniegelenk zu einem recht stabilen, aber komplizierten Gelenk machen.

Am äußeren Rand sind die Menisken - bestehend aus Faserknorpel - dick, gegen das Zentrum hin laufen sie scharf aus (Keilform). Bei Bewegung verschieben sich die Menisken so, dass sie den Gelenkknorren eine größtmögliche Unterstützungsfläche sichern.

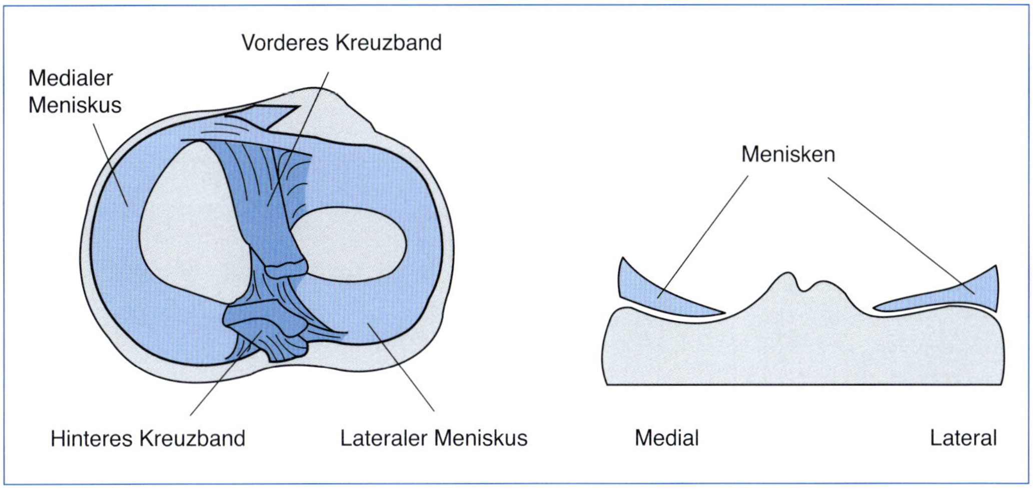

Abb. 31 : Der mediale und laterale Meniskus in der Auf- und Seitansicht

Die wichtigsten **Funktionen der Menisken** sind:

- Aufnahme der Gewichtsbelastung
Beim Stehen ruht fast das gesamte Gewicht des Körpers auf den Kniegelenken, die über die Menisken eine optimale Verteilung der einwirkenden Kräfte erfahren.

- Stoßaufnahme
Diese Funktion ist von nicht zu unterschätzender Bedeutung, da der Gelenkknorpel in nicht ausreichendem Maße in der Lage ist, plötzlich auftretende Kompressionskräfte aufzunehmen. Dies ist der Grund, dass es nach verletzungsbedingter Entfernung der Menisken langfristig zur Ausbildung einer Kniegelenksarthrose kommt, da die Menisken ihre Druckverteilerfunktion nicht mehr ausüben können.

- Gelenkstabilisierung
Die Menisken erhöhen die Stabilität, da sie die Gelenkflächen des Schienbeinplateaus verbreitern. Dadurch verteilen sie die Last auf eine größere Fläche und wirken somit auch energieabsorbierend.

- Rotationsbeitrag
Die komplexen Bewegungen des Kniegelenks sind optimal nur in Anwesenheit der verschiebbaren Menisken möglich.

Beachten Sie: Alle Beinachsenfehlstellungen im Sinne von O- bzw. X-Beinen führen zu einer chronischen punktuellen Mehrbelastung der Menisken und verursachen daher frühzeitige Verschleißerscheinungen. Aus diesem Grunde sollte eine O-Beinstellung mit

Schuhaußenranderhöhung und eine X-Beinstellung mit Schuhinnenranderhöhung so weit wie möglich ausgeglichen werden. Starke Beinfehlstellungen sollten u.U. operativ begradigt werden.

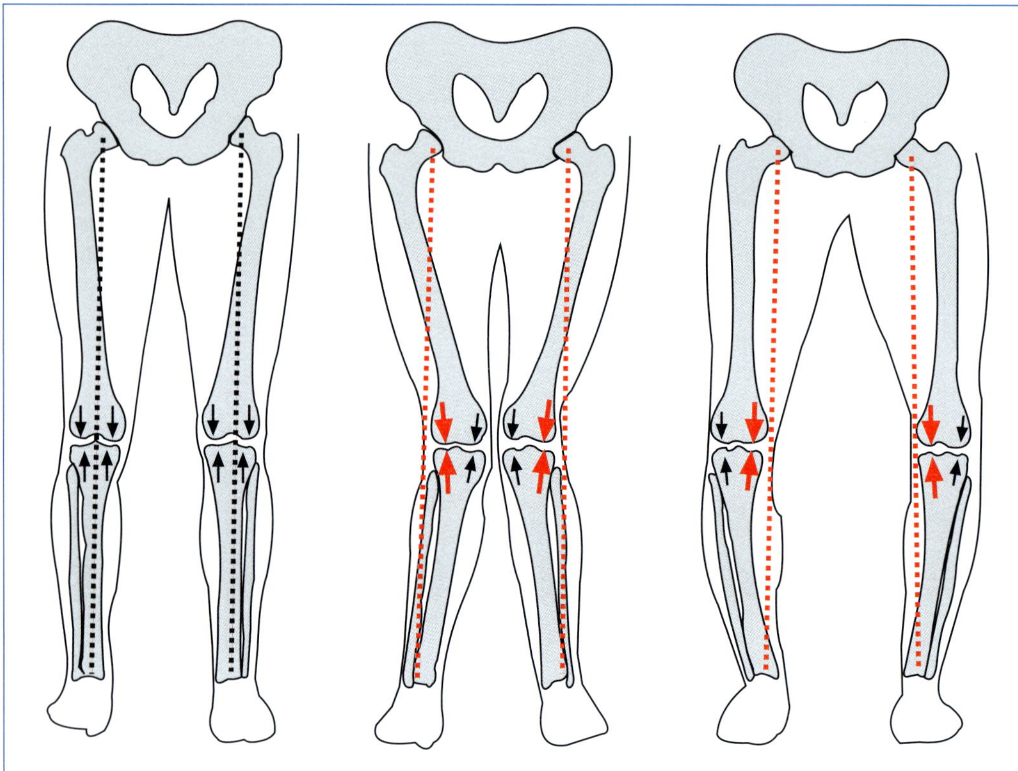

Abb. 32: Belastungsverteilung bei normalen und von der Norm abweichenden Beinachsenformen: a) normales Gelenk mit gleichmäßiger Druckverteilung b) X-Bein mit Überlastung der lateralen Gelenkflächen c) O-Bein mit Überlastung der medialen Gelenkflächen

4.4.1.3 Bandapparat

Die Führung des Kniegelenks erfolgt überwiegend durch den Bandapparat. Man unterscheidet Kreuz- und Seitenbänder (vgl. Abb. 29).

- Kreuzbänder

Die beiden Kreuzbänder verbinden die Gelenkknorren des Oberschenkels mit den Gelenkflächen des Schienbeins. Sie verhindern vor allem in der labilen Beugestellung, in der die Seitenbänder erschlaffen, ein Nachvorne- (vorderes Kreuzband) bzw. Nachhintengleiten (hinteres Kreuzband) des Schienbeinkopfes. In jeder Kniegelenksstellung sind einzelne

Anteile der Kreuzbänder gespannt. Zusätzlich sorgt das vordere Kreuzband noch für die so genannte "Schlussrotation", das heißt für das finale "Einrasten" des Standbeines - es macht jede Drehbewegung unmöglich -, da es bei völliger Kniestreckung unter maximale Zugspannung gerät.

- Seitenbänder
Die beiden Seitenbänder dienen der Sicherung der Kniegelenksstreckung; sie sind bei der Kniebeugung entspannt, bei der Kniestreckung maximal angespannt.

4.4.2 Typische Kniegelenksverletzungen

- Bandverletzungen
Risse des inneren und äußeren Seitenbandes bzw. des vorderen und / oder hinteren Kreuzbandes treten aufgrund externer Faktoren (Bodenbeschaffenheit, gegnerische Gewalteinwirkung) besonders häufig in den großen Sportspielen auf.

- Meniskusverletzungen
Der Innenmeniskus ist zwanzigmal häufiger verletzt als der Außenmeniskus, da er wegen seiner Verwachsung mit der Gelenkkapsel und dem inneren Seitenband traumatischen Einwirkungen weniger gut ausweichen kann.

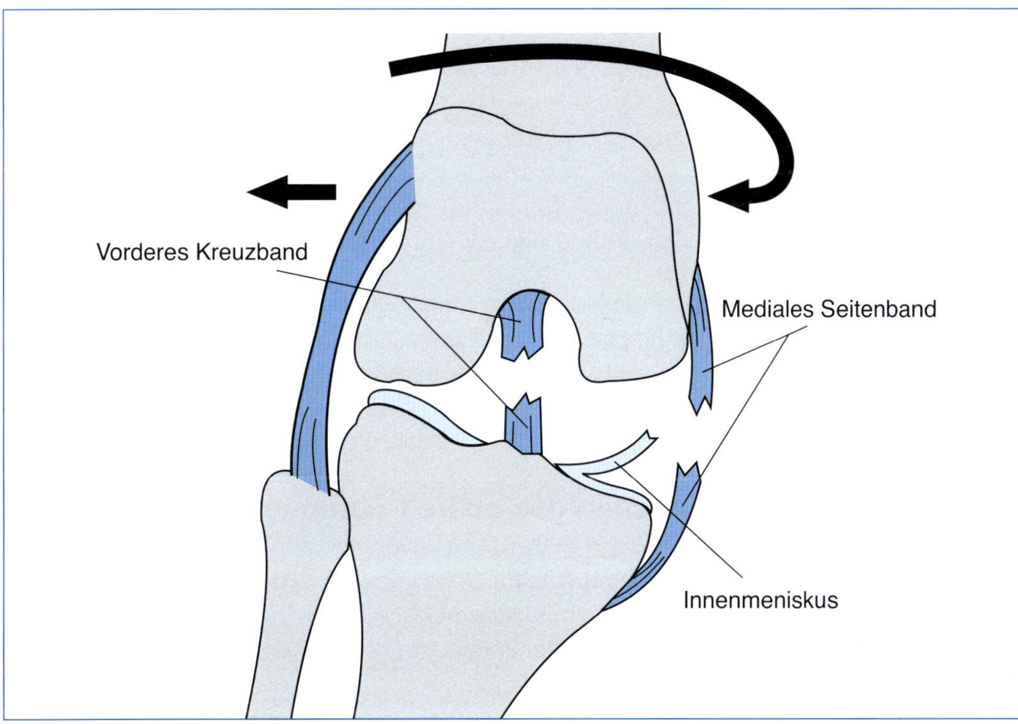

Abb. 33: Schematische Darstellung des Verletzungsmechanismus der "Unhappy triad"

Kombinierte Verletzungen
Wie Abb. 33 erkennen lässt, kommt es bei der "Unhappy triad" (unglückliche Dreifachverletzung) zu einem Riss des vorderen Kreuzbandes, des medialen Seitenbandes und zu einem Einriss des mit ihm verwachsenen medialen Meniskus.

Zusammenfassend kann man feststellen, dass der Knochen- und Bandapparat des Kniegelenks auf eine betonte Sicherung der "Tragsäule Bein" ausgerichtet ist und ein größeres Bewegungsspiel nur dann möglich ist, wenn der aufrechte Gang nicht gefährdet ist; dies ist nur bei einer Kniegelenksbeugung, also im entlasteten Zustand, der Fall.

Den entscheidenden Beitrag zur Kniesicherung leistet jedoch die auf das Kniegelenk einwirkende Muskulatur (s. Übersicht S. 123).

Beachten Sie: Da die Streckmuskulatur des Kniegelenks das gesamte Körpergewicht, die Beugemuskulatur jedoch nur das Gewicht des Beines zu tragen hat, lässt sich im Bereich der unteren Extremitäten ein Überwiegen der Streckmuskulatur erkennen. Ein derartiges Überwiegen der Strecker ist für die aufrechte Körperhaltung bzw. den normalen Gang unabdingbar.

4.5 Das obere Sprunggelenk

Im Gegensatz zur oberen Extremität stehen bei den unteren Gliedmaßen vor allem statische Funktionen im Vordergrund. Die Bewegungsfreiheit der einzelnen Gelenke der unteren Extremität nimmt aus diesem Grunde von oben nach unten ab.
Das obere Sprunggelenk ist ein reines Scharniergelenk, das nur Beuge- und Streckbewegungen zulässt. Drehmöglichkeiten (Supination = Innenrotation und Pronation = Außenrotation) eröffnen sich dem Fuß in begrenztem Umfang nur im unteren Sprunggelenk.
Da das obere Sprunggelenk des Fußes aufgrund seiner dynamischen Fortbewegungsfunktion und infolge seiner statischen Trage- und Stützbeanspruchung in den meisten Sportarten von größter Bedeutung ist, soll es bei der nachfolgenden Darstellung im Vordergrund stehen.

4.5.1 Gelenkbildende Knochen des oberen Sprunggelenks

Das obere Sprunggelenk wird von Schienbein (tibia) und Wadenbein (fibula) sowie der Gelenksrolle des Sprungbeines gebildet. Dabei umfassen das Schien- und Wadenbein die Gelenkrolle zangenförmig mit ihren Außenknöcheln (Malleolus medialis und lateralis) und bilden die so genannte "Malleolengabel".
Dem Sprungbein (talus) kommt bei der Lastaufnahme eine zentrale Rolle zu, da das gesamte Körpergewicht von der Sprungbeinrolle getragen wird. Da sie nur eine Auflage-

fläche von knapp 6 Quadratzentimetern hat, wird es verständlich, dass jede Art einer Fuß- oder Beinachsenfehlstellung rasch zu ausgeprägten Überlastungen im Sinne degenerativer Gelenksveränderungen führen kann. Eine rechtzeitige Diagnose von Wachstumsstörungen und Deformitäten des Fußskeletts ist demnach von besonderer Bedeutung.

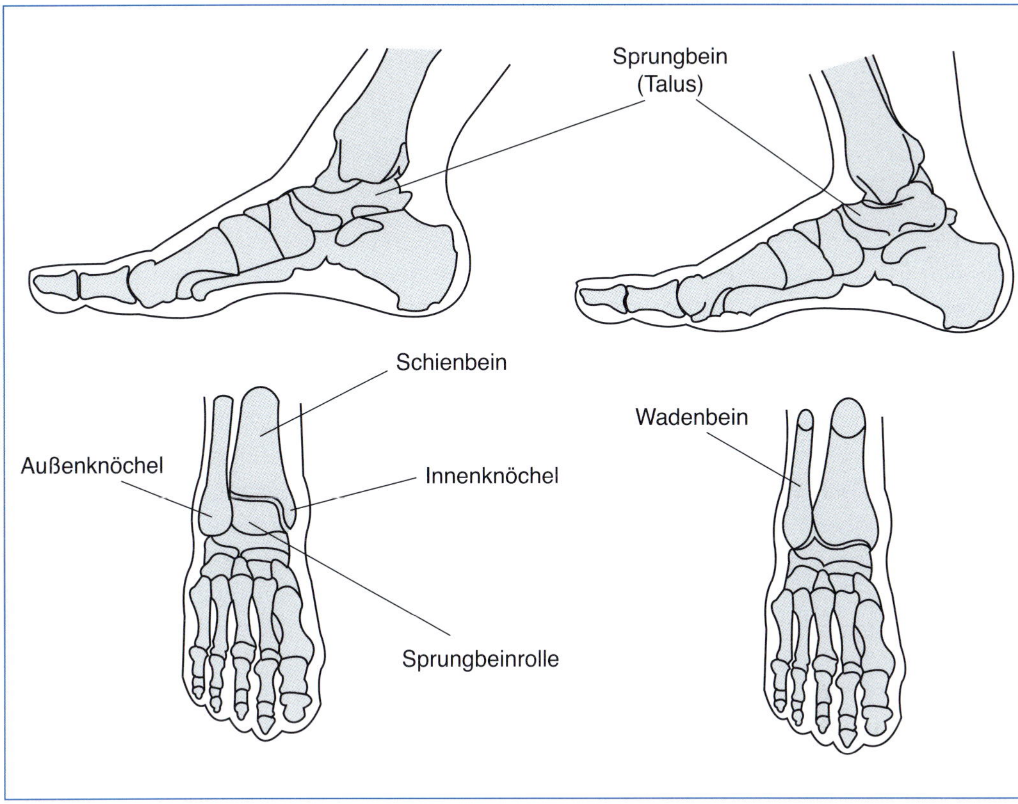

Abb. 34: Das obere Sprunggelenk in Vorder- und Seitenansicht

4.5.2 Bandapparat des oberen Sprunggelenks

Die Gelenkkapsel umschließt das gesamte Sprunggelenk (mit Ausnahme des Außen- und Innenknöchels) und wird an den Seiten durch kräftige Führungs- und Haltebänder unterstützt. Das *Außenband* wird von drei Bändern gebildet, nämlich dem vorderen und hinteren Anteil - sie ziehen vom Wadenbein zum Sprungbein - und dem mittleren Anteil, der vom Wadenbein zum Fersenbein zieht.

Das *Innenband* setzt sich aus vier Anteilen zusammen, die vom Schienbeinkopf in die Fußwurzelknochen einstrahlen. Durch diese Seitenbänder wird die Sprungbeinrolle zwischen dem Innen- und Außenknöchel des Unterschenkels festgehalten. Der gefächerte Verlauf der Bänder sorgt dafür, dass in jeder Gelenkstellung Teile der Bänder angespannt sind und dadurch gelenkstabilisierend wirken können.

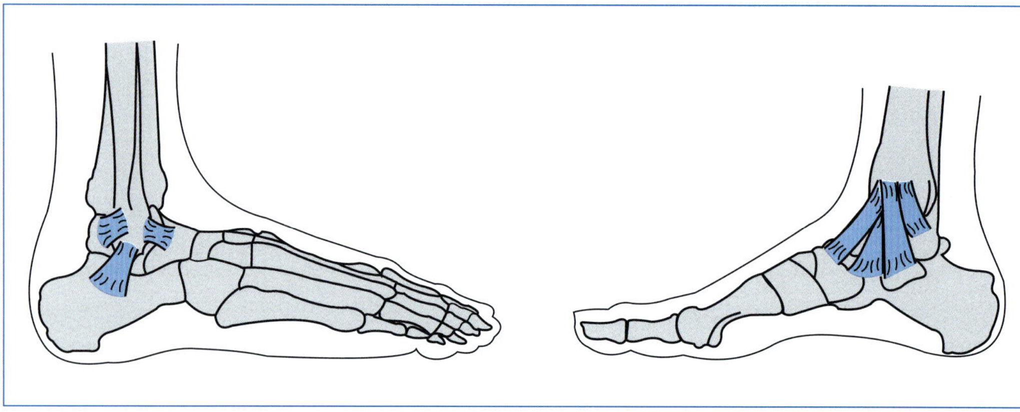

Abb. 35: Die äußeren (links) und inneren Seitenbänder (rechts) des oberen Sprunggelenks

Beachten Sie: Die Verletzungen des oberen Sprunggelenks gehören neben den Kniegelenksverletzungen zu den häufigsten Sportverletzungen überhaupt. Innerhalb der Sprunggelenksverletzungen dominieren die Distorsionen (Überdehnungen), die fast drei Viertel aller Läsionen ausmachen. Etwa 20 % aller Sportverletzungen betreffen den Bereich des oberen Sprunggelenks. 97 % aller Bandverletzungen des oberen Sprunggelenks betreffen den Außenbandapparat, wobei in 70 % eine isolierte Ruptur des vorderen Anteils, in 25 % eine zusätzliche Zerreißung des mittleren und in 5 % eine Verletzung aller drei Außenbandanteile vorliegen.

Bei der Überdehnung bzw. beim Riss des Außenbandes handelt es sich um ein typisches "Supinationstrauma", das heißt ein Umknicken des Fußes nach außen, wie es besonders häufig in den Spielsportarten anzutreffen ist.

Beachten Sie: Das so genannte "Supinationstrauma" kommt ursächlich dadurch zu Stande, dass die Achillessehne nicht genau in der Mitte des Fersenbeines ansetzt, sondern etwas mehr medial davon. Dies führt aufgrund des Tonus der kräftigen Wadenmuskulatur dazu, dass im entspannten Zustand, z.B. während der Flugphase eines Sprunges, eine Supinationsstellung des Fußes eingenommen wird, die in der Folge das Umknicken nach außen begünstigt.

4.6 Zusammenfassung

Die verschiedenen Gelenke haben im Sport eine außergewöhnlich wichtige Funktion für alle sportartspezifischen Bewegungen. Durch die neuen Trendsportarten (z.B. Skateboarden, Inline-Skaten, Mountainbiken, Capoeira, Break Dance etc.) bzw. durch sportliches Training allgemein können sie leicht in ihrer Belastbarkeit durch unvorbereitete, einseitige oder zu häufige Belastungen überfordert werden.

Das Schultergelenk als beweglichstes Gelenk des Menschen neigt in besonderem Maße zu Luxationen und degenerativen Verschleißerscheinungen.
Das Ellbogengelenk ist vor allem bei Handball, Speerwurf, Rückschlagspielen (wie z.B. Tennis oder Badminton) etc. gefährdet, was sich oftmals in einem "Werferellbogen" oder einem "Tennisellbogen" manifestiert.
Das Hüftgelenk stellt das am stärksten gesicherte Gelenk des Menschen dar und ist bei Überlastung oder orthopädischen Fehlstellungen besonders arthrosegefährdet.
Das Kniegelnk gehört neben dem oberen Sprunggelenk aufgrund seines komplizierten Aufbaus zu den am häufigsten verletzten Gelenken überhaupt. Vor allem in den Sportspielen kommt es oft zu Bänder- und Meniskusverletzungen. Langfristige Folge ist schließlich die Kniegelenksarthrose.
Das obere Sprunggelenk ist aufgrund seiner artikulären Sondersituation - auf einer äußerst kleinen Gelenkfläche lastet das gesamte Körpergewicht - mit das meist verletzte Gelenk des Menschen. Im Vordergrund steht hier der "Außenbandriss".

4.7 Lernerfolgskontrolle

- Erläutern Sie, warum das Schultergelenk das luxationsgefährdetste Gelenk des Menschen ist!
- Vergleichen Sie das Schultergelenk mit dem Hüftgelenk unter besonderer Berücksichtigung der Knochen-, Bänder- und Muskelführung!
- Beschreiben Sie die längerfristigen Auswirkungen einer "Steilhüfte"!
- Stellen Sie Bau und Funktion des Ellbogengelenks dar!
- Erläutern Sie Gemeinsamkeiten und Unterschiede von Ellbogen- und Kniegelenk!
- Beschreiben Sie Erscheinungsbild und mögliche Ursachen des Tennisellbogens!
- Stellen Sie den wesentlichen Unterschied in der Lokalisation des "Tennis- bzw. des Werferellbogens" dar!
- Beschreiben Sie Bau und Funktion des Kniegelenks!
- Nennen und erläutern Sie die Funktionen der Kniescheibe!
- Beschreiben Sie Bau- und Funktion der Menisken!
- Erklären Sie die wesentlich höhere Verletzungshäufigkeit des medialen Meniskus!
- Beschreiben Sie die unterschiedliche Funktion der Kreuzbänder!
- Stellen Sie das Verletzungsbild der "unhappy triad" dar!
- Beschreiben Sie Bau und Funktion des oberen Sprunggelenks!
- Nennen Sie die häufigste Verletzung des oberen Sprunggelenks!

5. Lerneinheit: Die Wirbelsäule

Die für die sportliche Aktivität so wichtige Wirbelsäule mit ihrem komplexen Aufbau- und Funktionssystem soll in einer eigenen Lerneinheit gesondert dargestellt werden.
Sie bildet die Basis für die Extremitätenbewegungen und die Haltung des Kopfes und stellt das Achsenskelett des Körpers dar.

5.1 Funktionen der Wirbelsäule

- Stützfunktion
Damit der Rumpf nicht zu einer formlosen Masse zusammensinkt, benötigt er wie die übrigen Teile des Körpers ein Stützgerüst. Diese Aufgabe wird hauptsächlich von den Wirbelkörpern übernommen.

- Schutzfunktion
Das Zentralnervensystem ist der mechanisch gefährdetste Teil des Körpers. Gehirn und Rückenmark werden aus diesem Grund schützend von Knochen (Schädelknochen bzw. Wirbelbögen) umgeben.

- Federungsfunktion
Da das Gehirn in besonderem Maße stoß- und erschütterungsgefährdet ist, sind in die Wirbelsäule Bandscheiben als Druck- und Stoßamortisatoren eingebaut. Weiterhin sorgt die so genannte "Doppel-S-Form" der Wirbelsäule dafür, dass Stoßbelastungen federnd abgefangen werden.

- Bewegungsfunktion
Die Bewegungsfunktion der Wirbelsäule ist sowohl für alle Alltagsaktivitäten als auch für das weite Spektrum sportlicher Aktionen von größter Bedeutung.

5.2 Aufbau der Wirbelsäule

Die Wirbelsäule besteht aus 33 bis 34 knöchernen Segmenten, den Wirbeln (7 Halswirbel, 12 Brustwirbel, 5 Lendenwirbel, 5 Kreuzwirbel, 4-5 Steißwirbel).
Dabei sind die Kreuzwirbel zu einem einheitlichen Knochen, dem Kreuzbein, die Steißwirbel zum Steißbein verschmolzen.

5.3 Form der Wirbelsäule

Die menschliche Wirbelsäule ist nicht gerade, sondern zeigt in den einzelnen Wirbelsäulenabschnitten charakteristische Krümmungen in der Seitansicht: die Halslordose (nach vorne durchgebogen), die Brustkyphose (nach hinten durchgebogen), die Lendenlordose

(nach vorne durchgebogen) und die Kreuzbeinkyphose (nach hinten durchgebogen). Diese Krümmungen hängen mit dem aufrechten Gang des Menschen zusammen. Dabei dient die Halslordose zur Federung des Kopfes, die Lendenlordose zur Federung des Rumpfes.
Stärkere Biegungen in der Frontalebene - also Verbiegungen zur Seite - heißen **Skoliosen** und sind krankhaft.

Beachten Sie: Jede übermäßige Abweichung der Wirbelsäule von der normalen Form führt zu frühzeitigen Verschleißerscheinungen, da es zu einer vermehrten Druckbelastung in den jeweils betroffenen Bereichen kommt (s.S. 88).

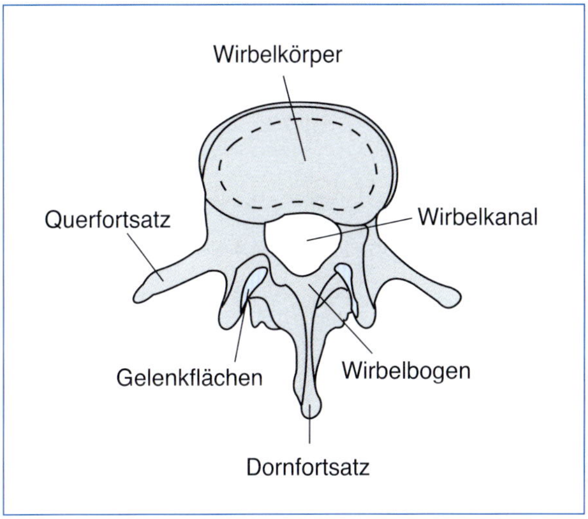

a

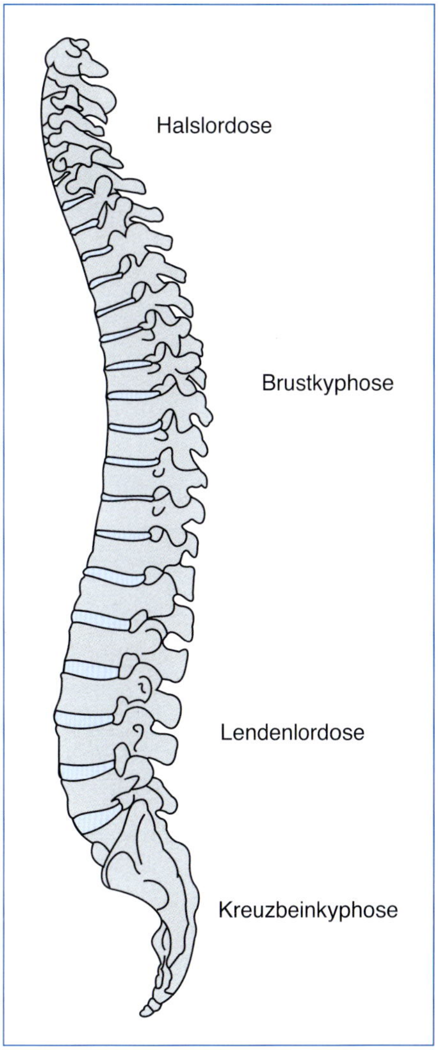

b

Abb. 36: Schematische Darstellung von Bau und Form des Wirbels (a) bzw. der Wirbelsäule (b)

5.4 Aufbau der Wirbel

Die Wirbel sind zwar alle nach einem einheitlichen Bauplan - Wirbelkörper, Wirbelbogen, Wirbelkanal mit Rückenmark, Dorn- und Querfortsätze, kleine Wirbelgelenke (s. Abb. 36 a) - aufgebaut, aber sie differieren in den einzelnen Abschnitten in typischer Form in Abhängigkeit von ihrer von oben nach unten zunehmenden Druckbelastung (s. Abb 37).
Das tragende Element der Wirbel ist der Wirbelkörper. Seine Größe und Belastbarkeit nimmt von oben nach unten zu. Körperliches Training mit axialer Belastung erhöht den

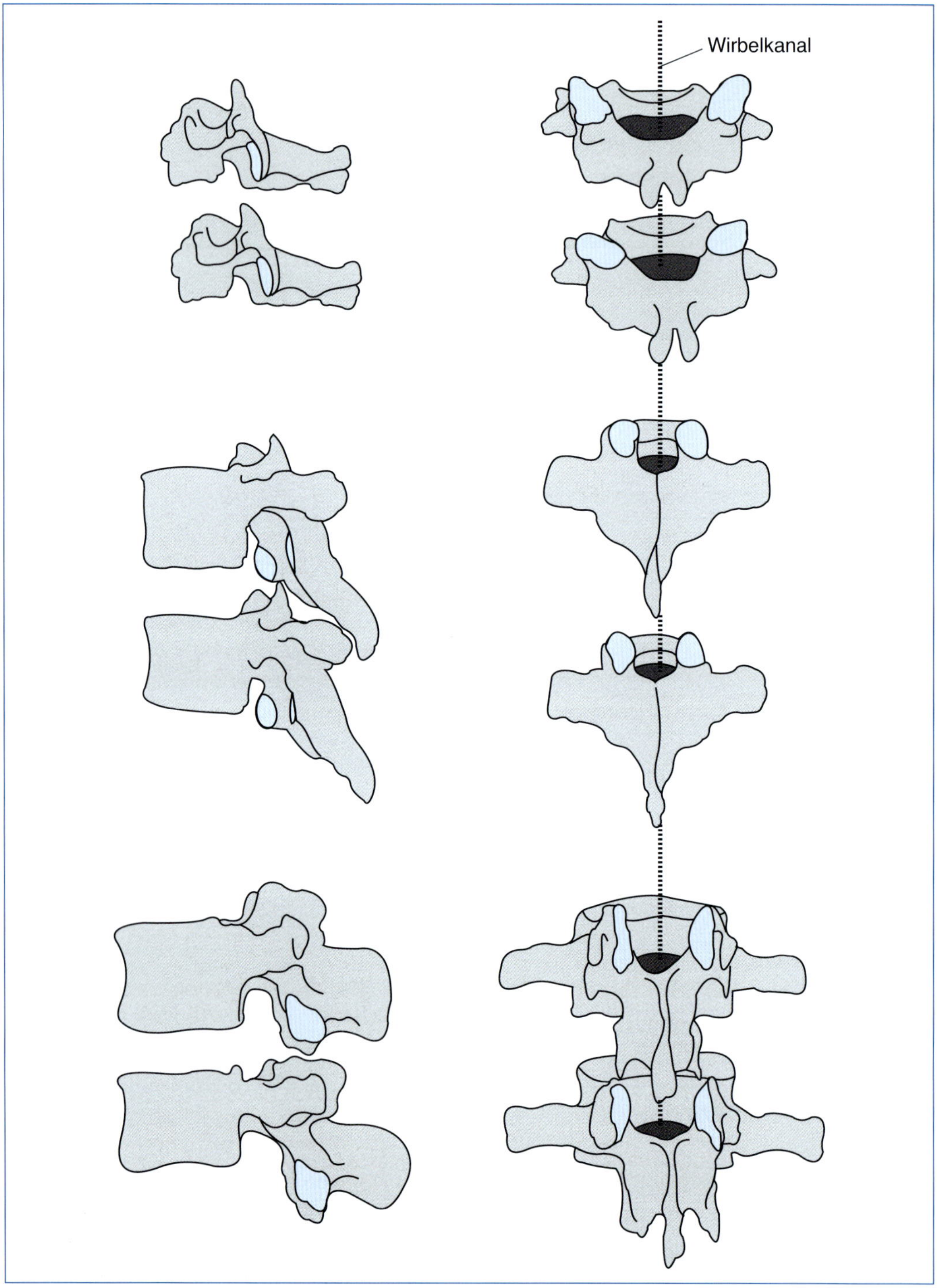

*Abb. 37: Form der Wirbel in den verschiedenen Wirbelsäulenabschnitten:
oben: Halswirbel, Mitte: Brustwirbel, unten: Lendenwirbel*

Mineralisierungsgrad und damit die Belastbarkeit der Wirbelkörper, Bewegungsmangel erniedrigt sie.
Eine Besonderheit stellen die beiden oberen Halswirbel dar - sie werden als *Atlas* und *Axis* bezeichnet -, da sie aufgrund ihrer besonderen Funktion eine Sonderrolle innerhalb der Wirbelkörper spielen.

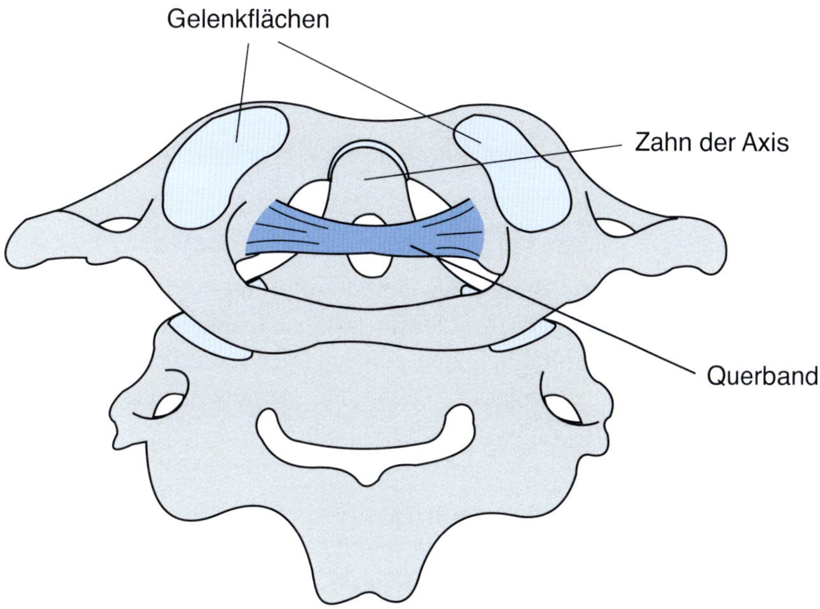

Abb. 38: Schematische Darstellung der beiden oberen Halswirbel (Atlas und Axis)

Der oberste Halswirbel (Atlas) besitzt keinen Wirbelkörper - er hat ihn in der Form des "Zahnes" der Axis an den nachfolgenden Wirbel abgegeben - , aber statt dessen einen knöchernen Ring - er wird durch den vorderen und hinteren Wirbelbogen gebildet -, mit zwei kräftigen Seitenflächen, welche die Gelenkpartien zur Verbindung mit dem Schädel tragen. Hinter dem Zahn des zweiten Halswirbels (Axis) - er steht in der Form eines so genannten "Zapfengelenks" in Verbindung mit dem vorderen Bogens des Atlas - verläuft das Querband, das die Trennlinie zum Rückenmark bildet.

Beachten Sie : Bei Stürzen aus größerer Höhe kann es beim Aufschlagen des Kopfes zum Abbruch des Zahnes der Axis kommen. Man spricht dann von einem sogenannten "Genickbruch". Durch den hierbei mit erfolgenden Ein- bzw. Abriss des Querbandes kann der abgebrochene Teil des Zahnes ungehindert in das verlängerte Rückenmark mit seinen lebenswichtigen Zentren (Regulationszentren für Atmung, Herzschlag, etc...) eindringen und auf diese Weise zum sofortigen Tod führen.

5.5 Bewegungsmöglichkeiten der Wirbelsäule

Die Bewegungsmöglichkeiten der Wirbelsäule zwischen den einzelnen Wirbeln sind zwar gering, aber die Summation der Einzelbewegungen ergibt dennoch eine beträchtliche Gesamtbeweglichkeit. Die Beweglichkeit nimmt von oben nach unten ab.
Die Halswirbelsäule ist dabei der beweglichste Wirbelsäulenabschnitt, der Bewegungen in allen Richtungen erlaubt. Durch die Sonderformen der beiden ersten Halswirbel werden ausgeprägte Drehbewegungen - der Atlas dreht sich dabei im bereits erwähnten Zapfengelenk um den Zahn der Axis - sowie Vor- und Rückneigungen des Kopfes - sie erfolgen über die Gelenke von Schädelbasis und Atlas - ermöglicht.

Die hohe Beweglichkeit des Kopfes ist eine Grundvoraussetzung für alle Orientierungsleistungen sowie eine differenzierte "Körpersprache", die in der menschlichen Kommunikation von hoher Bedeutung ist.

Im Brustbereich wird diese Bewegungsvielfalt aufgrund der Präsenz der Rippen und der dachziegelartigen Überlappung der Dornfortsätze z.T. erheblich eingeschränkt. Im Lendenwirbelsäulenbereich schließlich sind aufgrund der statischen Stabilitätsnotwendigkeiten - die mechanische Sicherung der WS hat hier Vorrang gegenüber der Beweglichkeit - nur noch Beuge- und Streckbewegungen möglich.

5.6 Bandapparat der Wirbelsäule

Die Beweglichkeit der Wirbelsäule wird durch straffe Bänder zum Teil erheblich eingeschränkt. An der Vorder- und Rückseite der Wirbelkörper verlaufen das vordere und hintere Längsband, zwischen den Wirbelbögen die so genannten "gelben Bänder". Zusätzlich sorgen Bandverläufe zwischen den Dorn- bzw. Querfortsätzen für eine weitere Stabilität der Wirbelsäule.

5.7 Bau und Funktion der Bandscheiben

Zwischen den 24 Hals-, Brust- und Lendenwirbelkörpern befindet sich jeweils eine Bandscheibe, welche die Funktion eines Wasserkissens hat. Die Bandscheiben machen zusammen etwa ein Viertel der Gesamtlänge der Wirbelsäule aus. Sie bestehen aus einem Faserring und einem Gallertkern.

- Faserring
Der Faserring bildet den größten Teil der Bandscheibe und besteht aus ringförmig und spiralig verlaufenden Lamellen von Faserknorpel und Bindegewebe, die sich nach oben und unten in die Knorpelplatten der Nachbarwirbel hineinsenken. Hierdurch erhalten die Wirbelkörper eine besonders feste Verbindung untereinander. Weiterhin sichert der Faserring die zentrale Position des Gallertkernes.

- Gallertkern

Der Gallertkern dient bei Beugung und Streckung der Wirbelsäule als Druckverteiler. Bei der Vorwärtsbeugung wandert der Gallertkern nach hinten - die Elastizität des Faserrings erlaubt dies -, bei der Überstreckung (Extension) nach vorne, bei der Seitwärtsbewegung zur Gegenseite. Er ist nicht komprimierbar. Dadurch wirkt er als Drehpunkt der Bewegung zwischen zwei benachbarten Wirbelkörpern.

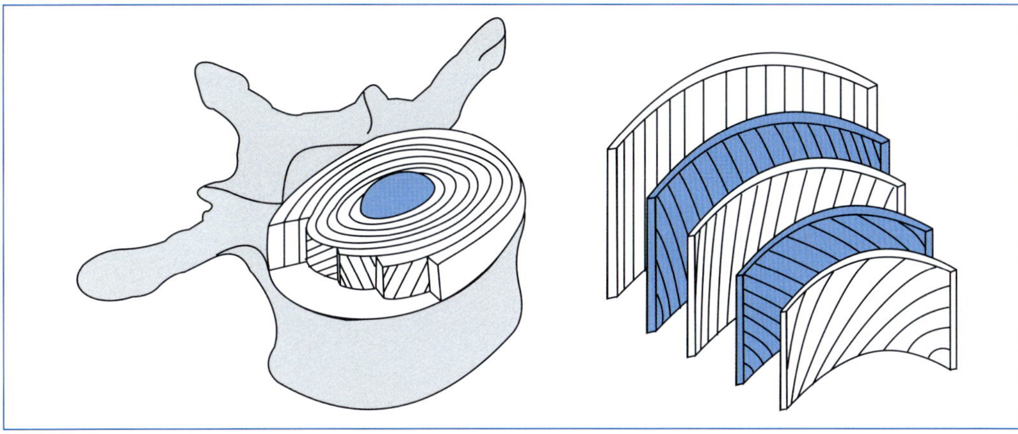

Abb. 39: Der Aufbau der Bandscheibe mit zentralem Gallertkern (Nucleus pulposus) und peripherem Faserring (Anulus fibrosus)

Mit zunehmendem Alter verliert der Gallertkern immer mehr an Flüssigkeit. Dadurch verringert sich seine biomechanische Belastbarkeit mehr und mehr. Aufgrund des Flüssigkeitsverlustes kommt es darüber hinaus zu einer Höhenabnahme der Bandscheiben, was eine Verringerung der Körpergröße des alternden Menschen erklärbar macht. Längeres Sitzen bzw. Belastungen, welche die Wirbelsäule axial beanspruchen, führen ebenfalls zu einer vorübergehenden Höhenabnahme: Am Morgen ist der Mensch größer als am Abend.

5.8 Bandscheibendegeneration

Im Altersprozess bzw. bei sportlicher Überlastung kann es zu einer Bandscheibendegeneration kommen. Dies umso mehr, als die Bandscheiben bereits kurz nach der Geburt keine Gefäßversorgung mehr besitzen und deshalb einem frühzeitig beginnenden Alterungsprozess ausgesetzt sind. Die allmähliche Abnahme des Wassergehalts und alters- bzw. belastungsbedingte Verschleißerscheinungen führen zu einer Höhenabnahme der Zwischenwirbelscheiben, was ein Nachlassen der Spannung des Längsbänderapparates und somit eine Lockerung des Bewegungssegmentes mit sich bringt. Mit der damit verbundenen Stellungsänderung der Wirbelkörper läuft meist eine Einengung der Zwischenwirbellöcher parallel, und es kann zu einer Bedrängung bzw. Reizung der hier austretenden Nerven kommen. Dies kann mannigfache Schmerzzustände bedingen.
Abb. 40 zeigt die Entwicklung einer Bandscheibendegeneration.

1 = vorderes Längsband
2 = Bandscheibe
3 = hinteres Längsband
4 = Nervenwurzel im Zwischenwirbelloch
5 = Zwischenwirbelgelenk

a) Normale Verhältnisse
b) Veränderung der Zwischenwirbelverbindung mit Höhenverlust, Lockerung des Bandapparates, Einengung des Zwischenwirbelloches (Nervenaustrittsstelle!), Fehlbelastung der Zwischenwirbelgelenkflächen und Vortreibung der Bandscheibe in Richtung Nervenwurzel
c) Vorfall des gallertigen Bandscheibenkernes nach hinten mit Druck auf den Nerv
d) Degeneration der Zwischenwirbelscheibe unter Annäherung der benachbarten Deckplatten, Ausbildung von Randzacken und -wülsten an den Wirbelkörpern und den deformierten Zwischen-Wirbelgelenken

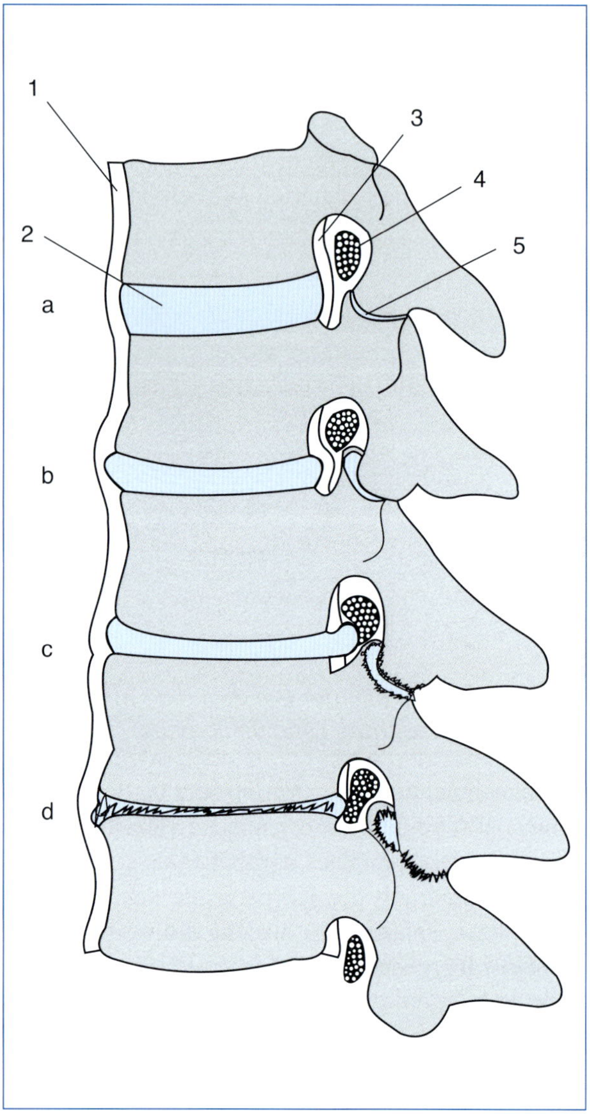

Abb. 40: Schematische Darstellung der Vorgänge einer Bandscheibendegeneration

Bandscheibenschäden lassen sich je nach Ausprägungsgrad in Protrusio (Vortreibung) bzw. Prolaps (Vorfall) des Gallertkernes unterscheiden. Dabei führen die Vortreibungen zum allgemein bekannten, reversiblen Bild des "Hexenschusses". Stärkere Nervenwurzelreizungen mit neurologischen Ausfällen sind dagegen auf einen echten Bandscheibenvorfall - er beruht auf Rissen im Faserring der Bandscheibe - zurückzuführen (vgl. Abb. 41).

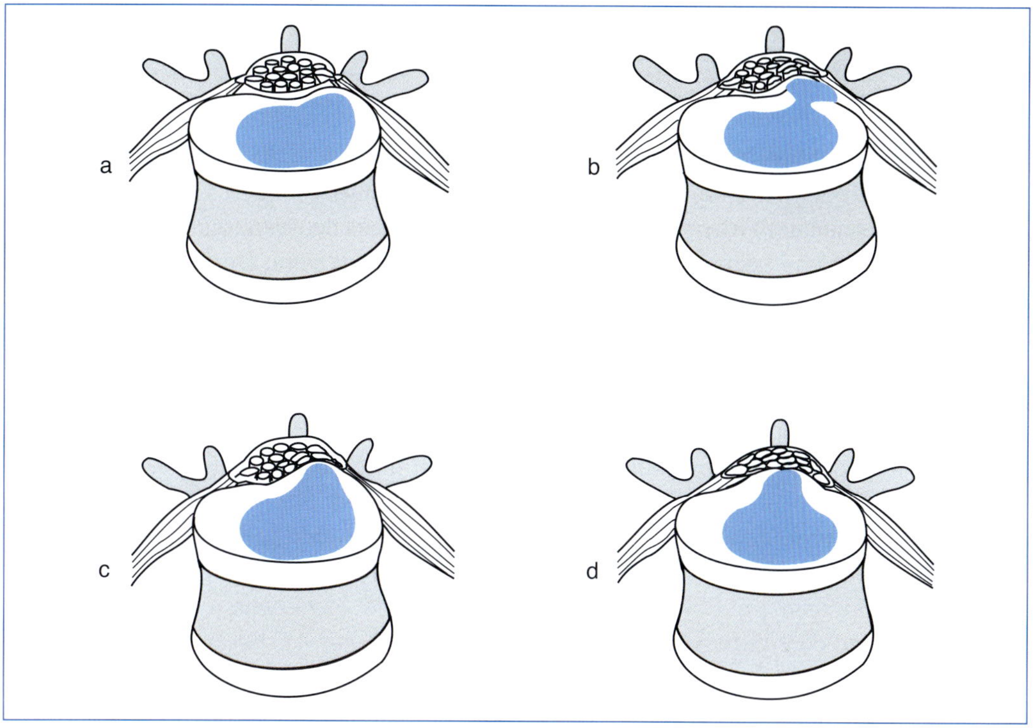

Abb. 41: Bandscheibenschäden mit Protrusio (Vortreibung) bzw. Prolaps (Vorfall) des Gallertkerns der Bandscheibe mit typischen Beschwerdebildern: a) Laterale Bandscheibenvortreibung im Lendenbereich, b) sequestrierter Bandscheibenvorfall, c) lateraler Bandscheibenvorfall, d) medialer Massenvorfall (nach Schirmer 1983)

Beachten Sie: Ein Bandscheibenvorfall ist aufgrund der höheren mechanischen Belastung im Lendenwirbelsäulenbereich mindestens 10mal häufiger als im Halswirbelsäulenbereich. Die Bandscheiben zwischen dem 4. und 5. Lendenwirbelkörper sowie im Übergangsbereich letzter Lendenwirbel und Kreuzbein - es handelt sich um den am stärksten belasteten Abschnitt der gesamten Wirbelsäule - machen über 90 % der lumbalen Bandscheibenvorfälle aus!

Therapie: Solange nur Schmerzen ohne neurologische Ausfälle bestehen, empfiehlt sich kurzzeitige Ruhigstellung, lokale Wärmeanwendung und die Einnahme schmerzdämpfender und entzündungshemmender Medikamente. Bei akut auftretenden Lähmungen kann die komprimierte Nervenwurzel oft nur noch durch operatives Vorgehen vor einem nicht mehr behebbaren Schaden bewahrt werden.

5.9 Wirbelsäulendeformationen

Die normale Form der Wirbelsäule mit ihren charakteristischen Krümmungen kann aufgrund von angeborenen oder erworbenen Haltungsschwächen bzw. -schäden - vor allem aufgrund zu langer Sitzzeiten bzw. wegen chronischem Bewegungsmangel, aber auch wegen sportartspezifischer einseitiger sportlicher Aktivitäten - typische Verformungen aufweisen.

- Übermäßige Hohlkreuzbildung

Bei einer verstärkten Hohlkreuzbildung (Hyperlordosierung) verlagert sich die senkrecht auf die Wirbelsäule einwirkende Kraft (Axialbelastung) aus der Bandscheibenmitte (Gallertkern) nach hinten in den Bereich der kleinen Wirbelgelenke und Dornfortsätze, die auf diese Belastung nicht vorbereitetet sind und dadurch frühzeitig geschädigt werden bzw. degenerieren.

- Rundrückenbildung

Zu einer übermäßigen Rundrückenbildung (Hyperkyphosierung) kann es nicht nur durch eine Schwäche der Rückenmuskulatur, sondern auch durch eine Wachstumsstörung der Wirbelkörper kommen, wie dies z.B. beim Krankheitsbild des "*Scheuermann*" (auch Adoleszentenkyphose genannt) der Fall ist: Bei etwa 30 % der Jugendlichen kommt es während der Wachstumsphase zu Entwicklungsstörungen mit mehr oder weniger ausgeprägten Zerstörungen im Bereich der Wirbelgrund- und -deckplatten - sie stellen die Wachstumsfugen der Wirbelkörper dar - , was schließlich zur Ausbildung eines fixierten jugendlichen Rundrückens aufgrund einer Keilwirbelbildung führt.

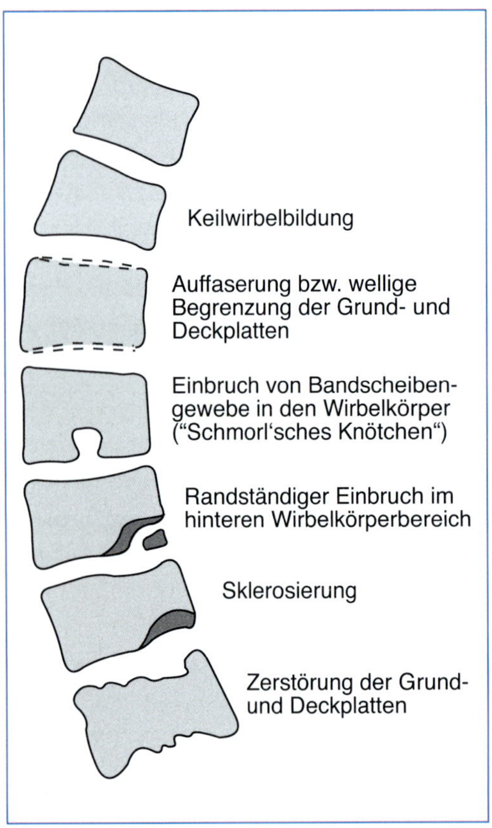

Abb. 42: Wirbelsäulenveränderungen beim "Scheuermann". Durch Bandscheibeneinbrüche kommt es zu so genannten Schmorl'schen Knötchen bzw. bei kantennahen Bandscheibeneinbrüchen zu Randleistenabsprengungen, zunehmender Keilwirbelbildung und Zerstörung der Grund- und Deckplatten

Beachten Sie: Bei einem röntgenologisch nachgewiesenem "Scheuermann" sollte eine leistungssportliche Betätigung in Sportarten mit hohen Axialbelastungen (wie z.B. beim Gewichtheben, Trampolinspringen, Volleyball oder Geräteturnen) oder starken Beuge- und Streckbewegungen (wie z.B. beim Rudern oder Delphinschwimmen) unterlassen werden. Gegen eine Kräftigung der Rücken- und Bauchmuskulatur unter Entlastung der Wirbelsäule (z.B. durch Kurzhantelarbeit im Liegen oder durch vertikale Zugübungen an entsprechenden Fitnessapparaten, welche die Wirbelsäule entlasten) ist hingegen nichts einzuwenden: Im Gegenteil, eine kräftige Rumpfmuskulatur trägt in nicht unwesentlichem Maß zur Stabilisierung der Wirbelsäule bei!

- Flachrücken

Bei einem Flachrücken kommt es zu einer Abnahme des Federungsweges und damit zu einer geringeren dynamischen Beanspruchbarkeit der Wirbelsäule. Außerdem werden durch die ungünstigere Statik und die Verkürzung des Muskelhebelarmes muskuläre Insuffizienzerscheinungen (Haltungsschwächen) begünstigt.

- Seitliche Wirbelsäulenabweichung

Eine dauerhafte seitliche Verbiegung bzw. Haltungsabweichung der Wirbelsäule mit gleichzeitiger Torsion (Drehung) von Wirbeln wird als **Skoliose** bezeichnet. Bei einer Skoliose werden die Wirbelkörper einseitig überlastet und einem frühzeitigen degenerativen Prozess ausgesetzt.

Man findet Skoliosen aufgrund von genetischen Defekten und bei Beckenschiefständen durch Beinlängendifferenzen. Aber auch bei hochgradig einseitigen und exzessiv betriebenen sportlichen Aktivitäten bzw. Belastungen, wie dies häufig bei "Einhandsportarten" im Spitzensport der Fall ist, lässt sich eine bisweilen ausgeprägte Skoliose feststellen. Man denke hier z.B. an die Tennisspieler mit einem frühzeitigen Karrierebeginn (viele Weltklassespieler beginnen mit ihrem Sport mit 3 bis 4 Jahren). Die sportbedingte Skoliose zeigt sich meist dadurch, dass die Schulter der dominanten Hand aufgrund der stärker entwickelten Muskulatur und verstärkten Knochenausbildung tiefer steht als die Schulter der nicht dominanten Seite.

5.10 Wirbelsäule und Training

Wic Abb. 43 vcrdcutlicht, stabilisicrt cinc ausrcichcnd gckräftigtc Rumpf- und IIüftmuskulatur nicht nur die Wirbelsäule, sondern hat auch maßgeblichen Einfluss auf die Beckenstellung, welche ihrerseits wiederum die Wirbelsäulenstellung beeinflusst. So führen eine schwache Bauchmuskulatur und eine insuffiziente Gesäßmuskulatur - typisch für jeden "Dauersitzer" - stets zu einer Hyperlordose und damit zu den oben beschriebenen Überlastungen.

Regelmäßiges, funktionelles sportliches Training führt zu positiven Anpassungserscheinungen:

- Kräftigung aller Muskel-, Knochen-, Knorpel- und Bandstrukturen.

- Optimierung des Stoffwechsels dieser Strukturen: Durch eine bewegungsbedingte Wechseldruckbelastung wird der Stoffwechsel, vor allem der Knorpelstrukturen (wie z.B. der Bandscheiben, aber auch des hyalinen Gelenkknorpels) angeregt und aktiviert: Während der Druckbelastung werden die Stoffwechselzwischen- und -endprodukte aus dem Knorpelgewebe ausgepresst, während der Entlastungsphase saugt sich der Knorpel mit Flüssigkeit und Nährstoffen voll.

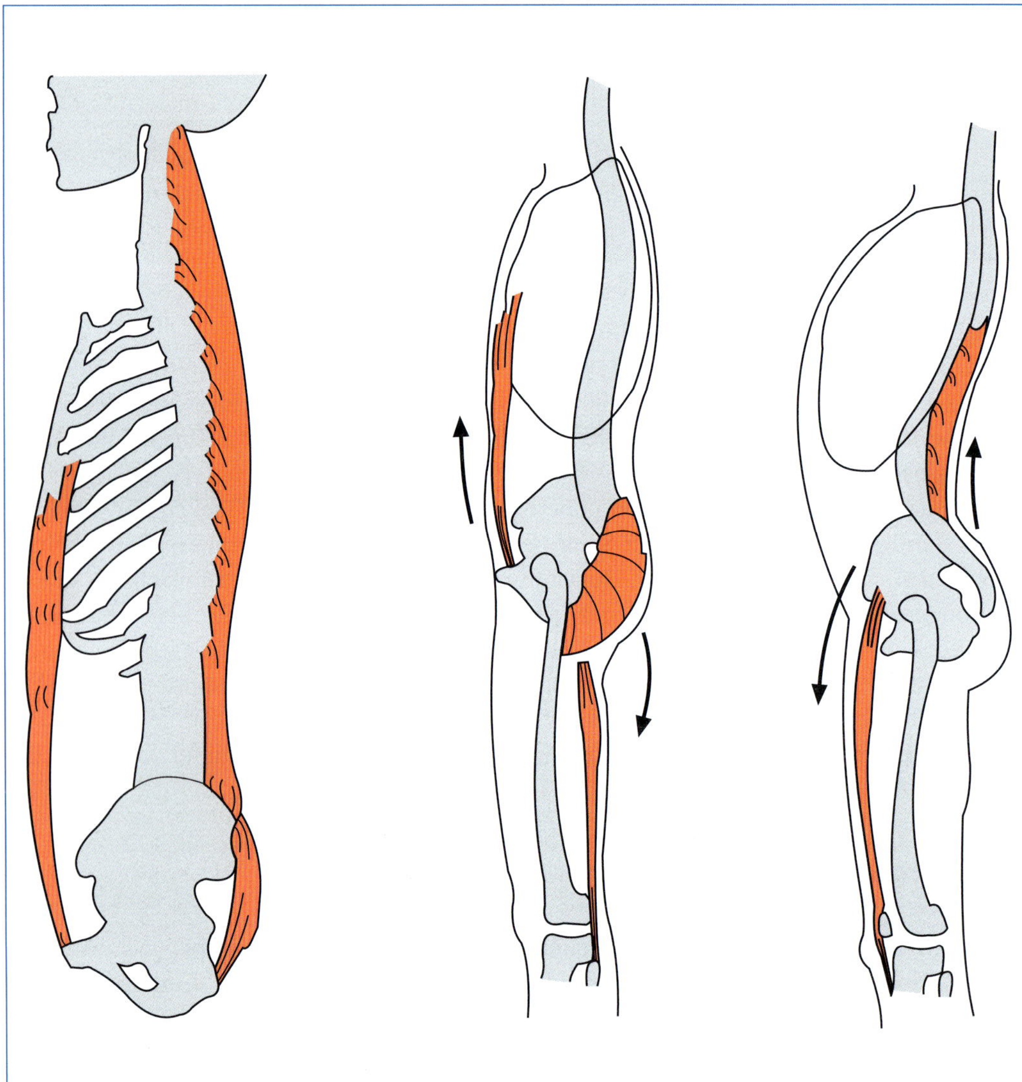

Abb. 43: Die dynamische Verspannung der Wirbelsäule durch die Bauch- und Rückenmuskulatur (links) bzw. die Beeinflussung der Beckenstellung durch die verschiedenen Muskelgruppen, die am Becken ansetzen bei "guter" Haltung (Mitte). Rechts: Hohlkreuzbildung wegen schwacher Bauch- und verkürzter Rücken- und Hüftbeugermuskulatur

5.11 Häufigste Fehlbelastungen der Wirbelsäule

- Heben schwerer Lasten mit falscher Technik

Wird z.B. bei ausgestrecktem Arm (Lastarm = 75 cm) ein Gewicht von 10 kg (entspricht etwa 100 N) gehalten, dann muss die Wirbelsäule im LWS-Bereich über die Rückenstrekker eine Gegenkraft von 150 kg (entspricht etwa 1500 N) ausbalancieren. Physikalisch gesehen kommt dies dadurch zustande, dass der Kraftarm, d.h. der Abstand des Rückenstreckers vom Drehpunkt der Bandscheibe im Verhältnis zum Lastarm sehr kurz, nämlich nur 5 cm lang ist (s. Abb. 44).

Wird die Bandscheibe auf diese Art und Weise chronisch überbelastet, kann es zur bereits beschriebenen Bandscheibendegeneration kommen.

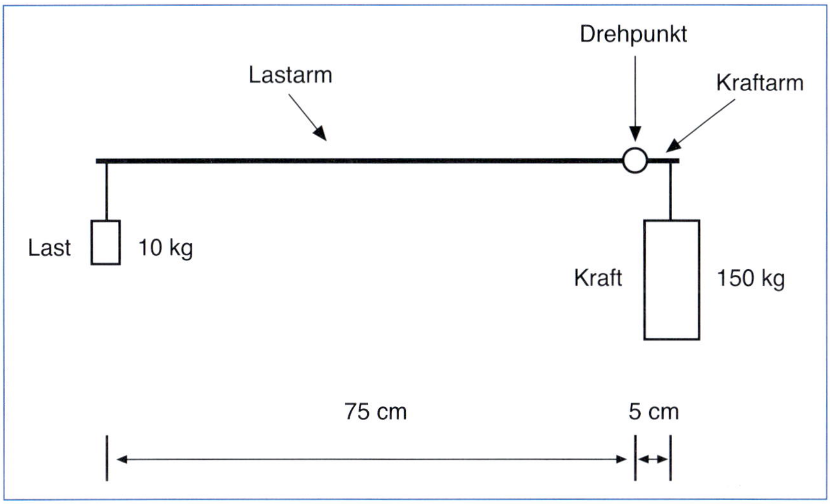

Abb. 44 : Die Zusammenhänge zwischen Lastarm und Last bzw. Kraftarm und Kraft

Es gilt die physikalische Formel:

Lastarm x Last = **Kraftarm x Kraft**
(Drehmoment der Last) (Drehmoment der Kraft)

=> **Kraft** = (Lastarm : Kraftarm) x Last = (75 : 5) x 100 N = **1500 N**

Deshalb gilt: Man sollte möglichst körpernah Lasten heben, um den Lastarm zu verkürzen und damit die nötige Gegenkraft zu senken. Achten Sie also auf einen geraden Rükken und gebeugte Knie beim Heben von Wasserkästen u.Ä.(s. Abb. 45)!

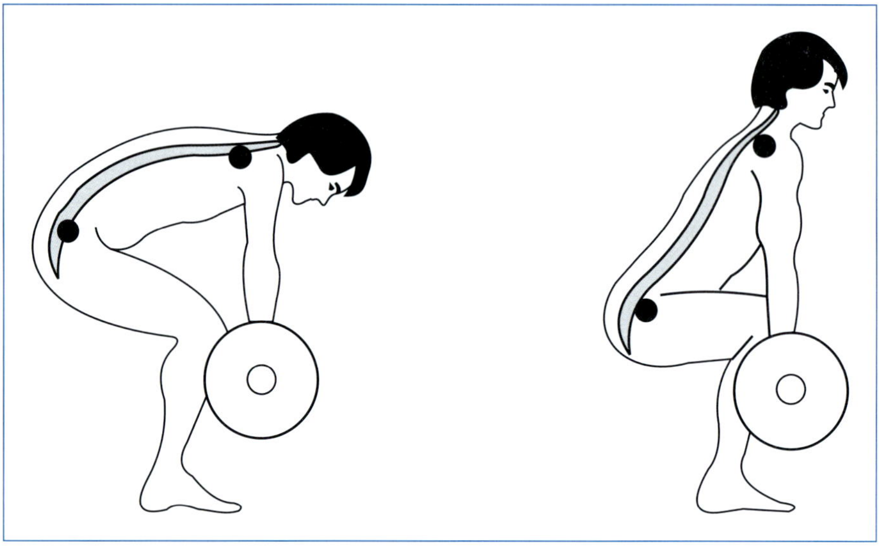

Abb. 45: Die Auswirkungen unterschiedlicher Hebetechniken auf die Belastung der Wirbelsäule. Bereits geringe zusätzliche Entfernungen vom Drehpunkt bzw. der idealen Hublinie führen zu einer beträchtlichen Mehrbelastung!

- Hyperlordosierung bei sportartspezifischen Bewegungsabläufen

Beim Speerwerfen, Bodenturnen (Bogengänge), Capoeira und ähnlichen wirbelsäulenbelastenden sportlichen Aktivitäten kommt es zu einer übermäßigen Hohlkreuzbildung (Hyperlordosierung) im Lendenbereich mit den bereits beschriebenen Folgen.

- Überlange Sitzzeiten in falscher Haltung

Wie Abb. 46 verdeutlicht, beeinflusst eine korrekte bzw. fehlerhafte Sitzhaltung entscheidend die Druckverteilung auf die Bandscheiben.

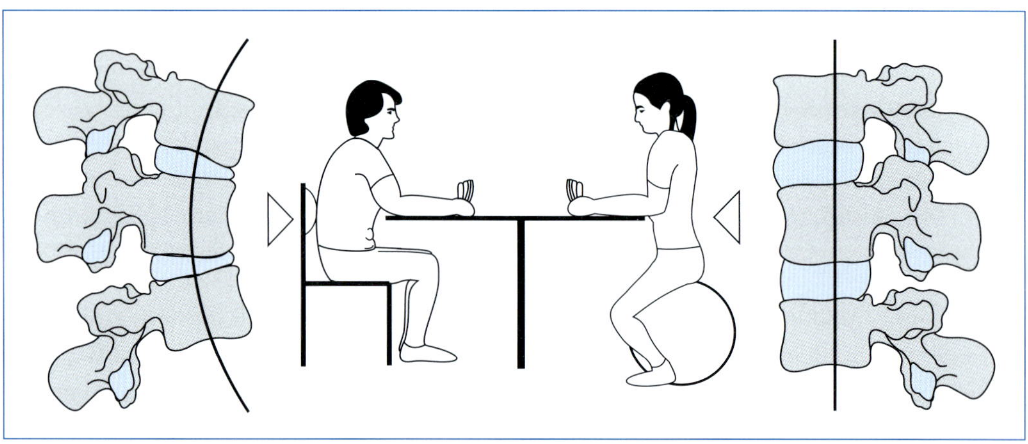

Abb. 46: Die unterschiedliche Druckverteilung in der Bandscheibe bei korrekter (rechts) bzw. fehlerhafter (links) Sitzhaltung

Beachten Sie: Noch besser als "korrekt" zu sitzen ist das so genannte "bewegte Sitzen", bei dem eine Wechseldruckbelastung der Bandscheiben gewährleistet ist: Langes, statisches Sitzen beeinträchtigt den Knorpelstoffwechsel und führt langfristig zu degenerativen Veränderungen im Bandscheibenbereich; dynamisches, bewegtes Sitzen und "bewegte Pausen" hingegen fördern die Bandscheibendurchsaftung und damit ihren Stoffwechsel!

5.12 Zusammenfassung

Die Wirbelsäule als zentrales Achsenskelett ist eine komplexe Struktur, die in Aufbau und Form optimal die von ihr geforderten vielfältigen funktionellen Anforderungen erfüllt.
Die von oben nach unten ansteigende mechanische Belastung bedingt die zunehmende Größe und Kompaktheit der Wirbel: Im HWS-Bereich sind die Wirbel am kleinsten und im LWS-Bereich am größten. Dementsprechend nimmt auch die Beweglichkeit der Wirbelsäule von oben nach unten hin ab.
Zur Dämpfung auftretender Stoßbelastungen tragen sowohl die doppelte "S-Form" als auch die Bandscheiben bei.
Die Wirbelsäule ist im Alltagsleben und vor allem im Sport vielfältigen und oftmals mit großen Kräften einwirkenden Belastungen ausgesetzt.
Bei unfunktionellen, die individuelle Belastbarkeit überschreitenden oder gänzlich fehlenden Belastungen besteht die Gefahr von degenerativen Veränderungen aller Wirbelsäulenstrukturen: Bandscheibenprobleme (Überlastung) und Entmineralisierung ("Entkalkung" bei chronischer Unterbelastung), vor allem der Wirbelkörper - sie sind die am häufigsten von einer Osteoporose betroffenen knöchernen Strukturen des Menschen - sind hier an erster Stelle zu nennen.

5.13 Lernerfolgskontrolle

- Nennen und erläutern Sie die wesentlichen Funktionen der Wirbelsäule!
- Beschreiben Sie die Bauelemente und die Form der Wirbelsäule!
- Stellen Sie Bau und Funktion der Bandscheiben dar!
- Beschreiben Sie den Ablauf der Bandscheibendegeneration mit ihren Folgen!
- Erläutern Sie das Krankheitsbild des "Morbus Scheuermann"!
- Beschreiben Sie die positiven bzw. negativen Auswirkungen eines sportlichen Trainings auf die Wirbelsäule!

6. Lerneinheit: Aufbau und Funktion des aktiven Bewegungsapparates

Der aktive Bewegungsapparat, das heißt die Muskulatur, ist der "Motor" des passiven Bewegungsapparates. Die Muskeln nutzen die durch die knöchernen Hebel und das jeweilige Gelenk vorgegebenen Bewegungsmöglichkeiten zur Ausführung lokomotorischer (untere Extremitäten) und präziser alltäglicher bzw. sportlicher Bewegungsabläufe (v.a. obere Extremitäten).

6.1 Allgemeine Grundlagen zum Muskelgewebe

Die charakteristische Eigenschaft des Muskels ist seine Fähigkeit zur Kontraktion. Der Muskel ist ein Bewegungsorgan, das aus einer Vielzahl von Muskelzellen (Muskelfasern) zusammengesetzt ist. Die Muskelzellen sind durch kontraktile Eiweißstrukturen, die Myofibrillen bzw. die Muskelfilamente, gekennzeichnet. Das Muskelgewebe wird zur mechanischen Sicherung von längs, quer und zirkulär verlaufenden bindegewebigen Strukturen begleitet. Die Verknüpfung der hintereinander gelagerten kontraktilen Einheiten erfolgt über die so genannten Z-Scheiben, an denen die Aktin- und Myosinfilamente mit Hilfe der Titin- und Nebulinfilamente (s. Abb. 49) fixiert werden.

6.2 Arten des Muskelgewebes

Unter morphologischem (die äußere Form betreffend) und funktionellem Aspekt unterscheidet man quergestreifte und glatte Muskulatur. Die quergestreifte Muskulatur lässt sich dabei nochmals in Skelett- und Herzmuskulatur unterteilen.
Die **glatte** Muskulatur - sie sorgt z.B. in den Gefäßen für die Eng- oder Weitstellung und bestimmt damit maßgeblich deren Durchblutung - wird vor allem vom *vegetativen Nervensystem* innerviert und dominiert im Bereich des Gefäßsystems, des Verdauungssystems und in der Harnblase.
Die **quergestreifte** Skelettmuskulatur wird vom *willkürlichen Nervensystem* innerviert und betrifft die gesamte Skelettmuskulatur unseres Körpers.
Die Kontraktionen der quergestreiften Muskulatur (willkürliche Kontraktion) verlaufen schnell, die der glatten (unwillkürlichen) langsam.
Eine Sonderstellung nimmt die Herzmuskulatur ein, die zwar quergestreift ist, aber dennoch vegetativ innerviert wird und autonom tätig ist.

6.3 Aufbau und Funktion der quergestreiften Skelettmuskulatur

Abbildung 47 und 48 zeigen, dass sich der Gesamtmuskel - er ist von einer Muskelfaszie umgeben, die überwiegend aus mechanisch hochgradig belastbaren Kollagenfasern besteht - in viele Muskelfaserbündel unterteilt, die ihrerseits aus Tausenden von Muskelfasern bestehen. Eine Muskelfaser setzt sich wiederum aus mehreren 100 bis mehreren 1000 Myofibrillen zusammen. Jede Myofibrille wird aus Tausenden von Muskel - (Myo)filamenten, den Aktin- und Myosinfilamenten gebildet.

Beachten Sie: Alle genannten muskulären Substrukturen sind jeweils von einer bindegewebigen Hülle umgeben, welche für ihre mechanische Sicherung notwendig ist.

Die kleinste kontraktile Einheit des Muskels wird als Sarkomer bezeichnet und reicht von einem Z-Streifen zum nächsten (siehe Abb. 49).

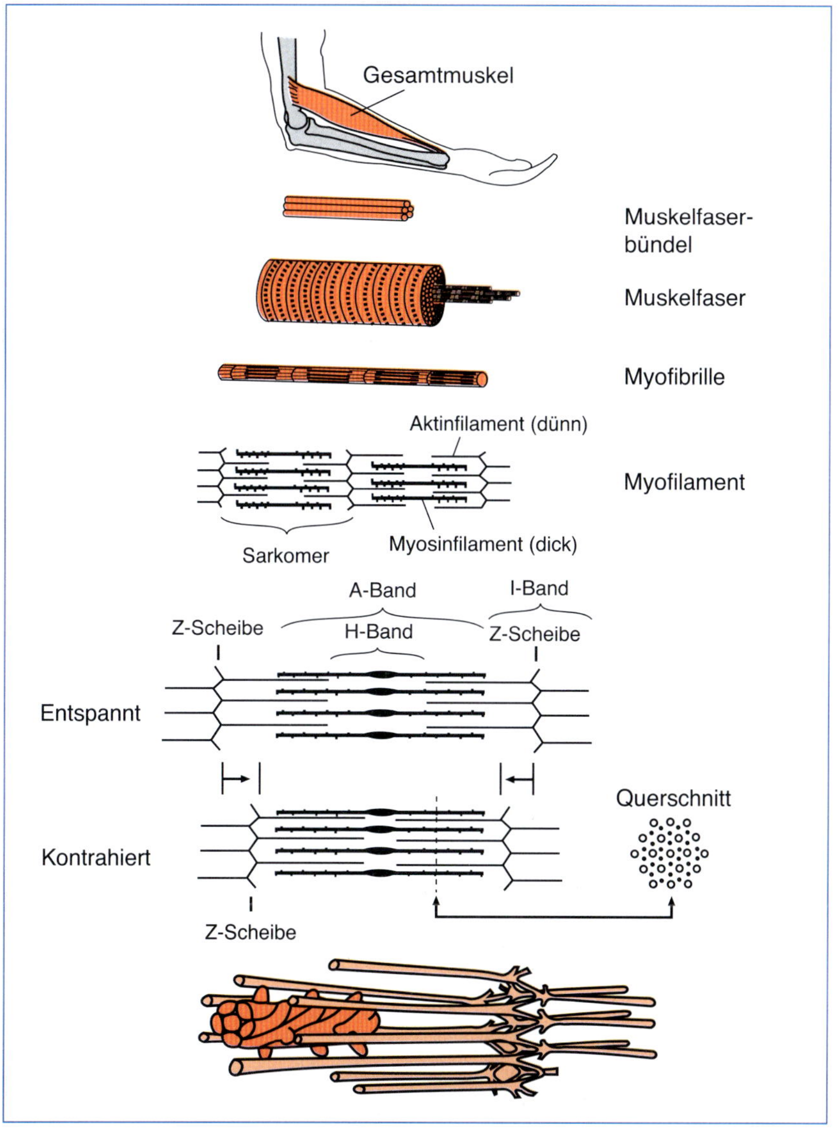

Abb. 47: Schematische Darstellung des makro- und mikroskopischen Aufbaus bzw. der Struktur des quergestreiften Skelettmuskels

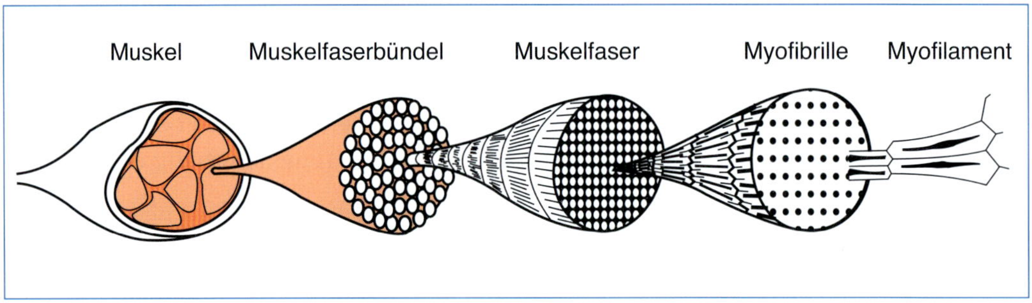

Abb. 48: Schematische Darstellung der Aufbauelemente eines Muskels

Wie Abb. 49 verdeutlicht, werden die Aktin- und Myosinfilamente durch die Nebulin- und Titinfilamente an den Z-Streifen - es handelt sich hier ebenfalls um eine bindegewebige "Sicherungsstruktur" - fixiert und damit mechanisch gesichert. Je nach sportlicher Aktivität nimmt die Zahl dieser filamentären Strukturen ab (Bewegungsmangel) oder zu (Krafttraining).

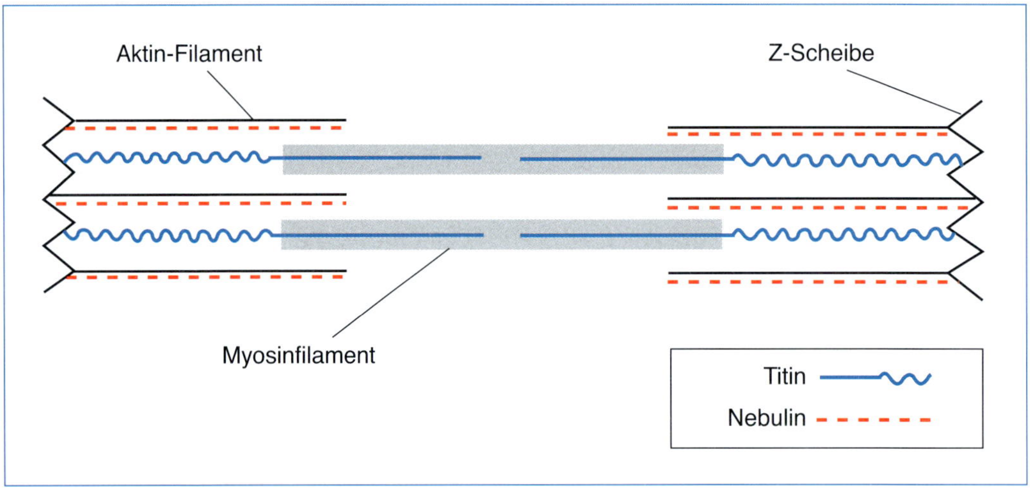

Abb. 49: Anordnung der ein Sarkomer bildenden Strukturen

Zwischen den Myofibrillen befindet sich das Sarkoplasma, das sowohl *Mitochondrien* als auch ein stark entwickeltes *glattes sarkoplasmatisches Retikulum* enthält. Das sarkoplasmatische Retikulum setzt sich aus einem längsverlaufenden (= longitudinales) L-System - es enthält die für die Auslösung der Kontraktion erforderlichen Kalziumionen - und einem querverlaufenden (= transversales) T-System zusammen.

Eine eintreffende nervöse Erregung wird von der Muskelfaseroberfläche über das T-System in das Innere der Muskelfaser geleitet und erhöht die Durchlässigkeit der Membran des L-Systems für Kalziumionen, sodass diese in den freien Raum zwischen die kontraktilen Filamente ausströmen und damit die Kontraktion in Gang setzen können.

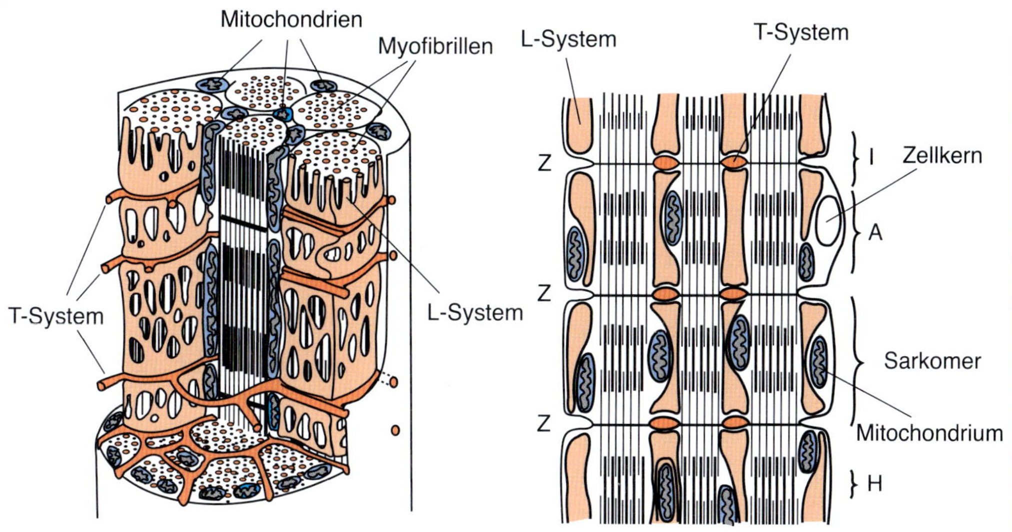

Abb. 50: Teildarstellung einer Muskelfaser mit L- und T-System (links); Sarkomerdarstellung nach Entfernung des sarkoplasmatischen Retikulums (rechts)

Rauhes sarkoplasmatisches Retikulum und *Ribosomen* - sie sind, wie bereits erwähnt (s.S. 51), für die Eiweißsynthese zuständig - liegen nur in geringer Menge vor. Diese Tatsache erklärt die reduzierte Regenerationsfähigkeit der reifen Skelettmuskelfaser und den Umstand, dass an Stellen zugrundegegangener Muskelfasern (z.B. nach einem Muskelfaserriss) meist Bindegewebsnarben entstehen.

6.4 Mechanik der Muskelkontraktion

Die Mechanik der Muskelkontraktion soll hier nur in so weit dargestellt werden, wie dies zum späteren Verständnis von Trainingsadaptationen notwendig ist.
Myosin ist das wichtigste Protein bei der Muskelkontraktion. Beim Kontraktionsvorgang binden sich die Myosinköpfe an die Aktinfilamente und ziehen diese durch schnell aufeinander folgende Kippbewegungen ihrer "Köpfe" in Richtung Sarkomer-Mitte. Pro Sekunde erfolgen etwa 50 dieser "Ruderbewegungen", woraus schließlich eine Verkürzung des Sarkomers resultiert.
Durch das "teleskopartige" Ineinandergleiten der Aktin- und Myosinfilamente innerhalb der unendlichen Zahl an hintereinander geschalteten Sarkomeren kommt es summativ zu einer Verkürzung des Muskels.

Beachten Sie: Das Ineinandergleiten kann nur etwa bis zu einer 50-prozentigen Sarkomerverkürzung (im Vergleich zur Ausgangslänge) erfolgen, da sich danach die gegenüberliegenden Aktinfilamente begegnen. Ein bereits stark verkürzter Muskel kann daher keine große Kraft mehr entwickeln!

Der Kontraktionsvorgang kann nur ablaufen, wenn die Bindungsstellen am Aktin für die Myosinköpfe durch eine bestimmte Kalziumkonzentration - dies wird über das bereits erwähnte sarkoplasmatische Retikulum gesichert - freigegeben sind und wenn am Myosinkopf ATP (= Adenosintriphosphat, s. unten) als Energiequelle zur Verfügung steht. Nach erschöpfenden Belastungen kann es sowohl zu Problemen bezüglich der Kalziumverfügbarkeit als auch der energetischen Absicherung kommen.

6.5 Energiestoffwechsel des Muskels

Für die soeben beschriebene mechanische Arbeit ist das Myosinfilament auf chemische Energie in der Form des ATPs - es stellt die einzige unmittelbare Energiequelle des Organismus dar - angewiesen. Andere Energieträger können nicht direkt verwendet werden. Sie dienen aber der Wiederauffüllung der ATP-Speicher.
Das Vorhandensein von ATP im Muskel ist lebensnotwendig. Neben der energetisch-leistungsorientierten Funktion hat es auch noch Bedeutung im Sinne einer "Weichmacherfunktion": Es ermöglicht nach der Ruderbewegung der Myosinköpfchen deren Wiederloslassen und damit die Fortsetzung des Kontraktionsvorganges.
Zur Aufrechterhaltung des intrazellulären ATP-Vorrates bedient sich die Muskelfaser verschiedener Wege des Wiederaufbaus bzw. der Resynthese von ATP.
Man unterscheidet dabei die anaerobe (ohne Sauerstoff ablaufende, anoxydative) und die aerobe (mit Sauerstoff ablaufende, oxydative) Energiegewinnung.

6.5.1 Die anaerobe Energiegewinnung

Im Folgenden wird die Energiebereitstellung bei intensiver bzw. maximaler körperlicher Belastung dargestellt.
Am Beginn jeder körperlichen Belastung bzw. während sportlicher Aktivität höherer Intensität, bei welcher der Energiebedarf nicht ausreichend oxydativ abgedeckt werden kann, ist der Muskel gezwungen, die notwendige Energie auf anaerobem Wege zu gewinnen.
Erste energieliefernde Reaktion ist die Spaltung von ATP :

$$\text{ATP} \xrightleftharpoons{\text{Myosin ATP-ase}} \text{ADP} + \text{P} + \text{Energie}$$

Beachten Sie: ATP ist der einzige unmittelbare Enegielieferant des Muskels. Alle nachfolgenden Reaktionen dienen nur der Wiederauffüllung des ATP-Speichers.

Der ATP-Vorrat in der Muskelzelle ist sehr gering und reicht bei maximalen Kontraktionen nur für Sekundenbruchteile. Die bei dieser Reaktion gebildeten Zerfallsprodukte und anorganisches Phosphat (P) stimulieren die Atmung bis zur 100fachen Steigerung, sorgen also für eine hochgradige Aktivierung der für den Muskelstoffwechsel verantwortlichen

Funktionssysteme. Sobald jedoch (nach Belastungsende) das gesamte ADP bzw. Phosphat wieder zu ATP aufgebaut ist, wird die Atmung gehemmt und kehrt zum Ruhezustand zurück. Dieses regulatorische Prinzip wird als *Atmungskontrolle* durch den Energiebedarf bezeichnet.

Um weitere Muskelarbeit zu ermöglichen, wird das ATP mit extrem hoher Geschwindigkeit durch den zellulären KP (Kreatinphosphat) -Speicher wieder aufgefüllt:

$$\text{KP + ADP} \xrightleftharpoons{\text{Kreatinkinase}} \text{Kreatin + ATP}$$

Diese sofortige Resynthese ermöglicht eine Gesamtarbeitszeit bei maximaler Belastung durch die energiereichen Phosphate (ATP und KP) von etwa 5-7 Sekunden beim Erwachsenen und etwa 3 - 5 Sekunden bei Kindern.
Für die Muskelarbeit z.B. bei maximalen Sprintbelastungen erfolgt die Energiebereitstellung also nur über sehr kurze Zeit/Strecken anaerob alaktazid (anaerob = ohne Sauerstoff; alaktazid = ohne Milchsäureentstehung). Bereits bei einem 100m Lauf werden Laktatwerte von über 10 mmol Laktat/Liter erreicht, wobei für untrainierte Personen Laktatwerte über 12 mmol, bei hochgradig trainierten Personen Werte über 20 mmol als Ausbelastungswerte gelten.
Dauert die Belastung hochintensiver Art länger, dann reichen die energiereichen Phosphate nicht aus, um die erforderliche Energie bereitzustellen. Nun greift die Muskelzelle vor allem auf die anaerobe laktazide Energiebereitstellung - auch anaerobe Glykolyse (= anaerobe Zuckerverbrennung) genannt - zurück:

$$\text{Glykogen} \xrightleftharpoons{\text{Enzyme der anaeroben Energiebereitstellung}} \text{2 ATP + Milchsäure}$$

Diese Form der Energiegewinnung erfolgt im Sarkoplasma und stellt bei allen intensiven Belastungen den bevorzugten Energiegewinnungsprozess dar.
Bei der anaeroben Glykolyse kann nur Glukose bzw. Glykogen als Energielieferant herangezogen werden. Energetisch ist dabei das intrazelluläre Glykogen günstiger, da es nicht erst über den Blutweg herantransportiert und durch die Zellmembran geschleust werden muss und mehr ATP ergibt.

Das bei intensiven muskulären Belastungen als Endprodukt der anaeroben Glykolyse entstehende Laktat (Milchsäure) wirkt sich als "Ermüdungsstoff" sowohl lokal als auch allgemein auf das Stoffwechselgeschehen aus: Die mit hohen Laktatwerten einhergehende Übersäuerung in der Zelle und im Blut hat lokal das Erliegen der glykolytischen Stoffwechselprozesse durch Enzymhemmung zur Folge. Diese Hemmung der zuckerabbauenden Enzyme - sie führt zum Abbruch der Maximalbelastung - stellt eine Art Selbstschutz der Muskelzelle gegenüber einer zu starken Übersäuerung mit nachfolgender Zerstörung intrazellulärer Eiweißstrukturen dar. Bei einem intrazellulären pH-Wert von 6,40 bzw. einem Blut-pH-Wert von 6,80 (Normalwert im Blut = pH 7,40) stellen die anaeroben

Enzyme bei einem Spitzenathleten die Arbeit ein. Bei einer untrainierten Person erfolgt dieser Abbruch bereits wesentlich früher, da eine geringere Resistenz gegenüber Übersäuerung vorliegt.
In der Erholungsphase nach erschöpfenden Belastungen normalisiert sich die eingetretene Übersäuerung - auch Azidose genannt - innerhalb von 20 bis 30 Minuten bei aktiver Pause, z.B. durch Auslaufen, bis maximal 60 Minuten bei passiver Erholung, z.B. durch Ausruhen (vgl. Abb. 51).

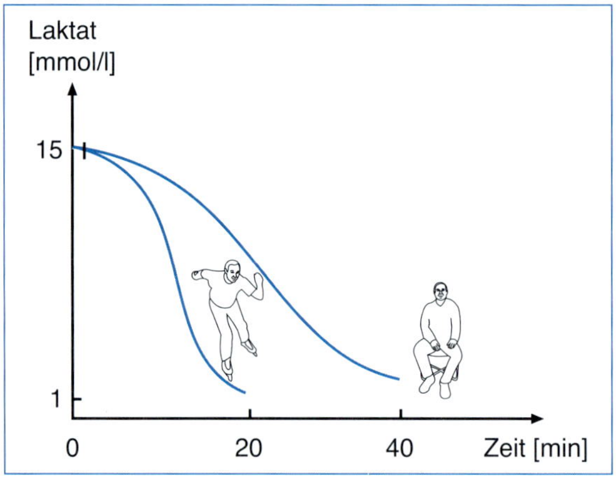

Abb. 51 : Die Laktateliminierung in Abhängigkeit von einer aktiven bzw. passiven Gestaltung der Nachbelastungsphase

Das sehr leicht aus dem Muskel in die Blutbahn diffundierende Laktat wird vor allem durch die Leber und den Herzmuskel, aber auch durch die Niere und die nicht arbeitende Skelettmuskulatur selbst verstoffwechselt und damit aus dem Blut eliminiert.

Anaerobe Energiegewinnung und Sauerstoffschuld

Da der Organismus zu Beginn einer Belastung erst einmal seine Sauerstoff herbeischaffenden Mechanismen - vor allem durch die Ankurbelung der Atmung und des Herz-Kreislauf-Systems - in Gang bringen muss und dies mit einer gewissen Trägheit erfolgt, steht zu Beginn einer jeden sportlichen Aktivität Sauerstoff in unzureichendem Maße zur Verfügung. Der Organismus arbeitet daher so lange anaerob, bis das oxidative System ausreichend Energie zur Verfügung stellt. Entspricht die energetische Flussrate nicht den Erfordernissen, dann muss die Belastung nach einer bestimmten Zeit entweder abgebrochen oder die Arbeitsintensität so weit gemindert werden, dass die ökonomische oxydative Substratverbrennung - hierzu stehen Zucker, Fette und bei extrem langen Belastungen auch Eiweiße (in der Form der Aminosäuren) zur Verfügung - möglich ist.
Der Organismus geht somit initial eine Sauerstoffschuld ein, die normalerweise nach Beendigung der Arbeit wieder abgetragen wird.

Die zu Beginn der Belastung eingegangene Sauerstoffschuld ist der Grund dafür, dass die Herz- und Atemfrequenz nach Arbeitsende noch über den Ruhebedarf hinaus erhöht bleiben. Man spricht hier von *Sauerstoffmehraufnahme* nach Belastungsende (s. Abb. 52).

Beachten Sie:
Diese Sauerstoffmehraufnahme hat in erster Linie die Rephosphorilierung von Kreatin zu Kreatinphosphat (KP), also die Wiederauffüllung des Pools der energiereichen Phosphate zum Ziel (schnelle Phase der Sauerstoffmehraufnahme).
Weiterhin werden folgende Aufgaben erfüllt (langsame Phase der Sauerstoffmehraufnahme):
- Wiederauffüllen der Sauerstoffspeicher im Blut (Hämoglobin) und im Muskel (Myoglobin)
- Wiederaufbau des Laktats zu Glukose v.a. in der Leber
- Abdeckung der notwendigen Energie für die noch vermehrte Herz- und Atemtätigkeit

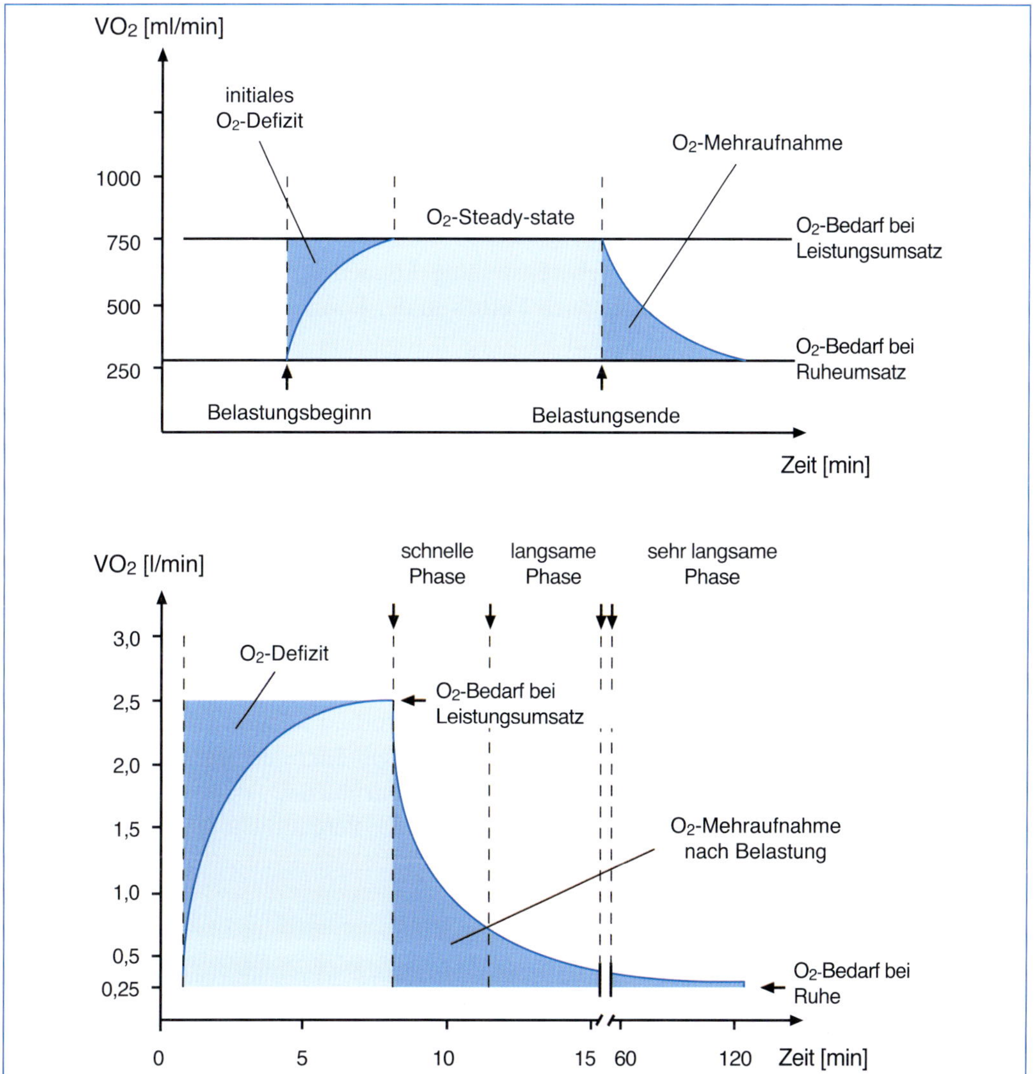

Abb. 52: Initiale Sauerstoffschuld und Sauerstoffmehraufnahme nach Belastungsende. oben: bei aerober Dauerbelastung; unten: bei intensiver Belastung

6.5.2 Die aerobe Energiegewinnung

Bei einer Belastungsdauer, die über eine halbe Minute hinausgeht, nimmt die aerobe Energiegewinnung - sie läuft in den Mitochondrien, den "Kraftwerken der Zelle", ab - eine zunehmend dominierende Rolle ein.
Bei der oxidativen Verbrennung entstehen:

$$1 \text{ Glukose} + 6\, O_2 + 36 \text{ ADP} + 36\, P_i \xrightleftharpoons{\text{Enzyme der aeroben Energiebereitstellung}} 6\, CO_2 + 6\, H_2O + 36 \text{ ATP}$$

Beachten Sie: Bei oxidativer Verbrennung von intrazellulärem Glykogen werden pro Mol Glykogen sogar 38 Mol ATP gewonnen. Dies macht verständlich, warum hochtrainierte Ausdauersportler ihre Glykogenspeicher in der Muskulatur durch ein entsprechendes Training verdoppeln!

Im Gegensatz zur anaeroben Energiebereitstellung können bei der **aeroben Energiegewinnung** neben Glukose/Glykogen auch **Fette** - in der Form so genannter freier Fettsäuren (=FFS) verbrannt werden (1 Mol FFS ergibt sogar um 130 Mol ATP). Allerdings ist diese Art der Energiebereitstellung nur bei sehr geringen Belastungsintensitäten möglich. In besonderen Notfällen kann, wie bereits erwähnt, auch Eiweiß als Energieträger verbrannt werden.

Wir stellen demnach fest, dass bei der **aeroben Energiegewinnung** 18 bzw. 19 mal so viel ATP gewonnen werden kann als dies bei der anaeroben Glykolyse der Fall ist. Allerdings hat diese hohe Energieausbeute einen entscheidenden Nachteil: Es wird zwar mit Hilfe der oxidativen Verbrennung (also in Anwesenheit von Sauerstoff) viel ATP zur Verfügung gestellt, aber diese Energiebereitstellung erfolgt über lange Reaktionsketten und dauert lange. Aufgrund der pro Zeiteinheit geringen Flussrate sind hierbei nur geringe Belastungsintensitäten erzielbar. Ist eine höhere Flussrate aufgrund höherer Intensitäten nötig, dann ist die rein aerobe Energiebereitstellung nur eingeschränkt oder gar nicht möglich.
Aus diesem Grunde kommt es je nach Belastungsintensität und -dauer meist zu einer Mischform der energiebereitstellenden Systeme. Abb. 53 verdeutlicht diese Notwendigkeit am Beispiel verschiedener leichtathletischer Läufe.

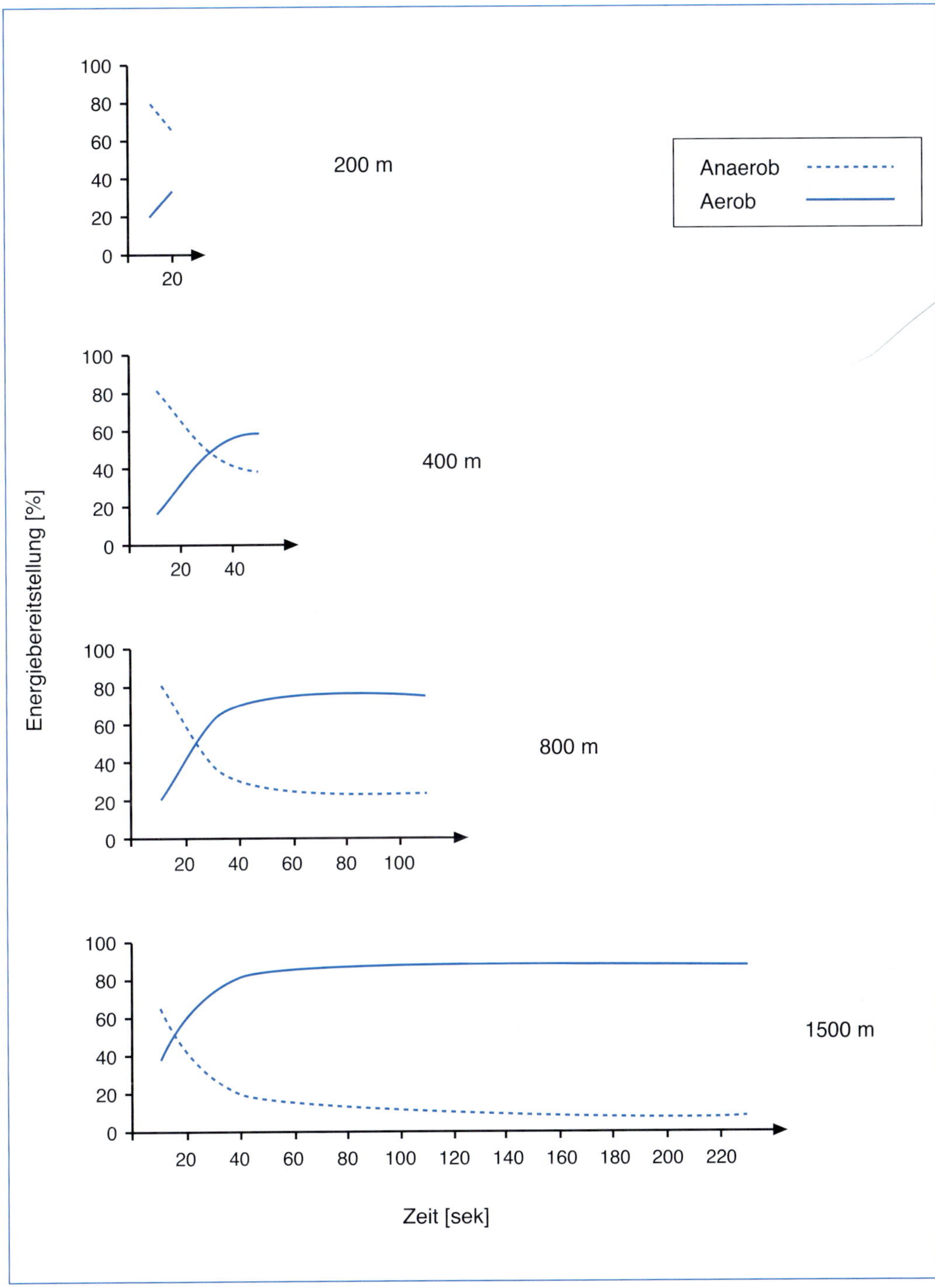

Abb. 53: Die Energiebereitstellung bei Läufen über 200 bis 1500 m (Spencer / Gastin 2001, 159)

Abb. 53 macht aber auch deutlich, dass die aerobe Energiebereitstellung viel früher dominant wird als dies bislang angenommen wurde. Dies gilt in besonderem Maße für Kinder, die wesentlich früher als Erwachsene auf diese günstige energetische Absicherung übergehen und daher eine bessere Erholungsfähigkeit bei intervallartigen Maximalbelastungen haben als Erwachsene, da sie hohe Übersäuerungswerte auf diesem Wege vermeiden.

Wie bereits erwähnt, verändert sich die Intensität der Muskelarbeit - und damit die Kontraktionsgeschwindigkeit der Muskelfaser - in Abhängigkeit von der energetisch möglichen Flussrate. Wie Tab. 4 erkennen lässt, liegt die höchste Kontraktionsgeschwindigkeit bei den energiereichen Phosphaten; am niedrigsten ist sie bei der aeroben Verbrennung von Fettsäuren.

Substrate	Substratspeicher (Mol x g^{-1})	Mobilisationsrate (Mol x g^{-1})
Phosphagene (ATP, KP)	30	bis 3,0
Glykogen anaerob	270	bis 1,0
Glykogen aerob	3000	bis 0,5
Fett	10 000	bis 0,25

Tab. 4: Die Mobilisationsrate und damit verbunden die Kontraktionsgeschwindigkeit des Muskels in Abhängigkeit von der Energiegewinnung bzw. den damit verbundenen energetischen Flussraten.

Die Nützlichkeit unterschiedlicher Flussraten liegt auf der Hand: Sollen hohe Intensitäten und damit hohe Energieumsätze erzielt werden, wie dies vor allem bei allen Schnelligkeitsbelastungen der Fall ist, so müssen größere Flussraten erzielt werden: es muss auf die anaerobe Energiebereitstellung zurückgegriffen werden unter Einbeziehung sowohl der anaerob-alaktaziden (ATP, KP) als auch laktaziden Energiegewinnung (anaerobe Glykolyse). Sind geringere Arbeitsintensitäten abzudecken, wie dies z.B. bei Langstreckenläufen der Fall ist, dann überwiegen zwangsläufig die aeroben Energiebereitstellungsprozesse.

Zusammenfassend lässt sich sagen, dass bei intensiven Belastungen die primäre Energiequelle ATP nacheinander durch das KP, die anaerobe Glykolyse und die aerobe Energiegewinnung bereitgestellt wird.

Beachten Sie aber: Die Energiebereitstellung bzw. Resynthese erfolgt nicht streng hintereinander, sondern sich überlappend: Bei Belastungsbeginn werden alle energieliefernden Systeme gleichzeitig in Gang gesetzt; jedoch erreichen sie ihr Maximum zu unterschiedlichen Zeitpunkten und haben daher unterschiedlichen Anteil an der jeweiligen Energiebereitstellungssituation.

Zum besseren Verständnis der Stoffwechselvorgänge soll an zwei praktischen Beispielen - Volleyballspiel und 5000 m Lauf - der jeweils vorliegende Energiebereitstellungsablauf dargestellt werden.

- Volleyballspiel

Beim Volleyballspiel - es kann sich bei einem 5-Satz-Match über 2 Stunden und mehr hinziehen - ist jeder Spieler immer nur für Sekunden (z.B. beim Erlaufen eines Balles) bzw. Sekundenbruchteile (z.B. Schmetterschlag, Hechtbagger etc.) maximal belastet. Danach stehen wieder Phasen mit geringer Belastung zur Verfügung, in denen die beanspruchten ATP- bzw. KP-Speicher wieder aufgefüllt werden können.

Dies bedeutet, dass beim Volleyballspiel während der spielspezifischen Aktionen die Energiebereitstellung fast ausschließlich über die muskulären energiereichen Phosphatspeicher (ATP, KP) erfolgt. Demnach herrscht während der kurzen volleyballspezifischen Bewegungshandlungen (Angriffs- und Abwehraktionen) die anaerobe alaktazide Energieversorgung vor, in den Pausen bzw. in den Spielabschnitten mit geringen Belastungen hingegen dominiert der aerobe Fettstoffwechsel. Er ist zwar während der intensiven Belastungsphasen des Spieles aufgrund seiner geringen Flussrate pro Zeiteinheit unzureichend, weist aber unter aeroben Belastungsbedingungen (Spielunterbrechungen, Erholungspausen während des Spielaufbaus des Gegners etc.) eine hohe ATP-Produktion auf.

Da bei jeder Belastung - wie bereits erwähnt - "vorsorglich" alle Energiebereitstellungssysteme gleichzeitig anlaufen, kommt es summativ bis zum Ende des Spieles auch zur allmählichen Abnahme der Glykogenspeicher durch die aerobe und anaerobe Glykolyse und damit zur Ermüdung.

Der Laktatspiegel steigt beim Volleyballspiel aufgrund der kurzfristigen und "intervallartig" erfolgenden Belastungen nur geringfügig an und übersteigt nur in Ausnahmefällen Werte von etwa 3 mmol Laktat pro Liter im Blut.

- 5000 m-Lauf

Beim 5000-m-Lauf liegt im Gegensatz zum Volleyballspiel eine ununterbrochene Grenzbereichsbelastung vor. Hier dominiert die aerobe Energiegewinnung, da der Lauf in der absoluten Weltklasse etwas über 12 Minuten dauert und aufgrund dieser langen Zeitdauer nicht durch die anaerobe laktazide Energiebereitstellung abgedeckt werden kann.

Da das Tempo sich im Wettkampf im aeroben Grenzbereich aufhält - etwa im Bereich der "anaeroben Schwelle" - wird ausschließlich Zucker (kein Fett!) verstoffwechselt, was bedeutet, dass die aerobe Glykolyse im Vordergrund steht.

Am Anfang des Wettkampfes (Positionskämpfe) sowie bei Zwischen- und Endspurts muss jedoch zusätzlich auch auf die anaerobe laktazide Energiebreitstellung (anaerobe Glykolyse) zurückgegriffen werden, da hier die Intensität eine erhöhte Flussrate an ATP erfordert. Hierbei fällt Laktat an, das dann während des Laufes parziell bzw. nach dem Lauf völlig eliminiert wird.

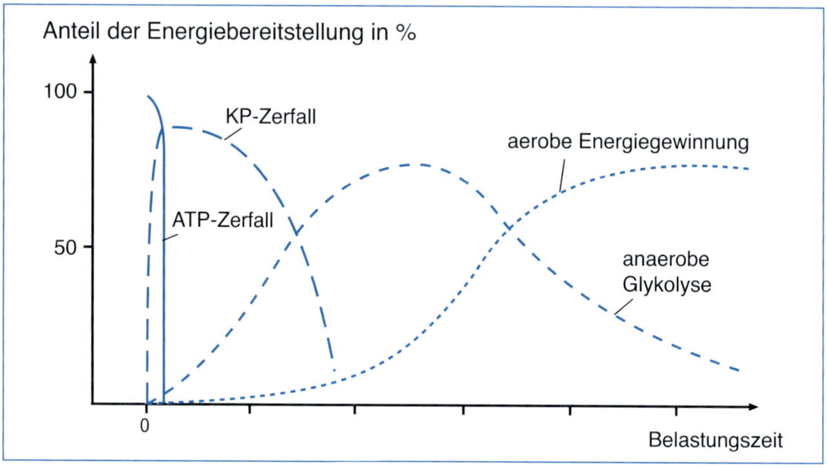

Abb. 54: Der Anteil der verschiedenen Substrate an der Energiebereitstellung bei jeweils maximal möglicher Belastung im Zeitverlauf (verändert nach Keul/Doll/Keppler 1969, 38)

Beachten Sie: Jede Sportart bzw. jede Sportdisziplin hat ihr spezifisches Stoffwechselanforderungsprofil und bedarf daher eines speziellen Stoffwechseltrainings!

6.6 Energieträger für den Muskelstoffwechsel

Wichtigste Energielieferanten, die durch Nahrung laufend ergänzt werden müssen sind für die Muskelzelle:

- *Kohlehydrate* (sie decken normalerweise zwei Drittel des Energiebedarfs)
- *Fette* (ein Drittel)
- *Eiweiße* (sie können an dieser Stelle vernachlässigt werden, da sie wohl für den Baustoffwechsel (z.B. beim Wachstum), nicht aber für den Energiestoffwechsel eine wichtige Rolle spielen).

Der Energiestoffwechsel wird in Ruhe also hauptsächlich durch Kohlenhydrate (KH) und Fette abgedeckt. Beim sportlichen Training kommt es jedoch je nach Art des Belastungsreizes zu einer Verschiebung in der Energiebereitstellung: Hochgradig intensive Belastungen können, wie bereits erwähnt, ausschließlich anaerob über die Verbrennung von intrazellulärem Zucker (Glykogen) abgedeckt werden, mittlere Belastungen längerer Dauer werden aerob mit Kohlenhydraten bzw. Fetten in einem intensitätsspezifischen Mischungsverhältnis ermöglicht. Die Fette stellen den größten Energiespeicher im Organis-

mus dar. Die Bedeutung der Fettverbrennung hängt jedoch vom Arbeitstyp, von der Belastungsdauer, von der Arbeitsintensität, vom Umfang der eingesetzten Muskelmasse und von der Art der arbeitenden Muskelfasern ab.
Fette sind eine außergewöhnlich günstige Speicherform: Würde der Mensch ausschließlich Glykogenspeicher nutzen, dann wäre sein Körpergewicht um ein Vielfaches höher, da jedes Gramm Glykogen etwa 2,7 g Wasser bindet. Fett hingegen ist im Vergleich zur glykogenreichen Muskulatur - sie hat einen Wassergehalt von etwa 70 % - eines der wasserärmsten Gewebe des Menschen überhaupt (etwa 23 %).
Aus sportlicher Sicht - hier spielt die pro Zeiteinheit erreichbare Höchstintensität zumeist eine entscheidende Rolle - ist jedoch auf den Vorteil der Kohlehydrate gegenüber den Fetten hinzuweisen: Zwar liefern die Fette bei der Verbrennung 9,3 kcal/g gegenüber nur 4,1 kcal/g bei den Kohlehydraten (und Eiweiß), aber entscheidend ist nicht dieser absolute Wert, sondern der pro Liter Sauerstoff erreichbare Brennwert.
Hierbei ergeben sich pro Gramm:

Glukose	5,1 Kcal (21,35 KJ) = 6,34 ATP
Fett	4,6 Kcal (18,84 KJ) = 5,70 ATP
Eiweiß	4,7 Kcal (19,68 KJ) = 5,94 ATP

Der erhöhte Brennwert der Kohlehydrate ermöglicht bei gleichem Sauerstoffangebot einen prozentualen Energiemehrgewinn, der einer erhöhten energetischen Flussrate gleichkommt. Gegenüber der Fettverbrennung liegt der Energiemehrgewinn bei Glukose bei 13 %, bei Glykogen als intrazellulärem Glukosespeicher sogar bei16 %.
Die Notwendigkeit eines möglichst großen Glykogenspeichers wird auch aus dieser Sicht verständlich.

6.7 Muskelfaserarten

Der menschliche Muskel ist je nach seiner Funktion mosaikartig aus verschiedenen Muskelfasern zusammengesetzt, welche aufgrund ihrer unterschiedlichen Kontraktionsgeschwindigkeit und Ermüdungsresistenz typisiert werden können. Man unterscheidet zwei Haupttypen, nämlich die ST- und FT-Fasern.

- FT-Fasern
Die weiße (helle), dicke und "schnelle" Faser - auch als FT-Faser (Fast-Twitch = schnellzuckende Faser) bezeichnet - ist, wie es ihr Name bereits andeutet, vor allem bei schnellkräftigen und intensiven submaximalen bis maximalen Muskelbeanspruchungen in Aktion.

- ST-Fasern
Die rote, dünne und "langsame", so genannte ST-Faser (Slow Twitch = langsam zuckende Faser), wird im Gegensatz zur FT-Faser bei Muskelarbeit geringer Intensität, also vor

allem bei Ausdauerbelastungen, beansprucht.
In Abhängigkeit von ihrer differierenden funktionellen Beanspruchung weisen die einzelnen Fasertypen u.a. auch Unterschiede im Stoffwechsel auf (vgl. Abb. 55).

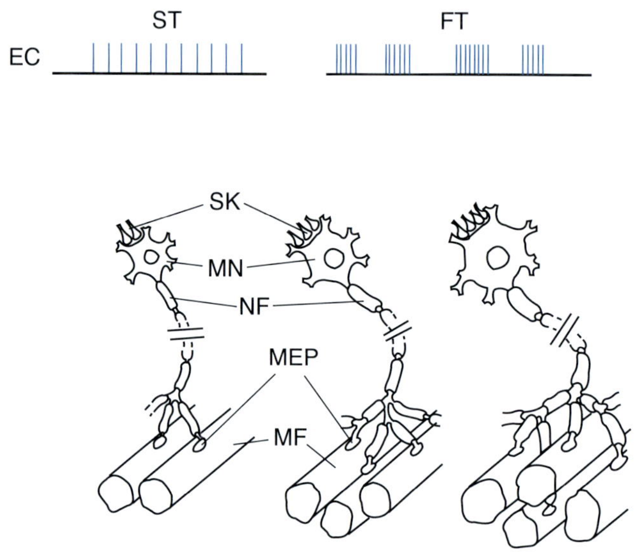

	Typ I (S)	Typ IIc/IIa (FR)	Typ IIb (FF)
Motoneuron, Durchmesser	ca. 30 µm	40 - 60 µm	bis 70 µm
Motoneuron, Erregungsschwelle	niedrig	mittel	hoch
Nervenfaser, Durchmesser	ca. 9 µm	10 - 15 µm	ca. 20 µm
axonale Leitungsgeschwindigkeit	30 - 40 m/s	40 - 90 m/s	70 - 120 m/s
Entladungsfrequenz	bis 30 Imp./s eher kontinuierlich	bis ca. 90 Imp./s	bis 150 Imp./s eher in „bursts“
Muskelfaser-Querschnitt	2000 - 4000 µm^2	2000 - 6000 µm^2	2000 - 10000 µm^2
MF-Leitungsgeschwindigkeit	ca. 2,5 m/s	3 - 5 m/s	ca. 5,5 m/s
MF-Kraft, Einzelzuckung	70 mg	80 - 90 mg	100 mg
MF-Kraft, tetan. Kontraktion	ca. 140 mg	ca. 400 mg	ca. 700 mg
Ermüdbarkeit	niedrig	niedrig	hoch
Kontraktions-Zeit, Einzelzuckung	ca. 100 ms	50 - 90 ms	ca. 40 ms
Kontraktions-Zeit ballist. Kontrak.	ca. 150 ms	80 - 140 ms	ca. 60 ms
Innervationsverhältnis (Axon / Muskelfaser)	1/10 bis 1/500	1/100 bis 1/700	bis 1/1000
Kraft / motorische Einheit	2 - 13 gr	5 - 50 gr	30 - 130 gr

Abb. 55: Schematische Darstellung unterschiedlicher motorischer Einheiten (s. 6.8.) mit verschiedener Muskelfaserzusammensetzung. EC = Entladungscharakteristik. MEP = Motorische Endplatte; MF = Muskelfaser, MN = Motoneuronen; NF = Nervenfaser (Axon); SK = synaptische Kontakte (Tidow / Wiemann 1993, 140)

Die FT-Fasern imponieren durch den Reichtum an energiereichen Phosphaten (ATP und KP) und Glykogen und die entsprechende Ausstattung mit Enzymen der anaeroben Energiegewinnung (s.S. 100), die ST-Fasern zeichnen sich ebenfalls durch Glykogenreichtum, aber vor allem durch das vermehrte Vorhandensein von Enzymen des aeroben Stoffwechsels aus. Bei den ST-Fasern ist das Verhältnis Zytoplasma zu Mitochondrien zugunsten der Mitochondrien verschoben. Daher sind höhere Aktivitäten der Enzyme des Zitratzyklus und des Abbaus von freien Fettsäuren, dagegen niedrigere der glykolytischen Enzyme anzutreffen.
Des weiteren unterscheiden sich die ST- von FT-Fasern durch eine unterschiedliche Innervation:
Die *ST-Fasern* werden über langsam leitende Neuriten von kleinen Alpha-Motoneuronen (s. Abb. 55, S. 110) des Rückenmarks innerviert, die durch ein kontinuierliches Impulsmuster - wichtig für die ständige stützmotorische Aktivität - charakterisiert werden können. Die *FT-Fasern* werden über schnell leitende Neuriten von großen Alpha-Motoneuronen versorgt und sind durch ein diskontinuierliches Impulsmuster - typisch für die zielmotorische Aktivität - charakterisiert.

Die FT-Fasern lassen sich noch in drei Subkategorien unterteilen, nämlich die IIb-, die IIa- und die IIc-Fasern (auch Intermediärfasern genannt), wobei die IIb-Fasern die kräftigsten und schnellsten darstellen.

Die Anlage bzw. die prozentuale Verteilung der verschiedenen Muskelfasertypen ist genetisch festgelegt. Beim "geborenen" Sprinter überwiegen die FT-Fasern, beim "geborenen" Ausdauerleister die ST-Fasern.

6.8 Motorische Einheit

Von den Nervenzellen (Neuronen) des Zentralnervensystems (s. Band II) werden die Bewegungsimpulse über die efferenten Nerven mittels der Pyramidenbahn zu den motorischen Vorderhornzellen (Alpha-Motoneuronen) des Rückenmarks geleitet, die ihrerseits die zugehörige Skelettmuskulatur innervieren. Wie Abb. 56 zeigt, erfährt der periphere motorische Nerv bei der Ankunft am Muskel eine vielfache Aufzweigung in einzelne Nervenfasern, die jeweils über eine motorische Endplatte - eine Art Synapse, die das Bindeglied zwischen Nervenfaser und Muskel darstellt - eine bestimmte Zahl an Muskelfasern innervieren.

Die Gesamtheit der von einer motorischen Vorderhornzelle innervierten Muskelfasern wird als motorische Einheit bezeichnet.

Die Größe dieser motorischen Einheit kann sehr unterschiedlich sein:
Je differenzierter bzw. feinabgestufter die Arbeit eines Muskels ist, desto mehr motorische Einheiten besitzt er: So verfügt z.B. der äußere Augenmuskel über 1740, der zweiköpfige Armmuskel hingegen nur über 774 motorische Einheiten.

Umgekehrt ist bei feinmotorischen Muskeln die Zahl der von einer Nervenfaser innervierten Muskelfasern geringer als bei grobmotorischen, auf Kraftentwicklung ausgerichteten Muskeln: Der äußere Augenmuskel besitzt ein Innervationsverhältnis von 1 : 13, der zweiköpfige Armmuskel von 1 : 750.
Schließlich gibt es auch noch Unterschiede in der pro motorischer Einheit maximal entwickelbaren Kraft: Der äußere Augenmuskel besitzt eine Maximalkraft von 0,1 g, der zweiköpfige Armmuskel von 50 g pro motorischer Einheit.

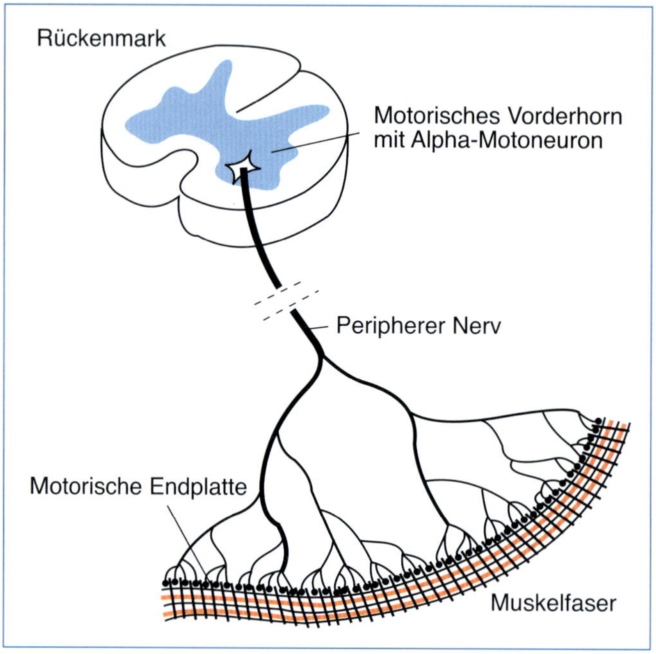

Abb. 56: Aufbau einer motorischen Einheit

Funktionell arbeiten niemals alle motorischen Nervenzellen (Motoneuronen) gleichzeitig. Die Abstufung der Kontraktionsstärke und -geschwindigkeit der Skelettmuskulatur wird durch folgende Mechanismen moduliert:

- Die **Feinabstufung** der Bewegung erfolgt über die Steigerung der Entladungsfrequenz des zugehörigen Motoneurons und die Größe der jeweils aktivierten motorischen Einheiten. Gewöhnlich, das heißt bei kontinuierlich ansteigender Kraftentwicklung, kommen die langsam arbeitenden (und langsam ermüdenden) motorischen Einheiten der Muskelfasern vom Typ I zuerst ins Spiel. Geringe Muskelspannungen werden demnach durch die Mobilisierung kleiner motorischer Einheiten erzeugt und in der Feinabstimmung reguliert.

- Die **Grobabstufung** der Bewegung wird über die Veränderung der Zahl der motorischen Einheiten - man spricht von einer vermehrten bzw. verringerten Rekrutierung - erreicht. Das Maximum der realisierbaren Kraft wird durch Aktivierung möglichst vieler, in einem

Muskel vorhandener motorischer Einheiten und ihrer kurzzeitigen synchronisierten Tätigkeit bewerkstelligt.

- Die Variation der Bewegungsgeschwindigkeit erfolgt durch die Aktivierung spezieller motorischer Einheiten (FT-, ST-Fasern; kleine und große Einheiten) aufgrund der unterschiedlichen Reizschwelle der verschiedenen Motoneuronen: Die großen Alpha-Motoneuronen mit höherer Impulsentladungsfrequenz und geringerer Erregbarkeit werden den FT-Fasern, die kleineren mit geringerer Entladungsfrequenz und höherer Erregbarkeit den ST-Fasern zugeordnet.
Wie Abb. 57 deutlich macht, werden je nach Kraftanforderung unterschiedliche motorische Einheiten eingesetzt.

Abb. 57: Die Rekrutierung motorischer Einheiten nach dem "Hennemannschen Prinzip": Die kleinen schwachen motorischen Einheiten (ME) vom Typ ST-Fasern (= I-Fasern) werden bei geringen Kraftanforderungen, die großen starken motorischen Einheiten vom Typ der FT-Fasern (= IIc-, IIa-, IIb-Fasern) bei hohen und höchsten Kraftanforderungen rekrutiert

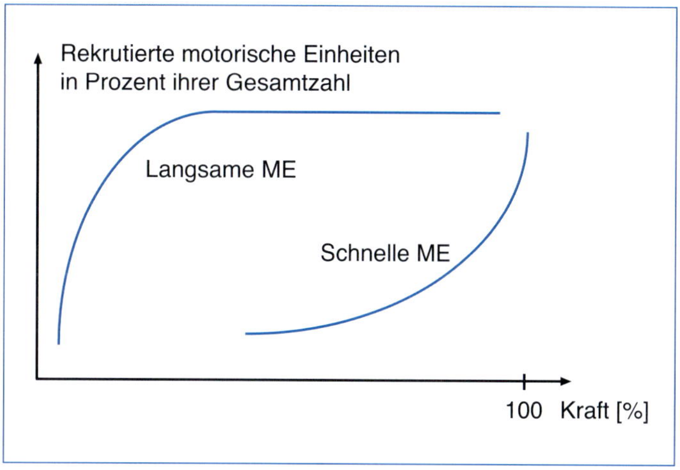

Beachten Sie: Das **Hennemannsche Prinzip** ist nicht gültig bei explosiven, schnellkräftigen Krafteinsätzen, bei denen die Schnelligkeit der Kraftentwicklung eine Rolle spielt, wie dies z.B. bei einem Karateschlag der Fall ist.

Bei explosiver Kraftentwicklung beginnen alle Muskelfasern gleichzeitig zu "feuern", aber es kommen zuerst diejenigen motorischen Einheiten zum Einsatz, die am schnellsten ihr Kraftmaximum erreichen.
Für die verschiedenen Muskelfasertypen gelten bei explosiven Kontraktionen etwa folgende Kontraktionszeiten bis zum Erreichen des Maximums:

1. Schnelle Fasern vom Typ-IIb: etwa 40-60 ms
2. Schnelle Fasern vom Typ IIa: etwa 80 ms
3. Schnelle Fasern vom Typ IIc: etwa 100 ms
4. Langsame Fasern vom Typ I: etwa 140-200 ms

Beispiel: Beim Stolpern und einem damit u.U. verbundenen plötzlichen Sturz nach vorne auf die ausgestreckten Arme können nur die schnellsten und stärksten Muskelfasern, nämlich die FT-IIb-Fasern, mit ihrem kurzen Zeitbedarf für die Maximalkraftentwicklung den Sturz rechtzeitig abfangen. Aus diesem Grunde müssten im Sinne einer effizienten Unfall- bzw. Verletzungsprophylaxe die FT-Fasern durch ein entsprechendes lebensbegleitendes Training erhalten werden.

Beachten Sie: Durch Training erwirbt der Sportler die Fähigkeit, mehr motorische Einheiten eines Muskels gleichzeitig aktivieren und damit kontrahieren zu können. Man spricht von einer intramuskulären Koordinationsverbesserung!

6.9 Ermüdung und Erholung

In Abhängigkeit von verschiedenen Belastungsparametern tritt nach körperlicher Belastung bzw. sportlichem Training eine mehr oder weniger ausgeprägte Ermüdung bzw. sogar Erschöpfung ein. Die Ermüdung geht der Erschöpfung voraus.
Ganz allgemein lässt sich die Ermüdung als eine reversible Herabsetzung der physischen und/oder psychischen Leistungsfähigkeit definieren, die jedoch im Gegensatz zur Erschöpfung eine Fortsetzung der Belastung noch ermöglicht, allerdings unter z.T. erheblichem energetischen Mehraufwand und unter koordinativen Präzisionseinbußen.

6.9.1 Arten der Ermüdung

Man unterscheidet zwischen akuter peripherer und zentraler Ermüdung - sie sind meist eng miteinander gekoppelt und beeinflussen sich gegenseitig - und chronischer lokaler bzw. allgemeiner Ermüdung (Übertraining).

6.9.1.1 Akute periphere Ermüdung

Jede Leistung oberhalb der Dauerleistungsgrenze - hier halten sich Energiebedarf und Energiebereitstellung die Waage - führt zu einer Einschränkung der Leistungsfähigkeit. Die Ermüdungsursachen können vielfältiger Natur sein. Letztlich aber liegt immer eine energetische Engpasssituation - z.B. in der Form verringerter Energiespeicher - zugrunde. Der während der muskulären Kontraktion verringerte Energiespeicher kann in der Erschlaffungsphase nicht wieder voll aufgefüllt werden und es kommt zu einem sich allmählich entwickelnden Ermüdungsrückstand, der je nach Intensität und Dauer der Belastung mit unterschiedlicher Geschwindigkeit ansteigt.

Ermüdungsursachen
Als Ermüdungsursachen der akuten peripheren Ermüdung gelten:
- Anhäufung von Stoffwechselzwischen- und -endprodukten wie z.B. von Laktat
- Erschöpfung von muskulären Energiespeichern wie z.B. den Glykogenspeichern

- Änderung des physikochemischen Gleichgewichts, wie dies z.B. bei ausgeprägten Elektrolytverlusten (Mg, K, Ca) der Fall ist: Der Muskel verliert zunehmend die Fähigkeit zu einer leistungsadäquaten Kraftentwicklung.
- Transmitter-Ermüdung: Die unzureichende / überschießende Freisetzung der synaptischen Überträgersubstanz Azetylcholin an den motorischen Endplatten kann zu einer Störung der Erregunsübertragung und damit zur Ermüdung führen.

Als Gradmesser für die Beurteilung der Ermüdung gilt die so genannte Erholungspulssumme, das heißt die Summe aller Pulse, die nach der Belastung über der Ruheherzfrequenz liegen. Sie fällt um so größer aus, je mehr die Belastungsintensität die Dauerleistungsgrenze überschreitet und je länger die Belastung dauert (vgl. auch S. 102).

6.9.1.2 Akute zentrale Ermüdung

Die zentrale Ermüdung besteht in erster Linie in einem Nachlassen der Fähigkeit, koordinierte Bewegungen mit der gleichen Präzision wie in unermüdetem Zustand durchzuführen.
Meist sind akute zentrale und periphere Ermüdung eng miteinander verknüpft: Die afferenten, zum ZNS geleiteten Ermüdungsinformationen aus der Peripherie (Muskulatur) veranlassen die Ausbildung von Hemmungsimpulsen, die schließlich zum Abbruch der Belastung führen. Allerdings gibt es auch eine rein zentrale Ermüdung, wie sie z.B. bei langen Beobachtungsaufgaben, die eine erhöhte Aufmerksamkeit erfordern, oder rein geistigen Beanspruchungen gegeben ist.

Charakteristika der zentralen Ermüdung:
- Abnahme der koordinativen Leistungsfähigkeit
- Abnahme der sensorischen Leistungsfähigkeit, die sich z.B. in optischen und akustischen Leistungsminderungen kund tut
- Störungen der Aufmerksamkeit, der Konzentration und des Denkens
- Herabsetzung der Antriebsfunktionen: Sie zeigt sich z.B. in abnehmender Leistungsbereitschaft und gesteigertem Anstrengungsgefühl
- Verlängerung der Reaktionszeit

6.9.1.3 Chronische lokale und allgemeine Ermüdung

Diese beiden Arten der Ermüdung sind das Endergebnis einer Summationsfolge täglich wiederholter muskulärer Be- bzw. Überbeanspruchungen.
Als *lokale* chronische Überbeanspruchungen gelten z.B. Überlastungssyndrome wie schmerzhafte Sehnenansätze oder Muskelverhärtungen oder Ermüdungsbrüche.
Die *allgemeine* Art des chronischen Überlastungssyndroms wird als Übertraining bezeichnet und kommt vor allem im Hochleistungssport vor.

- *Übertraining*

Unter Übertraining ist eine Überforderung zu verstehen, die sich aus zu hartem Training, beruflichen und privaten Überlastungen, Schlafmangel, Fehlernährung und anderen Störgrößen ergeben kann.

Tabelle 5 und 6 zeigen Symptome und Maßnahmen zur Behebung des Übertrainings.

Sympathisches Übertraining	**Parasympathisches Übertraining**
Leichte Ermüdbarkeit	Leichte (abnorme) Ermüdbarkeit
Erregung	Hemmung
Schlaf gestört	Schlaf nicht gestört
Appetit herabgesetzt	Normaler Appetit
Körpergewichtsabnahme	Körpergewicht gleichbleibend
Neigung zum Schwitzen, Nachtschweiß	Thermoregulation normal
Halonierte Augen, Blässe	-
Neigung zum Kopfschmerz	Klarer Kopf
Herzklopfen, Herzdruck, Herzstiche	-
Ruhepuls beschleunigt	Bradykardie
Grundumsatz gesteigert	Grundumsatz normal
Körpertemperatur leicht erhöht	Körpertemperatur normal
Ausgeprägter roter Dermographismus	-
Verzögerte Einstellung der Herzfrequenz auf Ruhewerte nach Belastung	Schnelle Kreislaufberuhigung nach Belastung
Blutdruck uncharakteristisch	Diastolischer Blutdruck erhöht
Abnorme Hyperpnoe unter Belastung	Keine Atemschwierigkeiten
Überempfindlichkeit gegenüber Sinnesreizen (besonders akustischer Art)	-
Bewegungsablauf wenig koordiniert, oft überschießend	Bewegungsablauf eckig, ungenügend koordiniert (nur bei höherer Belastungsint.)
Reaktionszeit verkürzt, allerdings viele Fehlreaktionen	Reaktionszeit normal oder verlängert
Tremor	-
Erholung verzögert	Gute bis sehr gute Erholungsfähigkeit
Innere Unruhe, leichte Erregbarkeit, Gereiztheit, Depression	Phlegma, normale Stimmungslage

Tab 5: Symptome und Zeichen des Übertrainings (nach Israel, 1976,2)

Sympathisches Übertraining	Parasympathisches Übertraining
Aussschaltung aller sozialen und biologischen Faktoren, die den Eintritt eines Übertrainings fördern	
Erhebliche Reduktion des Spezialtrainings: Grundlagenausdauer, keine Intensität; In schweren Fällen Übergang auf aktive Erholung: Schwimmen, lustbetonte Spiele, leichte entspannende Gymnastik	Reduktion des Trainingsumfanges; Wechseltraining, Intervalltraining mit (wenigen) hochintensiven Einlagen. Spiele, Gymnastik (Lockerungs-, auch Schnellkraftübungen)
Milieuwechsel angebracht (Mittelgebirge)	Evtl. Milieuwechsel
Leichte Ultraviolettbestrahlung	Licht- und Wetterreize
Leichte Massage, Bäder mit indiff. Temperatur mit Zusätzen (Brom, Baldrian, u.a.)	Durchgreifende Massage, drastische Wasser- anwendung (Reizguß u.ä.), CO_2-Bäder
Milde Saunaanwendung	Kurze drastische Saunaanwendung mit zwischengeschalteten Kaltwasserapplikationen
Vollwertige reichhaltige Ernährung: Basische Kost, zusätzlich Polyvitaminpräparate (A, B, C); nicht über 2g Protein pro Tag und pro kg Körpergewicht	Vollwertige, der Energieausgabe entsprechende Ernährung: säuernd, vitaminreich, proteinreich
Evtl. Psychopharmaka; Sedativa, Tonika, Alkohol in kleinen Dosen (Stomatikum, Sedativum), Einschlafmittel	Keine Medikamente, Bohnenkaffee (~ 0,2 g Coffein)
Psychotherapie: dämpfend, entspannend	Psychotherapie: aktivierend

Tab. 6 : Maßnahmen zur Behandlung des Übertrainings (nach Israel, 1976,8)

Im Bereich des sportlichen Trainings kommen ursächlich folgende **Auslösefaktoren** für ein Übertraining in Frage:

- Zu schnelle Steigerung der Trainingsquantität bzw. -intensität
- Übermäßig forcierte technische Schulung schwieriger Bewegungsabläufe
- Zu starke Einseitigkeit der Trainingsmethoden
- Wettkampfmassierung mit unzureichenden Erholungsintervallen.

Grundsätzlich unterscheidet man ein sympathikotones - hier dominiert der "Leistungsnerv" Sympathikus - von einem parasympathikotonen (vagotonen) Übertraining, bei dem der so genannte "Erholungsnerv" Vagus überwiegt (s. Tab. 5).

Das **sympathikotone** (Synonym: basedowoides) Übertraining ist gekennzeichnet durch ein Überwiegen der Erregungsprozesse und verstärkte Antriebsfunktionen, das **parasympathikotone** Übertraining von Hemmungsfunktionen, körperlicher Schwäche und Antriebslosigkeit.

Das sympathikotone Übertraining lässt sich relativ rasch, nämlich innerhalb von 1 bis 2 Wochen vollständig beheben, das parasymathikotone benötigt hingegen Wochen und Monate.

6.10 Anpassung des aktiven Bewegungsapparates an sportliches Training

Je nach Trainingsreiz kommt es durch sportliches Training zu funktionellen (meist koordinativen) und/oder morphologischen (z.B. Muskelmassenzunahme) Adaptationen.
Die verschiedenen Anpassungserscheinungen des Muskels an Kraft-, Schnelligkeits-, Ausdauer-, Beweglichkeits- oder Koordinationstraining werden eingehend in den entsprechenden Kapiteln dargestellt.

6.11 Die für den Sport wichtigsten Muskeln bzw. Muskelgruppen

Um das im Folgekapitel dargestellte Krafttraining sinnvoll betreiben zu können, ist die Kenntnis der wichtigsten Extremitäten- und Rumpfmuskeln unabdingbar. Die lateinischen Bezeichnungen der "Hauptmuskeln" sollte dabei als selbstverständlich gelten.

- Rumpfmuskeln

Es gibt keine Sportart, die ohne die Unterstützung der Rumpfmuskulatur denkbar wäre. Wichtigste Muskelgruppen sind hier die Bauch- und Rückenmuskulatur, die einen ganz wesentlichen Beitrag für die Aufrechterhaltung der Wirbelsäule leisten.

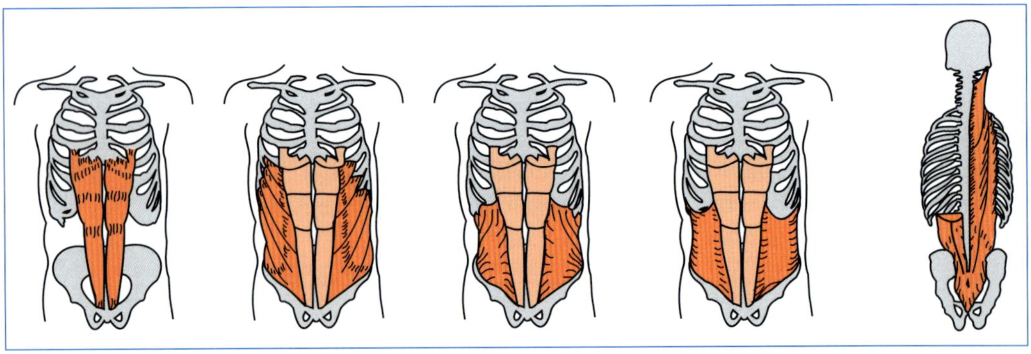

Abb. 58 : Die Bauch- und Rückenmuskulatur. Von links nach rechts: M. rectus abdominis, m. obliquus abdominis externus, mm. obliquus abdominis internus, m. transversus abdominis und m. erector spinae

Man unterscheidet eine gerade (m. rectus abdominis), schräge äußere und innere (m. obliquus abdominis externus und internus) sowie quere Bauchmuskulatur (m. transversus abdominis).

Funktion: Bei beidseitiger Kontraktion der geraden und schrägen Bauchmuskeln ermöglichen sie die Rumpfbeugung (zusammen mit den Hüftbeugern). Bei einseitiger Anspannung erfolgt ein Rumpfbeugen seitwärts bzw. eine Rumpfdrehung.
Die Rückenmuskulatur arbeitet zusammen mit der Bauchmuskulatur und hält die Wirbelsäule aufrecht. Die Hauptaufgabe des Rückenstreckers (m. erector spinae) mit seinen verschiedenen Anteilen ist die Aufrichtung bzw. Überstreckung des Rumpfes, wie dies z.B. bei der Kräftigungsübung "Rumpfheben aus der Bauchlage" der Fall ist.

- Wichtigster Schultergürtelmuskel

Der Kapuzenmuskel (m. trapezius) hat als Hauptfunktion, den Schultergürtel am Rumpf zu fixieren und die Einstellbewegungen des Schultergürtels für die Bewegungen des Armes zu vollziehen.
Außerdem ist er für eine gute Haltung mitentscheidend, indem er die Schulterblätter zur Wirbelsäule zieht und präventiv den typischen "Sitzerbuckel" vermeiden hilft. Er sollte daher mehrfach am Tag durch maximale Kontraktionen ("Brust raus") tonisiert und damit gekräftigt werden.

- Wichtigste Schultergelenksmuskeln

Auf der Rumpfvorderseite ist der kräftigste Schultergelenksmuskel der große Brustmuskel (m. pectoralis maior), auf der Rumpfrückseite der breite Rückenmuskel (m. latissimus dorsi). An allen Bewegungen beteiligt und für die Sicherung des Schultergelenkes unersetzlich ist der Deltamuskel (m. deltoideus), der z.B. beim Schwimmen einen wichtigen leistungsbegrenzenden Muskel darstellt.
Die beiden Muskeln m. pectoralis maior und m. latissimus dorsi haben sowohl dynamische als auch statische Funktionen.
Als dynamische Hauptfunktion senken sie kraftvoll den Arm (z.B. bei Wurf- und Schlagbewegungen), als statische Hauptfunktion haben sie die Fixierung des Schultergürtels am Rumpf zur Aufgabe (z.B. beim Langhang am Reck oder an den Ringen).

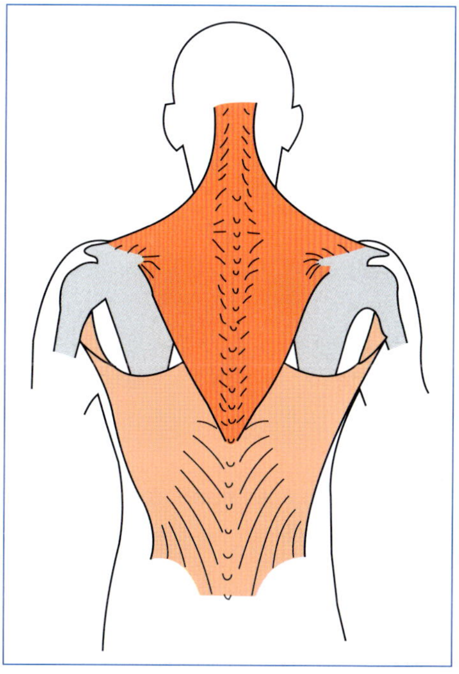

Abb. 59: M. trapezius

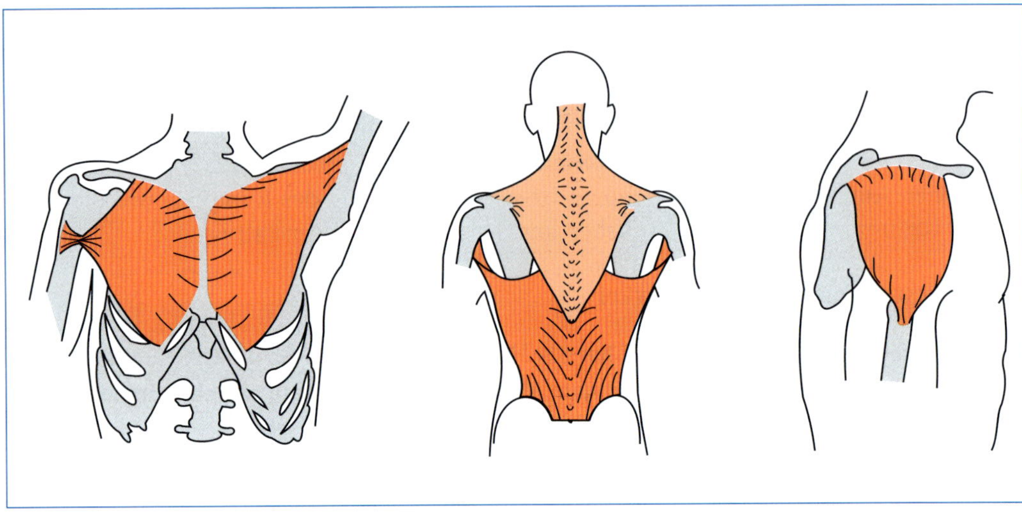

Abb. 60 : Links m. pectoralis maior; Mitte: m. latissimus dorsi; rechts: m. deltoideus

- Wichtigste Armmuskeln

Beim Ausführen von "Liegestützen" ist der dreiköpfige Armmuskel (m. triceps brachii) der Hauptakteur. Er ist auch bei allen Wurfbewegungen wichtig, (Armsenkung und -streckung). Bei "Klimmzügen" sind die 3 Hauptarmbeuger der zweiköpfige Armmuskel (m. biceps brachii), der darunter liegende Armbeuger (m. brachialis) und der Oberarmspeichenmuskel (m. brachioradialis) von Bedeutung.

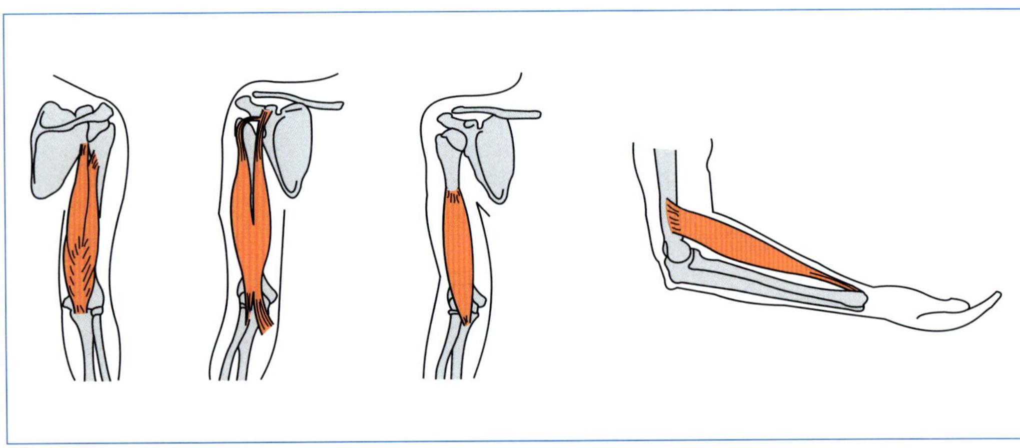

Abb. 61: Von links nach rechts: M. triceps brachii, m.biceps brachii, m. brachialis und m. brachioradialis

- Wichtigste Hand- bzw. Unterarmmuskeln

Alle Hand- bzw. Fingerbeuger (mm. flexores digitorum) haben ihren Ursprung am media-

len Gelenkknorren des Oberarmes. Bei Überbeanspruchung führt dies zum so genannten "Werferellbogen" (s.S. 72).
Alle Hand- bzw. Fingerstrecker (mm. extensores digitorum) entspringen am lateralen Gelenkknorren des Oberarmes. Bei Überbeanspruchung führt dies zum so genannten "Tennisellbogen" (s.S. 71).
Die Hand- bzw. Unterarmmuskeln - vor allem die Beuger - sind in all den Sportarten von höchster Bedeutung, bei denen ein fester Griff (z.B. beim "Riesen" am Reck, beim Ringen etc.) oder eine starke Beschleunigung aus der Hand bzw. aus dem Handgelenk (z.B. beim Kugelstoßen oder beim Bodenturnen bei den Überschlägen) nötig ist.

- Wichtigste Hüftbeuger

Die Haupthüftbeuger sind der gerade Schenkelmuskel (m. rectus femoris) und der Hüftlendenmuskel (m. iliopsoas). Der m. rectus femoris stellt einen Teil des vierköpfigen Schenkelstreckers (m. quadriceps femoris) dar und ist ein zweigelenkiger Muskel, der in der Hüfte beugende und im Knie streckende Funktion hat. Er ist ebenso wie der m. iliopsoas beim Sprint oder Torschuss von großer Bedeutung. Aufgrund seiner Doppelfunktion und seiner hohen Beanspruchung neigt er vermehrt zur Verkürzung und damit auch zu erhöhter Verletzungsgefahr.

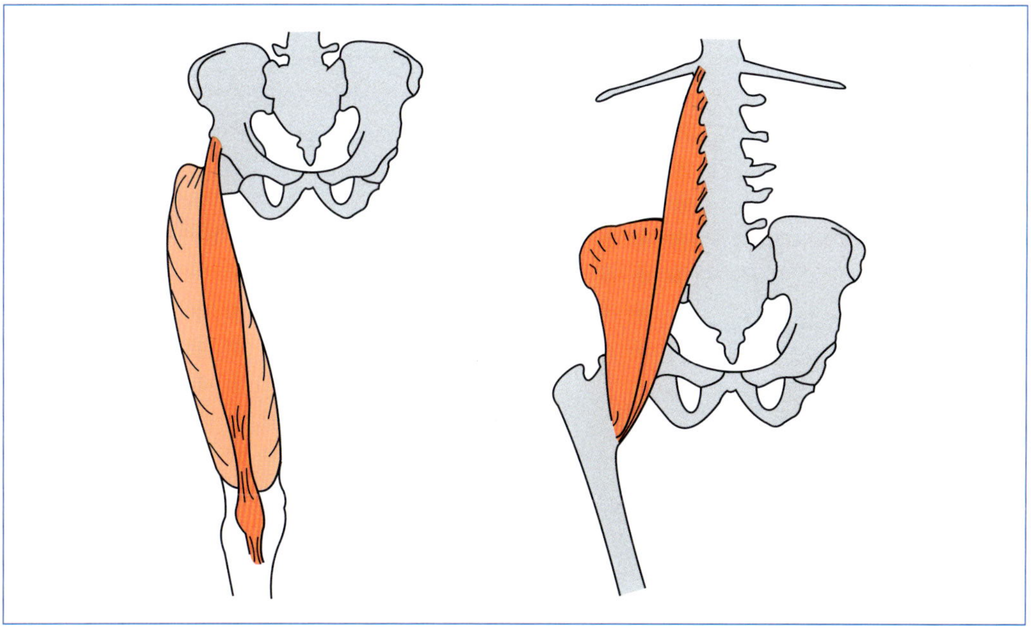

Abb. 62: Links: m. rectus femoris als ein Teil des m. quadriceps; rechts: m. iliopsoas

Der Hüftlendenmuskel ist im Gegensatz zum m. rectus femoris ein eingelenkiger Muskel, der wie dieser ebenfalls eine ausgeprägte Verkürzungsneigung aufweist, was sich bei unzureichendem Dehnungstraining in einer verstärkten Lordosierung der Lendenwirbelsäule bemerkbar macht.

- Wichtigste Hüftstrecker

Haupthüftstrecker sind der große Gesäßmuskel (m. glutaeus maximus) und die Sitzbeinunterschenkelmuskeln (mm. ischiocrurales).
Neben der Hüftstreckung sind die Mm. ischiocrurales die wichtigsten Kniegelenksbeuger. Sie nehmen die gesamte Rückseite des Oberschenkels ein und ziehen entsprechend ihrem Namen vom Sitzbeinknochen zum Unterschenkel. Da sie ebenso wie der m. rectus femoris zweigelenkig sind und wie dieser bei manchen Bewegungen gegenläufig belastet werden (z.B. Kontraktion des oberen Anteils des Muskels bei der Hüftstreckung bei gleichzeitiger Dehnung des unteren Anteils bei der Kniegelenksstreckung, wie dies beispielsweise beim Sprintstart der Fall ist) haben sie eine erhöhte Verletzungsneigung.

Neben den Hüftbeugern und -streckern spielen für den Sportler auch noch die Gruppe der Adduktoren (M.m. adductores magnus, longus und brevis) und Abduktoren (Hauptvertreter ist der mittlere Gesäßmuskel = m. glutaeus medius) eine leistungsentscheidende Rolle, insbesondere für die Spielsportler mit ihren Antritten und Richtungswechselläufen.

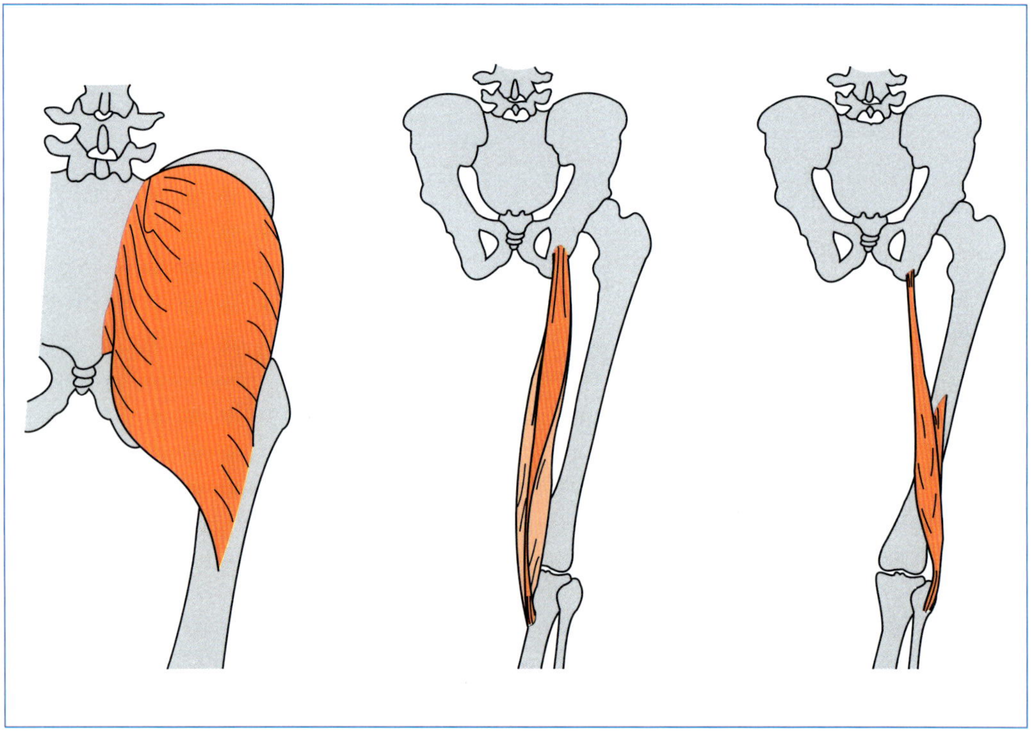

Abb. 63: Links: M. glutaeus maximus; rechts: Die verschiedenen Anteile der mm. ischiocrurales (m. biceps femoris rechts, und mm. semitendinosus und semimembranosus)

- Wichtigster Kniestrecker

Hauptkniestrecker ist der vierköpfige Schenkelmuskel (m. quadriceps femoris). Sein spezieller Konditionszustand ist für alle Läufer, Springer, Spieler etc. von höchster Bedeutung. Er spielt sowohl für die sportliche Leistungsfähigkeit als auch für die Kniestabilität eine entscheidende Rolle. Zentrale Kräftigungsübung ist die "Kniebeuge mit anschließender Streckung".

- Wichtigste Kniebeuger

Entscheidend für die Kniebeugung sind die bereits erwähnten M.m. ischiocrurales, die sich aus drei separaten Muskeln zusammensetzen und die gesamte Rückseite des Oberschenkels ausmachen.

- Wichtigste Flexoren des oberen Sprunggelenks

Der dreiköpfige Wadenmuskel (m. triceps surae) ist **der** Sprung- und Laufmuskel par exellence. Er ist der stärkste "Fußstrecker" und mitentscheidend ob jemand 4 m oder 6 m weit springt oder gut sprintet.

Beachten Sie: In der Umgangssprache wird von "Fußstreckung" gesprochen, anatomisch korrekt handelt es sich aber um eine Beugung (Flexion). Der Muskel setzt sich aus einem eingelenkigen Schollenmuskel (m. soleus) und einem zweigelenkigen Zwillingswadenmuskel (m. gastrocnemius) zusammen.
Der m. soleus ist mehr ein "Ausdauerspezialist" und hat vor allem ST-Fasern, der m. gastrocnemius hingegen ist ein "Explosivsportler", der vor allem FT-Fasern besitzt. Beide Muskelanteile neigen zur Verkürzung und sollten daher regelmäßig gedehnt werden.
Beachten Sie dabei: Beim Dehnen muss der m. gastrocnemius aufgrund seiner Zweigelenkigkeit mit gestrecktem, der m. soleus mit gebeugtem Knie gedehnt werden.

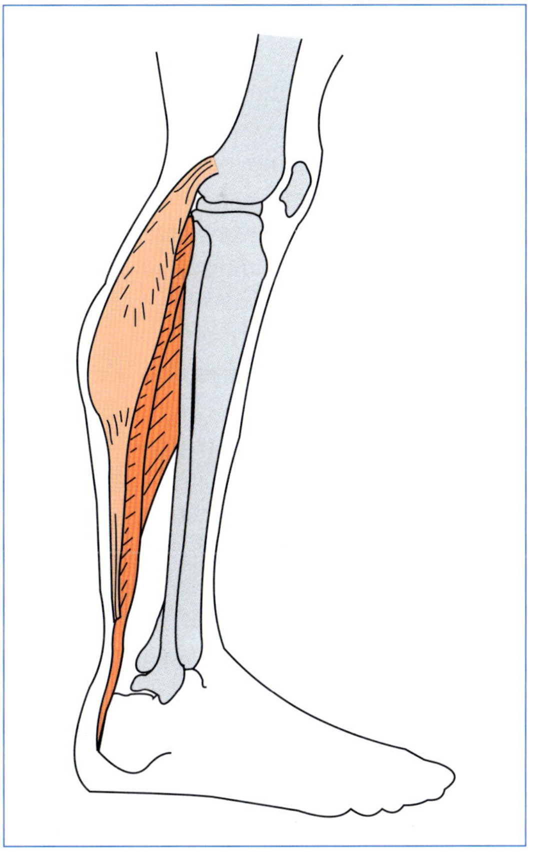

Abb. 64: M. triceps surae . Hell: m. gastrocnemius; dunkel: m. soleus

6.12 Zusammenfassung

Der aktive Bewegungsapparat ist für den Sportler von besonderer Bedeutung, weil er maßgeblich seine Leistungsfähigkeit beeinflusst. Die Muskulatur besteht aus einer Vielzahl von Muskelbündeln, Muskelfasern und kontraktilen Filamenten. Darüber hinaus unterscheidet man so genannte ST- und FT-Fasern, deren Anteil darüber entscheidet, ob jemand ein Ausdauer- oder Sprinttalent ist.
Der Stoffwechsel des Muskels passt sich spezifisch an die an ihn gestellten Erfordernisse an und erhöht selektiv je nach Training seine anaerobe alaktazide, anaerob laktazide oder aerobe Kapazität.
Wird die Stoffwechselkapazität des Muskels überschritten, dann kommt es zum Phänomen der Ermüdung.

6.13 Lernerfolgskontrolle

- Beschreiben Sie die unterschiedlichen Funktionen von glatter und quergestreifter Muskulatur!
- Stellen Sie zeichnerisch den Aufbau eines Sarkomers dar!
- Charakterisieren Sie die morphologischen und funktionellen Unterschiede von ST- und FT- Fasern!
- Erläutern Sie kurz die Mechanik der Muskelkontraktion!
- Beschreiben Sie die verschiedenen energieliefernden Prozesse zur ATP-Resynthese und stellen sie die Vorzüge bzw. Nachteile der anaeroben bzw. aeroben Energiegewinnung dar!
- Erstellen Sie eine Skizze, welche den Anteil der verschiedenen energieliefernden Substrate an der Energiebereitstellung im Zeitverlauf darstellt!
- Ordnen Sie die verschiedenen energieliefernden Systeme unter dem Aspekt der Kontraktionsgeschwindigkeit!
- Begründen Sie die Notwendigkeit der "aktiven" Erholung zur schnelleren Laktatelimierung!
- Charakterisieren Sie die sportrelevanten Besonderheiten der drei Hauptenergieträger!
- Erläutern Sie, warum Fett im Vergleich zu den Kohlehydraten die ökonomischste Form der Energiespeicherung darstellt!
- Nennen Sie die verschiedenen Arten der Ermüdung mit je einem Beispiel!
- Stellen Sie die verschiedenen Ursachen der muskulären Ermüdung dar!
- Charakterisieren Sie kurz das sympathikotone und parasympathikotone Übertraining!
- Erläutern Sie die unterschiedlichen Maßnahmen zur Beseitigung der beiden Arten des Übertrainings!
- Stellen Sie die Spezifität der Anpassungen des Muskels an sportliche Belastung dar!
- Nennen Sie Übungen, welche die wichtigsten Rumpf- und Extremitätenmuskeln kräftigen!
- Nennen Sie einige Muskeln, die zur Verkürzung neigen!

III Das Training der motorischen Hauptbeanspruchungsformen Kraft und Schnelligkeit

Lerninhalte:

- Bedeutung der Kraft für die sportliche Leistungsfähigkeit
- Anatomisch-physiologische Grundlagen der leistungsbestimmenden Faktoren
- Arten der Kraft und ihre Subkategorien
- Wichtigste Trainingsmethoden zur Entwicklung der verschiedenen Kraftarten
- Anpassungserscheinungen bei den verschiedenen Arten des Krafttrainings
- Gesundheitliche Bedeutung des Krafttrainings
- Risiken und Gefahren eines Krafttrainings
- Krafttraining im Altersgang unter besonderer Berücksichtigung des Kinder- und Jugendalters

1. Lerneinheit: Krafttraining

1.1 Bedeutung der Kraft

Neben seiner gesundheitlichen Bedeutung (s.S. 157) stellt das Krafttraining in vielen Sportarten eine mitentscheidende Leistungskomponente dar.

1.1.1 Kraft als Faktor zur Steigerung der sportartspezifischen Leistungsfähigkeit

Da die Kraft in ihren verschiedenen Manifestationsformen - Maximalkraft, Schnellkraft und Kraftausdauer - in irgendeiner Form fast in jeder Sportart einen mehr oder weniger ausgeprägten leistungsbestimmenden Faktor darstellt, ist ihrer sportartspezifischen Entwicklung eine wichtige Rolle beizumessen.
Neben seiner Bedeutung für die unmittelbare sportartspezifische Leistungsfähigkeit hat ein gezieltes Krafttraining auch weitere wichtige Funktionen:

- Zur Effektivierung bzw. Perfektionierung technisch-konditioneller Fähigkeiten
Beispiele: Das Durchsetzungsvermögen in den Spielsportarten ist ebenso kraftabhängig wie die Durchführung von Hebefiguren im Eiskunstlauf oder die Durchführung turnerischer Übungen.
- Als Voraussetzung für eine bessere Belastungsverträglichkeit
Viele Trainingsmethoden können nur auf der Basis eines ausreichenden Kraftniveaus zur Anwendung kommen, wie z.B. das plyometrische Training (s.S. 142).
- Als Zusatztraining

Bei vielen Bewegungsabläufen sind kleinere Muskeln bzw. Muskelgruppen beteiligt, die im allgemeinen Trainingsprozess aufgrund der Dominanz der so genannten "Leistungsmuskulatur" nicht ausreichend gekräftigt werden. Aufgabe eines Zusatztrainings ist es, das zusätzliche Leistungs-Potential dieser Muskeln auszuschöpfen.
- Als Kompensationstraining, Ausgleichs- bzw. Ergänzungstraining
Im Leistungssport werden bestimmte Muskelgruppen besonders gefördert, andere wiederum aufgrund einer Fehleinschätzung in ihrer Bedeutung vernachlässigt. Aufgabe des Kompensationstrainings ist es demnach, die unterentwickelten oder zur Abschwächung neigenden Muskeln, wie z.B. die Bauchmuskeln oder den großen Gesäßmuskel, ausreichend zu kräftigen.

1.1.2 Kraft als Faktor zur Verletzungsprophylaxe

Eine gut bzw. ausreichend entwickelte Muskulatur bildet den wirksamsten Schutz des Bewegungsapparates. Kapseln und Bänder sind ohne die Unterstützung der Muskulatur niemals in der Lage, die enormen Kräfte, die im Spiel oder Wettkampf auf den Bewegungsapparat einwirken, aufzufangen. Missverhältnisse in der Kraft antagonistisch (gegeneinander) arbeitender Muskelgruppen - hier sind insbesondere die Bauch- und Rückenmuskeln anzusprechen - sind oftmals Ursache für Verletzungen, die einen langfristigen Leistungs- und Belastungsaufbau gefährden können.

1.2 Anatomisch-physiologische Grundlagen des Krafttrainings

1.2.1 Die Trainierbarkeit der Muskulatur

Im Kindesalter lässt die Trainierbarkeit bei Mädchen und Jungen nur geringe Unterschiede erkennen, da die geschlechtsspezifischen Hormonspiegel von Östrogen (weibliches Sexualhormon) und Testosteron (männliches Sexualhormon) noch annähernd gleich sind und die anabole (eiweißaufbauende) Sonderwirkung des Testosteron noch nicht in dem Maße zum Tragen kommt als dies mit bzw. nach der Pubertät der Fall ist. Mit Eintritt in die Pubertät kommt es zu einem fulminanten Anstieg (etwa um den Faktor 10) der jeweiligen Geschlechtshormone und damit zum so genannten Geschlechtsdimorphismus (Ausprägung der geschlechtsspezifischen Körperlichkeit). Nachdem Testosteron eine etwa doppelt so starke eiweißaufbauende Wirkung hat als das Östrogen, kommt es nicht nur zu einem Aufbau von mehr Muskulatur bei den männlichen Jugendlichen / Erwachsenen - sie haben etwa 10 % mehr Muskulatur und etwa 10 % weniger subkutanes Fettgewebe als die weiblichen - , sondern auch zu einer erhöhten Trainierbarkeit. Der Anteil der Muskulatur am Gesamtkörpergewicht beträgt bei einem untrainierten Mann etwa 45 %, bei einer untrainierten Frau etwa 35 %; die Muskelquerschnitte der Frau betragen etwa 75 % derjenigen des Mannes und ihre Kraft beträgt bis zu etwa zwei Drittel der Kraft des Mannes.
Eine Besonderheit stellt der Abschnitt von etwa 12-14 Jahren dar, da zu diesem Zeitpunkt

der Anteil der so genannten Intermediärfasern - sie lassen sich weder eindeutig den ST- noch den FT-Fasern zuordnen und entsprechen den II-c-Fasern - bei Jungen bis zu 14 %, bei Mädchen um 10 % beträgt (beim Erwachsenen beträgt dieser Anteil vergleichsweise nur etwa 2-3 %). Diese Tatsache sollte im Sinne eines akzentuierten Schnellkrafttrainings genutzt werden, da hierdurch eine Umwandlung in FT-Fasern der Typologie II-b möglich ist. Im Erwachsenenalter ist dies praktisch nicht mehr realisierbar.

Unmittelbar nach einem intensiven Krafttraining kommt es zu einem kurzfristigen Anstieg sowohl des Testosterons als auch - in abgeschwächter Form - des Östrogens, was im Zusammenhang mit der für die Muskelhypertrophie notwendigen anabolen Stoffwechsellage zu sehen ist.

Wie Abb. 65 verdeutlicht, steht die Trainierbarkeit und damit die Kraftentwicklung in enger Abhängigkeit zum jeweiligen Testosteronspiegel. Mit zunehmendem Alter sinkt der Testosteronspiegel und damit auch die Trainierbarkeit. Vergleichbares gilt für das weibliche Geschlecht.

Die Frau hat aufgrund ihres "semianabolen" Hormons Östrogen im Vergleich zum Mann durchwegs eine geringere Trainierbarkeit, die sich nach Eintritt der Wechseljahre (und dem damit verbundenen Hormonsturz) nochmals verschlechtert.

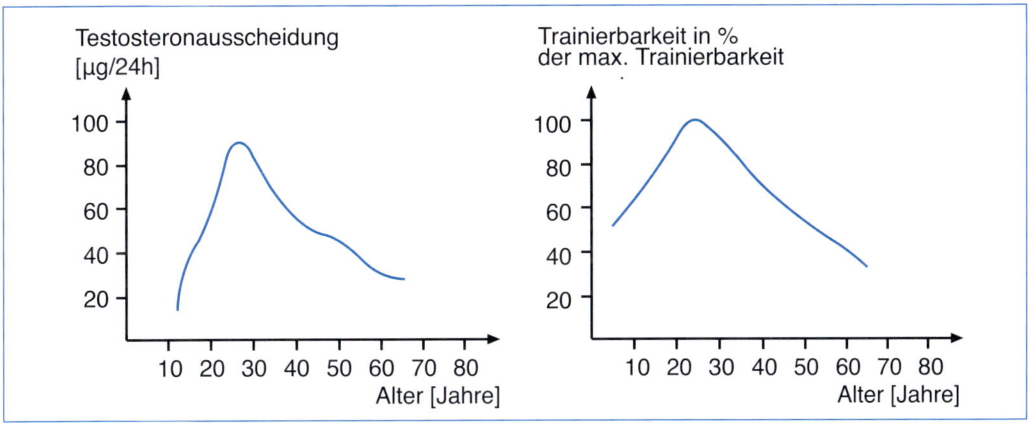

Abb. 65: Sexualhormonausscheidung (links) und Kraft / Trainierbarkeit (rechts) im Altersgang

1.2.2 Die Auswirkungen des Kraftrainings auf das neuromuskuläre System

- Optimierung der inter- und intramuskulären Koordination

Wie die Sportpraxis zeigt, kommt es nach Beginn eines Krafttrainings bereits innerhalb kürzester Zeit zu einer Kraftzunahme. Da jedoch eine Muskelmassenzunahme nicht in so kurzer Zeit erfolgen kann - sie bedarf einer Trainingsdauer von mindestens 4-6 Wochen - ist sie ausschließlich auf koordinative Leistungsverbesserungen zurückzuführen. Erst im weiteren Verlauf kommt es dann zu einer Muskelquerschnittszunahme.

Zu Beginn einer Leistungsverbesserung steht immer die Optimierung der intermuskulären Koordination, das heißt, das Zusammenspiel der Muskeln, die eine Bewegung ausführen, wird ohne "Materialaufwand" perfektioniert und ökonomisiert. Dabei spielen sowohl die Agonisten ("Leistungsmuskeln") als auch ihre Gegenspieler (Antagonisten) eine wichtige Rolle. Abb. 66 macht deutlich, dass durch Training die Feinabstimmung, der Krafteinsatz zum richtigen Zeitpunkt und mit der richtigen Intensität, optimiert wird.

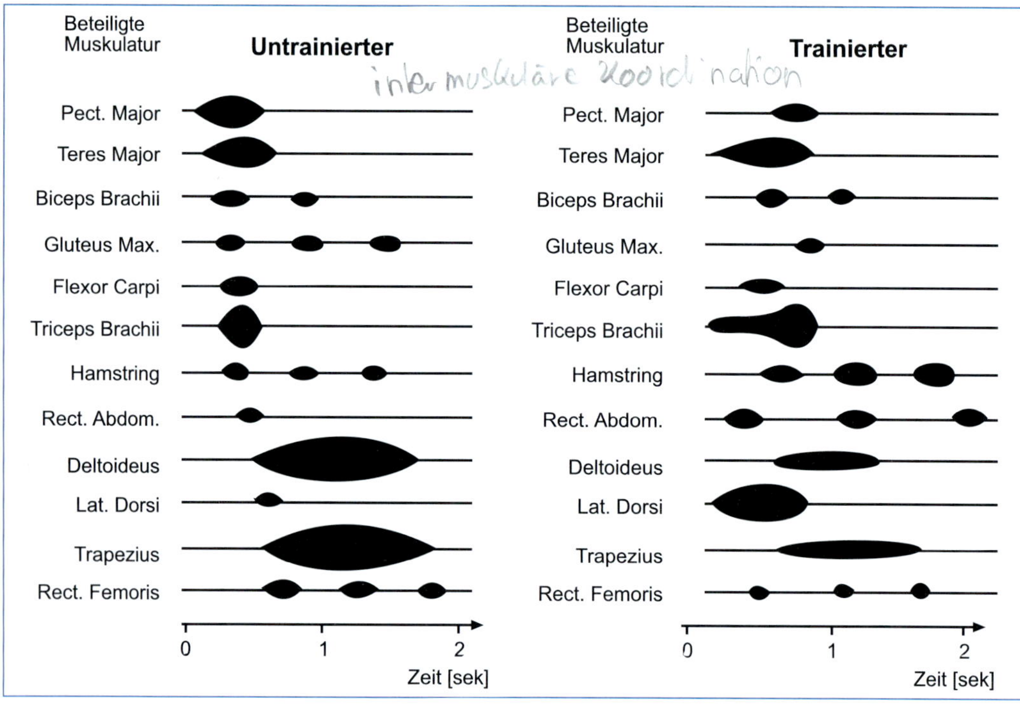

Abb. 66: Die Muskelaktivierung (EMG = Elektromyogramm) bei einem untrainierten (links) bzw. trainierten (rechts) Kraulschwimmer (verändert nach Ikai in Weineck 2003,255)

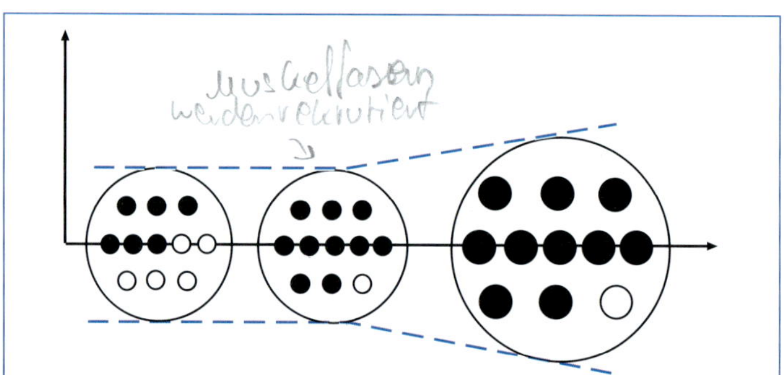

Abb. 67: Mechanismus des Krafttrainings: Zuerst kommt es zu einer verbesserten inter-, dann intramuskulären Innervation; schließlich folgt die Muskelhypertrophie. Kontrahierte, oder nicht kontrahierte Muskelfaser (nach Fukunaga in Weineck 2003,251)

Durch die intermuskuläre Verbesserung kommt es zu einer effektiveren und ökonomischeren Arbeit der jeweils beteiligten Muskeln: Der Trainierte spart Energie und kann dadurch mehr Arbeit leisten!
Im nächsten Schritt wird die intramuskuläre Koordination optimiert. Sie beinhaltet eine verbesserte Innervation, d.h. der Trainierte kann bei einer willkürlichen Kontraktion mehr Muskelfasern gleichzeitig (synchron) kontrahieren (vgl. Abb. 67).

- Muskelhypertrophie
Reicht die rein koordinative Verbesserung zur Maximierung der Kraft nicht aus, dann kommt es schließlich zur Dicken- bzw. Querschnittszunahme (Hypertrophie) der einzelnen Muskelfasern bzw. des Gesamtmuskels.
Ganz allgemein lässt sich dabei sagen, dass die Kraft des Muskels vor allem von seinem Querschnitt abhängt (pro Quadratzentimeter kann ein Muskel etwa 6 kg heben). Wird demnach der Muskelquerschnitt erhöht, dann erhöht sich auch seine Kraft.
Das Dickenwachstum kommt durch Verdickung jeder einzelnen Muskelfaser (durch Myofibrillenvermehrung und -durchmesserzunahme sowie Zunahme der kontraktilen Filamente Aktin und Myosin) zustande. Allerdings ist zu beachten, dass die verschiedenen Muskelfasertypen - Typ I und Typ II mit ihren Subkategorien IIc, IIa, IIb - je nach Trainingsintensität in unterschiedlicher Weise angesprochen werden. Wie Abb. 68 erkennen lässt, werden bei relativ geringen Belastungen ausschließlich die Typ-I-Fasern zur Hypertrophie gebracht.

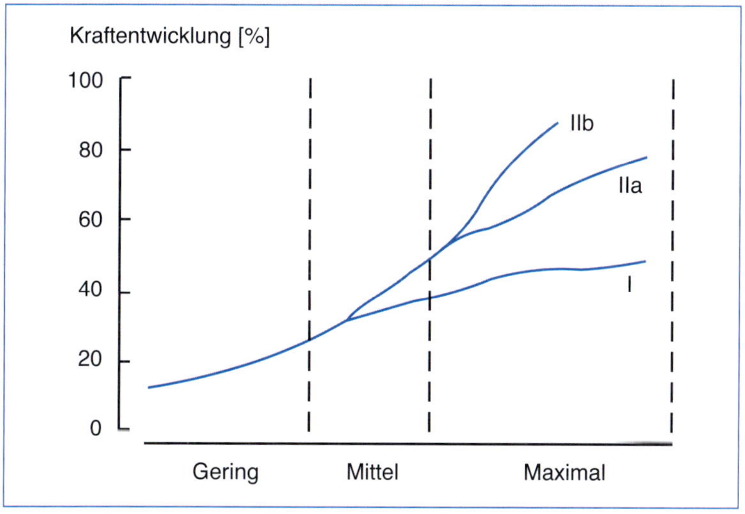

Abb. 68: Die Muskelfaserbeanspruchung in Abhängigkeit von der Trainingsintensität I=ST-Fasern = langsam zuckend; II = FT-Fasern = schnellzuckend

Bei kontinuierlich ansteigenden bzw. längereinwirkenden Belastungen, die über 80 % der individuellen Maximalkraft liegen, werden gleichermaßen alle Muskelfasertypen einem Muskelquerschnittstraining unterzogen.

Als Ursache der Hypertrophie werden eine kritische Spannungsschwelle (ausreichende Intensität) bzw. ein erhöhter ATP-Umsatz pro Zeiteinheit angesehen (s. Abb. 69).

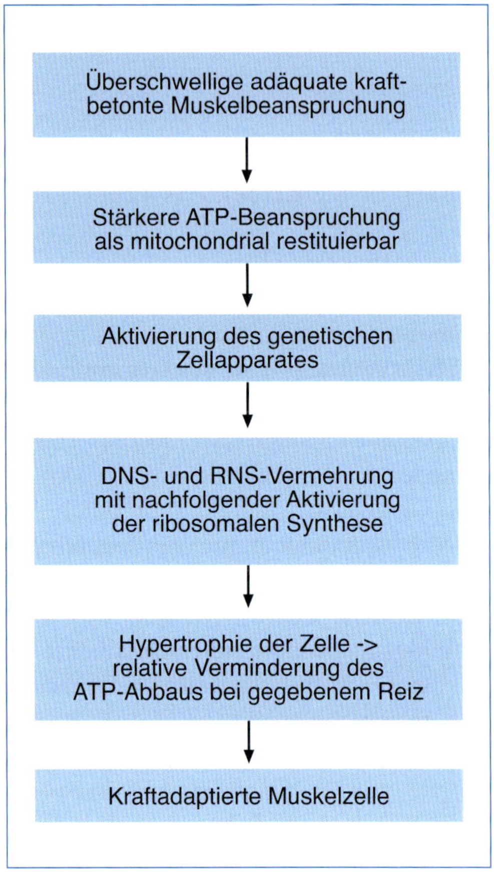

Abb. 69: Hypothetisches Modell zur Muskelhypertrophie durch Krafttraining

Beachten Sie: Ob es zu einer Kraftzunahme über die Muskelhypertrophie oder nur zu einem Kraftanstieg aufgrund koordinativer Verbesserungen (Optimierung der inter- und -intramuskulären Koordination) kommt, hängt von der Art des Krafttrainings ab: Nur bei ausreichend langer Reizeinwirkungszeit (einige Sekunden, wie z.B. bei 8-10 Wiederholungen mit mittlerer Geschwindigkeit und mittlerer Gewichtsbelastung, wie dies beim so genannten "Muskelaufbautraining" geschieht, s.S. 146) wird eine Muskelquerschnittszunahme bewirkt. Maximale Reize mit geringer Wiederholungszahl oder kurzzeitig einwirkende, schnellkräftige Kraftreize führen nur zu einer Verbesserung der inter-, insbesondere aber der intramuskulären Koordination, lösen jedoch keine Muskelhypertrophie aus. Krafttraining sollte demnach je nach Zielstellung mit großer oder mittlerer bzw. mit explosiver oder langsamer Bewegungsgeschwindigkeit durchgeführt werden. **Das** Krafttraining für jede Zielrichtung gibt es nicht! Will ein Sportler also seine Kraft erhöhen ohne Muskelmassen- bzw. Körpergewichtszunahme (wie z.B. der Hochspringer), also seine relative Kraft steigern, dann muss er vor allem die Krafttrainingsmethoden favorisieren, die zu Kraftsteigerungen über koordinative Verbesserungen führen. Möchte hingegen ein Sportler vor allem seine Muskelmasse und damit seine absolute, körpergewichtsunabhängige Kraft erhöhen (wie z.B. der Bodybuilder oder der Sumo-Ringer), dann muss er insbesondere die Muskelaufbaumethoden zur Anwendung bringen (s.S. 146).

- Muskelfaservermehrung (Hyperplasie)

Bei extremem Krafttraining (Bodybuilder, Gewichtheber) kann es über die Muskelfaserhypertrophie hinaus schließlich auch noch zur Muskelfaservermehrung kommen. Längerfristig ist die Hyperplasie auch in der Wachstumsphase aufgrund des Phänomens der Seitigkeitsdominanz (z.B. bei Rechtshändigkeit, -beinigkeit erhöht sich die Zahl der Muskelfasern auf der dominanten Seite) sowie bei einer verletzungsbeding-

ten muskulären Regeneration möglich.
Als Entstehungsmechanismus für eine der Muskelhypertrophie nachfolgenden Hyperplasie wird eine Mikrotraumatisierung (Trauma = Verletzung) der Muskelfaser angenommen - man denke hierbei an das Phänomen des Muskelkaters - , die zur Freisetzung von Muskelwachstumsfaktoren und nachfolgender Aktivierung von so genannten Satellitenzellen zur Zellneubildung führt.
Muskelhypertrophie und -hyperplasie stellen demnach einen Vorsorgemechanismus dar, durch den ungewohnt intensive Spannungsreize auf eine größere Zellmasse (Muskelmasse) verteilt werden und so einen relativen Schutz vor Überlastung bieten, da die Belastung der einzelnen Muskelfaser dadurch verringert wird.
Interessant ist in diesem Zusammenhang auch die Feststellung, dass durch intensives Krafttraining nicht nur die hier beschriebene Muskelhypertrophie und -plasie herbeigeführt wird, sondern dass es parallel dazu auch zu einer Zunahme bzw. Hypertrophie der bindegewebigen Begleitstrukturen - sie dienen der mechanischen Sicherung der einzelnen Muskelfasern bzw. des Gesamtmuskels - kommt.

- Vermehrung der Energiedepots bzw. der Enzyme des anaeroben Stoffwechsels
Ein betontes Krafttraining führt nicht nur zu Veränderungen der Kraft des Muskels über verschiedene morphologische und koordinative Mechanismen (s. Folgeausführungen), sondern auch zu einer Erhöhung seiner Glykogen- und Kreatinspeicher und der sie umsetzenden Enzyme.

1.3 Faktoren, die den Kraftzuwachs durch Training beeinflussen

- Kraftgewinn - Kraftverlust in Abhängigkeit vom Erwerbszeitraum

Ganz allgemein lässt sich sagen, dass ein schnell erworbener Kraftzuwachs - er beruht fast ausschließlich auf schnell erzielbaren koordinativen Verbesserungen - bei Einstellung des Trainings ebenso schnell wieder zurückgeht nach dem Motto: “ Wie gewonnen, so zerronnen”. Ein über Monate bzw. Jahre erworbenes hohes Kraftniveau - es beruht vor allem auf dem Phänomen der Muskelhypertrophie - hingegen geht nur allmählich zurück: Durch fehlendes Training kommt es zur Atrophie der Muskelmasse und damit der Kraft.

- Kraftgewinn in Abhängigkeit vom Ausgangsniveau

Wie Abb. 70 erkennen lässt, ist die Trainingswirkung in Abhängigkeit vom Ausgangsniveau zu sehen: Zu Beginn eines Trainings treten die höchsten Zuwachsraten auf, je näher sich der Sportler seiner genetisch festgelegten individuellen maximalen Endkraft nähert, desto rapider verringert sich die Zuwachsrate. Auch hier sind die hohen Eingangsgewinne vor allem auf koordinative Verbesserungen zurückzuführen.

Beachten Sie: Häufig gebrauchte, also durch das Alltagsleben relativ gut trainierte Muskeln, wie z.B. die Fingerbeuger haben schon ein ziemlich hohes Kraftniveau und sind damit im weiteren Verlauf schlechter trainierbar als weniger gebrauchte Muskeln oder Muskeln, die im täglichen Leben im Vergleich zu ihrer Kapazität unterfordert werden, wie z.B. die Fußstrecker

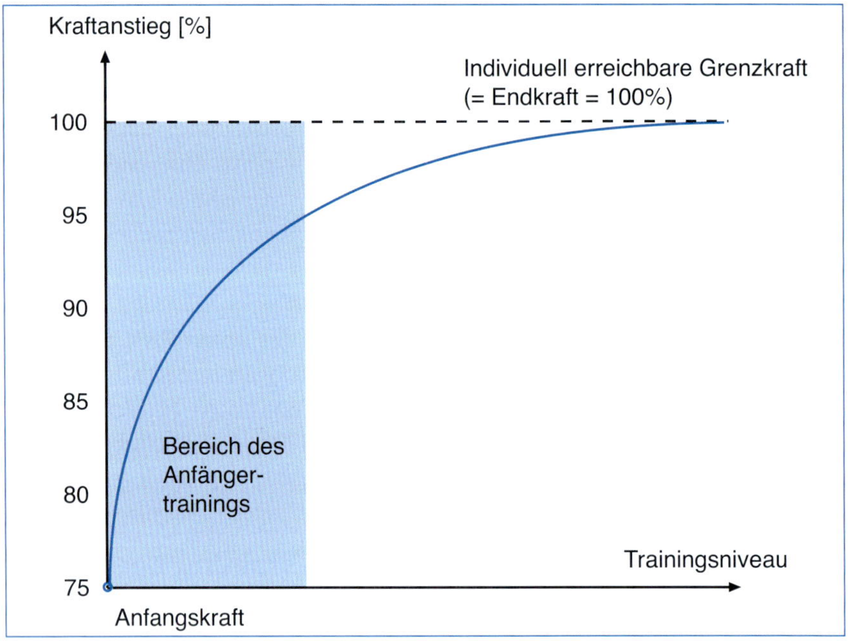

Abb. 70: Zunahme der Relativkraft bis zur Grenzkraft unter besonderer Hervorhebung des Anfängerbereiches. Anfangskraft = Maximalkraft zu Beginn des Trainings; Relativkraft = Maximalkraft während des Trainingsprozesses; Grenzkraft = individuelle erreichbare Maximalkraft nach Abschluss des Trainingsprozesses

- Kraftgewinn in Abhängigkeit ein- bzw. beidseitiger Kontraktionen

Bei unilateralen (einseitigen) Muskelkontraktionen ist die Kraft höher als bei beidseitigen! Begründung: Bei beidseitiger Kontraktion kommt es zu Innervationsverlusten mit verringerter Impulsstärke und -frequenz und damit zu einer geringeren Kraftentwicklung.

- Kraftgewinn in Abhängigkeit von der Trainingshäufigkeit

Von großer Bedeutung für die Schnelligkeit des Kraftanstieges ist die Trainingshäufigkeit. Dies lässt sich darauf zurückführen, dass der Kraftgewinn nach einem entsprechenden Training etwa zur Hälfte schon am Trainingstag selbst erzielt wird. Für einen effektiven Kraftgewinn ist ein etwa 3-maliges Training pro Woche notwendig.

Da nach 14-tägigen Trainingsintervallen keine Wirkung des vorausgegangenen Trainingsreizes mehr nachzuweisen ist, gilt für den Gesundheits- und Schulsport, dass Kraftaktivitäten im 14tägigen Turnus - z.B. im Rahmen einer Turnstunde - für eine Leistungsverbesserung ungeeignet sind, da die Trainingshäufigkeit zu gering ist. Deshalb sollte in der Schule auf eine 14tägige Doppelstunde zugunsten einer wöchentlichen Einzelstunde verzichtet werden!

- Kraftgewinn in Abhängigkeit von der Ernährung

Für den optimierten Kraftgewinn spielt eine entsprechende Ernährung mit erhöhtem Eiweißanteil eine wichtige Rolle. Das Maximum der Eiweißaufnahme sollte aber 2 g pro kg Körpergewicht pro Tag nicht überschreiten, da ein Mehr keine zusätzlichen Vorteile mehr bringt.

1.4 Arten der Kraft

Neben einer allgemeinen und speziellen, dynamischen und statischen, absoluten und relativen Kraft unterscheidet man noch eine Reihe anderer Kraftmanifestationsarten.
Wie aus Abb. 71 und Abb. 72 zu ersehen ist, lässt sich die Kraft in drei Hauptformen, nämlich Maximalkraft, Schnellkraft und Kraftausdauer unterteilen, die ihrerseits in Wechselbeziehungen zueinander stehen und in unterschiedlichen Kraftfähigkeiten zum Ausdruck kommen.

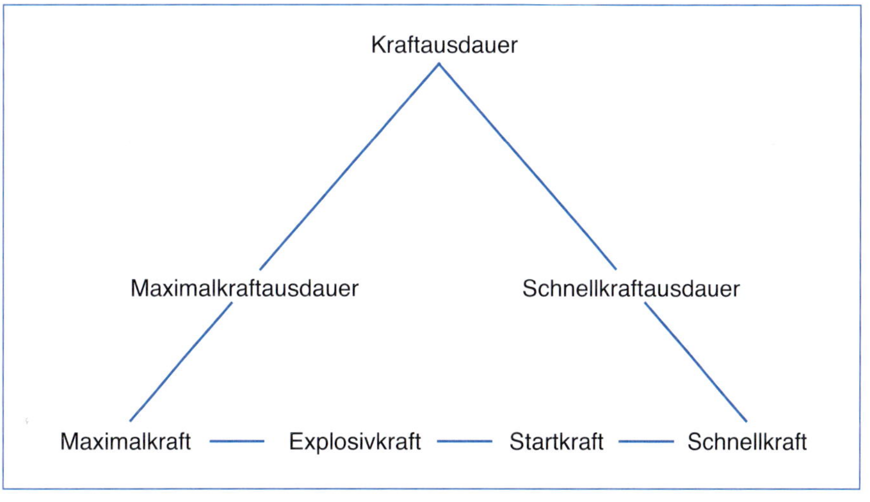

Abb. 71: Die Wechselbeziehungen der drei Hauptformen der Kraft

Als Sonderform der Schnellkraft ist im Sport noch die *Reaktivkraft* - insbesondere bei Turnern, Bodenakrobaten (Sprungbahn), Leichtathleten (Dreisprung), Spielportlern etc. - von Bedeutung. Sie wird in der Literatur bisweilen als eigenständige Kraftmanifestationsform dargestellt und hängt in hohem Maße von der so genannten “stiffness” ab (s.S.143).

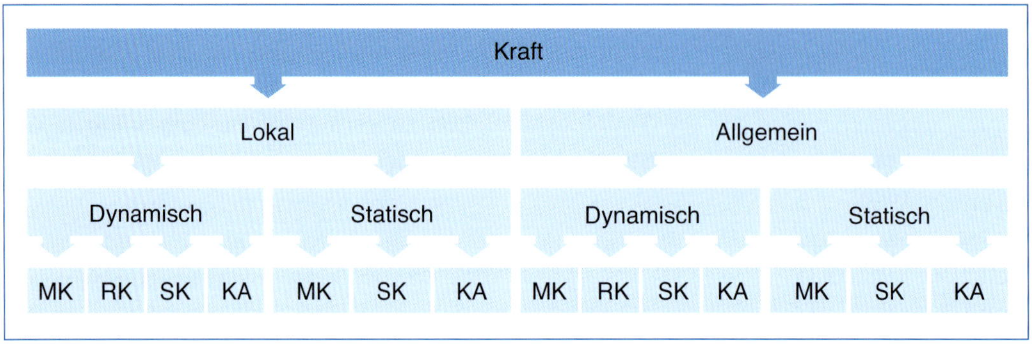

Abb. 72: Die Kraft und ihre verschiedenen Kraftfähigkeiten und Erscheinungsformen. RK = Reaktivkraft

1.4.1 Maximalkraft

Die Maximalkraft - man unterscheidet eine statische und dynamische - stellt die höchstmögliche Kraft dar, die das Nerv-Muskel-System bei maximaler willkürlicher Kontraktion auszuüben vermag.
Höher noch als die Maximalkraft ist die **Absolutkraft** - sie stellt die Summe aus Maximalkraft und Kraftreserven dar, die nur unter besonderen Bedingungen (z.B. Todesangst) mobilisiert werden können.
Die Differenz zwischen Absolutkraft und Maximalkraft nennt man "Kraftdefizit", das je nach Trainingszustand 30 % (Untrainierte) und 10 % (Trainierte) betragen kann.

Die Maximalkraft ist im Wesentlichen von folgenden Komponenten abhängig:
- vom Muskelquerschnitt,
- von der intermuskulären Koordination und
- von der intramuskulären Koordination

Über jede der oben genannten Komponenten kann eine Verbesserung der Maximalkraft erreicht werden. Zu ihrer optimalen Entwicklung müssen jedoch alle Teilkomponenten durch spezielle Methoden und Inhalte entwickelt werden.

1.4.2 Schnellkraft

Die Schnellkraft beinhaltet die Fähigkeit des Nerv-Muskelsystems, den Körper, Teile des Körpers oder Gegenstände mit maximaler Geschwindigkeit zu bewegen.
Bei ein und derselben Person kann dabei die Schnellkraft in unterschiedlichen Extremitäten (Arme, Beine) verschieden ausgeprägt sein.
Wie Abb.71 verdeutlicht, steht die Schnellkraft mit der Maximalkraft in einer Wechselbeziehung.
Je höher die zu beschleunigende Last, desto größer ist die Bedeutung der Maximalkraft.

Das Schnellkraftvermögen - es lässt sich auch als azyklische Schnelligkeit bezeichnen - hängt hauptsächlich von zwei Faktoren ab:
- vom Typ der aktivierten Muskelfasern und
- von der Kontraktionskraft (abhängig vom Querschnitt) der eingesetzten Muskelfasern

Zusätzlich steht die Existenz eines so genannten angeborenen "Zeitprogrammes" - man unterscheidet ein "schnelles" und "langsames" - zur Diskussion. Eigene Untersuchungen stellen diesen Faktor jedoch zunehmend in Frage (vgl. Weineck / Köstermeyer 1998, 24). Trainingsmethodisch lassen sich im Schnellkraftbereich die Startkraft und die Explosivkraft unterscheiden.

Schnellkraftleistungen hängen vor allem von den FT-Fasern und hier vor allem wieder von den schnellstzuckenden und stärksten Fasern mit dem größten Querschnitt der **Typologie FT- IIb** ab.

Unter **Startkraft** versteht man die Fähigkeit, einen möglichst steilen Kraftanstiegsverlauf zu Beginn der muskulären Anspannung realisieren zu können. Die Startkraft ist bei Bewegungen leistungsbestimmend, die eine hohe Anfangsgeschwindigkeit erfordern, wie dies z.B. beim Boxer der Fall ist; sie basiert auf der Fähigkeit, zum Kontraktionsbeginn möglichst viele motorische Einheiten vom Typ FT-IIb und damit eine hohe Anfangskraft einsetzen zu können.

Die **Explosivkraft** beinhaltet zum einen die Fähigkeit, einen möglichst steilen Kraftanstieg - hier ist sie der Startkraft ähnlich -, zum anderen aber auch einen möglichst hohen Kraftanstieg zu erreichen, wie dies z.B. beim Gewichtheber oder Kugelstoßer erforderlich ist. Im Gegensatz zur Startkraft ist die Explosivkraft demnach in höchstem Maße vom Niveau der Maximalkraft abhängig, was sich auch in einer unterschiedlichen Trainingsmethodik zu ihrer jeweiligen Entwicklung niederschlägt.

Abb. 73 (siehe folgende Seite) macht die Gemeinsamkeit bzw. den Unterschied im Kurvenverlauf zwischen der Startkraft und der Explosivkraft am Beispiel von einem Boxer bzw. einem Gewichtheber und Kugelstoßer deutlich.

Zusammenfassend lässt sich feststellen, dass bei niedrigen Widerständen die Startkraft dominiert, bei zunehmender Last und damit verlängertem Krafteinsatz die Explosivkraft, bei sehr hohen Lasten schließlich die Maximalkraft.

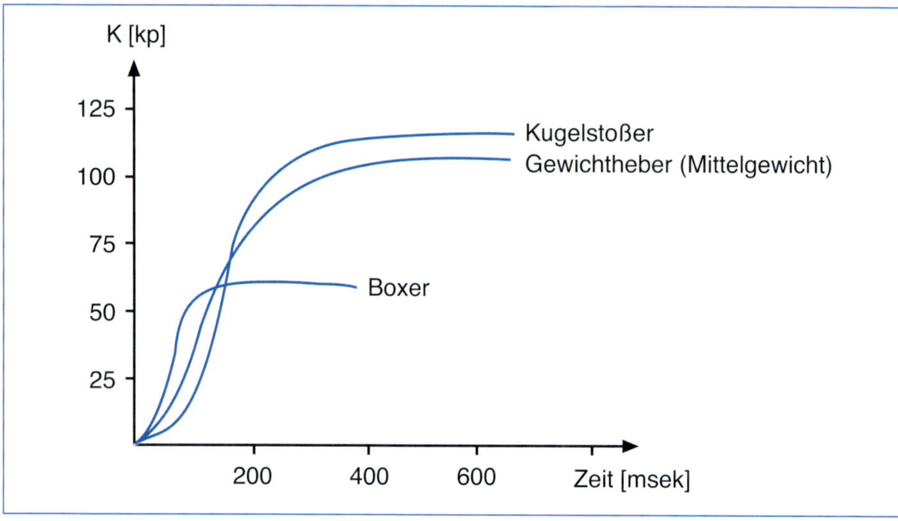

Abb. 73: Die Kraftzeitkurven von drei Weltklasseathleten in unterschiedlichen Sportarten

1.4.3 Kraftausdauer

Unter Kraftausdauer ist die Ermüdungswiderstandsfähigkeit des Gesamtorganismus - man spricht von allgemeiner Kraftausdauer - bzw. einzelner Teilsysteme (z.B. Arm- oder Beinmuskulatur) - man spricht von lokaler Kraftausdauer - bei länger dauernden Kraftleistungen zu verstehen. Neben allgemeiner und lokaler Kraftausdauer unterscheidet man noch zwischen dynamischer (z.B. Schwimmen, Rudern, Radfahren oder Skilanglauf) und statischer Kraftausdauer (z.B. bei längeren Haltezeiten, wie etwa beim Skiabfahrtslauf oder beim "Christushang" im Kunstturnen).
Die Kraftausdauer hängt vor allem von zwei Komponenten ab, nämlich von der muskulären Stoffwechselkapazität und der intermuskulären Koordination (= sportartspezifische Technik).
Bei Kraftausdauerleistungen mit hohen Intensitäten spielt zusätzlich noch der Muskelquerschnitt eine wichtige Rolle!

- Muskuläre Stoffwechselkapazität
Die Art der Energiebereitstellung ergibt sich bei Kraftausdauerbelastungen aus der Reizintensität und dem Reizumfang bzw. der Reizdauer:
Da bereits ab etwa 15 % der maximalen isometrischen Kontraktionskraft eine Behinderung der arteriellen Blutversorgung im Muskel beginnt - ab 50 % kommt es zu einem völligen Verschluss der Gefäße -, wird die Kraftausdauer je nach Intensität der entwickelten Kontraktionskraft mehr anaerobe oder aerobe bzw. gemischte Stoffwechselanteile aufweisen. In der Trainingspraxis ist demnach der jeweiligen sportartspezifischen Belastungssituation durch ein entsprechendes Training Rechnung zu tragen.

Beim Kraftausdauertraining mit hohen und mittleren Intensitäten dominiert der anaerobe laktazide Metabolismus, wodurch die Fähigkeit, hohe Milchsäurespiegel zu ertragen, gesteigert wird.

Wird das Kraftausdauertraining mit geringeren Lasten durchgeführt, dann kommt es zur Optimierung des gemischt anaerob-aeroben Stoffwechsels mit akzentuierter Glykogenzunahme und Erhöhung der anaeroben und aeroben Enzyme.
Wird das Kraftausdauertraining mit ganz leichten Zusatzlasten (unter etwa 15 % der individuellen Maximalkraft) durchgeführt, dann kommt es sogar zu einer Muskelatrophie, da nun mehr die lokale Ausdauerkomponente als die Kraftschulung im Vordergrund steht, wie dies z.B. beim Schwimmtraining mit Zugleinen der Fall ist. Bei dieser Art des "Krafttrainings" stehen die muskulären Anpassungsmechanismen eines Ausdauertrainings im Vordergrund: Erhöhung der lokalen Glykogen- und Fettspeicher, Vermehrung der Mitochondrien und ihrer oxydativen Enzymkapazität, Erhöhung des intrazellulären muskulären Sauerstoffspeichers, des Myoglobins; Verdichtung des Kapillarnetzes zur Optimierung aller Diffusions- und Austauschprozesse etc.

- Intermuskuläre Koordination
Durch die Verbesserung der intermuskulären Koordination kommt es zu einer ausgeprägten Ökonomisierung der Bewegung und damit zu einem reduzierten Kraftaufwand, was sich in einem geringeren Energiebedarf und damit in einer späteren Ermüdung niederschlägt.
Bei der Entwicklung der Kraftausdauerfähigkeiten ist daher zu berücksichtigen:
- Kraftausdauerfähigkeiten sind ein leistungsbestimmender Faktor mit klarer disziplinspezifischer Abgrenzung. Beim Kraftausdauertraining muss den sportartspezifischen Bewegungsabläufen - hier steht der koordinative Aspekt im Vordergrund - möglichst disziplinnah Rechnung getragen werden. Beispiel: Die Kraftausdauer des Radfahrers kann aufgrund unterschiedlicher intermuskulärer Koordinationsanforderungen nicht direkt auf die des Skilangläufers übertragen werden. Effektives Kraftausdauertraining muss demnach eine differenzierte Entwicklung der disziplinspezifischen Kraftfähigkeiten gewährleisten!
- Hauptkriterien für ein wirkungsvolles Kraftausdauertraining sind höhere bzw. niedrigere Widerstände als im Wettkampf. Charakteristisch sind auch: vielfache Wiederholung der Trainingsreize, Spezifität, Konzentration auf die Hauptmuskelgruppen (Agonisten und Antagonisten) etc.
- Der Entwicklungsstand der disziplinspezifischen Kraftfähigkeiten muss regelmäßig kontrolliert und dokumentiert werden, um eine effektive Trainingssteuerung zu gewährleisten.

1.5 Methoden des Krafttrainings

Da es **die** Trainingsmethode zur Verbesserung der verschiedenen Kraftarten nicht gibt, muss je nach Zielsetzung eine geeignete Trainingsmethode ausgewählt werden. Wie Abb. 74 verdeutlicht, unterscheidet man dabei dynamische und statische Trainingsmethoden sowie Mischformen.

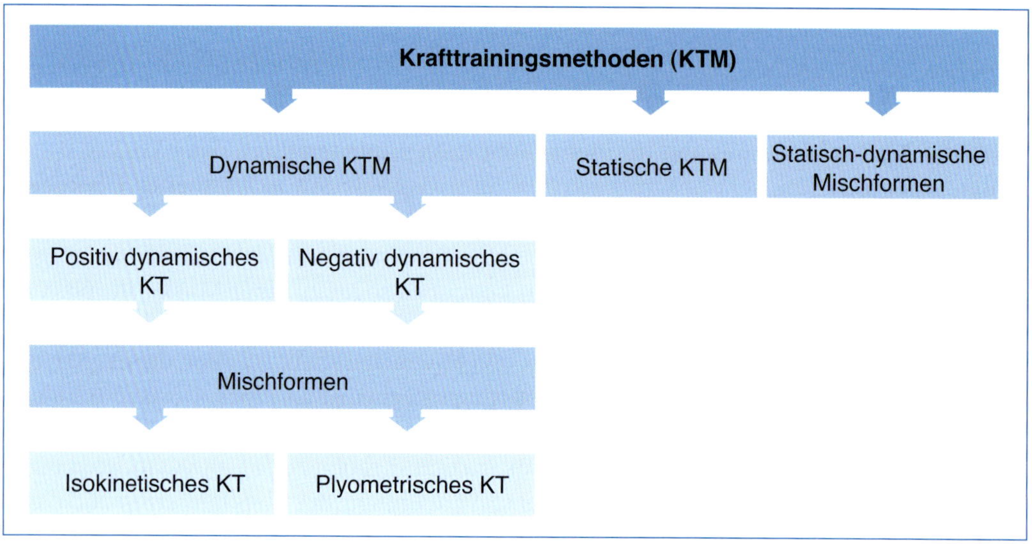

Abb. 74: Schematische Übersicht der wichtigsten Krafttrainingsmethoden

1.5.1 Dynamisches Krafttraining

Das dynamische Krafttraining - es beinhaltet im Gegensatz zum statischen einen Bewegungsvollzug - wird in ein positiv dynamisches und ein negativ dynamisches Kraftraining unterteilt:

- Positiv dynamisches Krafttraining = überwindendes = konzentrisches = verkürzendes = beschleunigendes Krafttraining
- Negativ dynamisches Krafttraining = nachgebendes = exzentrisches = bremsendes = verzögerndes Krafttraining

Die Verbindung von negativ dynamischer und positiv dynamischer Arbeitsweise findet sich bei allmählichem Übergang im isokinetischen Training (s.S. 141), bei abruptem Übergang unter Ausnutzung des Dehnungsreflexes beim plyometrischen Training (s.S. 142).

1.5.1.1 Positiv dynamisches Krafttraining

Bei dieser in der Sportpraxis am häufigsten angewandten Trainingsmethode wird ein Gewicht (bzw. der Körper oder Körper-

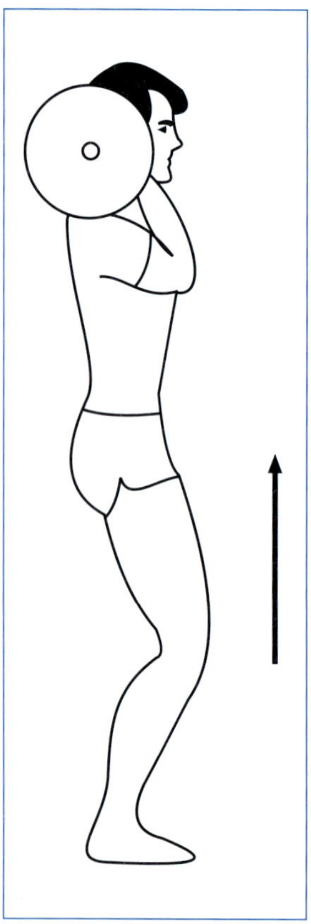

Abb. 75: Positiv dynamisches Krafttraining

teile) überwindend aus der Beugestellung in die Streckstellung (z.B. Liegestützen) oder aus der Streckstellung in die Beugestellung (z.B. Klimmzüge) gebracht.
Das positiv dynamische Krafttraining weist sowohl Vorteile als auch Nachteile auf:

Vorteile des positiv dynamischen Krafttrainings

- Es können die an der Bewegungskette beteiligten Muskeln mit sportartspezifischen Geschwindigkeiten und Ausgangswinkeln trainiert werden.
- Neben der Kraftzunahme kommt es auch zu einer Verbesserung der koordinativen Leistungsfähigkeit.
- Je nach Ausführungsart und Belastungsintensität können damit spezifisch Maximalkraft, Schnellkraft oder Kraftausdauer trainiert werden.
- Diese Art des Trainings eignet sich besonders für das Muskelaufbautraining.
- Nach diesem Training weist der Muskel eine relativ schnelle Wiederherstellung auf.

Nachteile des positiv dynamischen Krafttrainings

- Die Trainingsreize sind bei schneller Ausführung bisweilen unterschwellig, da bei vielen Bewegungen die zum Aufbau der Muskulatur notwendige Mindesteinwirkungszeit unterschritten wird.
- Bei einer bestimmten sportlichen Bewegung werden je nach Bewegungsgeschwindigkeit und Arbeitswinkel nicht alle, sondern nur ein bestimmter Teil der Muskelfasern (z.B. nur die FT-Fasern) eines Muskels innerviert. Dies führt zu einer geringeren Maximalkraftentwicklung.
- Im Bereich der ungünstigsten Arbeitswinkel - z.B. beim Drücken in der Rückenlage beim Abheben des Gewichts von der Brust - werden enorm hohe Spannungen entwickelt, die dann mit zunehmendem Bewegungsvollzug und ansteigender Gewichtsbeschleunigung abnehmen. Auf diese Weise werden die Muskelanteile bzw. Muskelgruppen, die am Beginn der Bewegung eingesetzt werden, sehr hoch und die an der Endstreckung beteiligten meist ungenügend belastet.
- Durch diese Methode gelingt es nicht, die elastische Komponente (= bindegewebige Begleitstrukturen, die bei Dehnung kinetische Energie speichern können) und damit auch die "stiffness" des Muskels zu erhöhen (s.S. 143). Das positiv dynamische Training reicht demnach nicht aus, um die Reaktivkraft (s.S. 133) - sie ist vor allem in den Ballspielen von großer Bedeutung - optimal zu entwickeln.

1.5.1.2 Negativ dynamisches Krafttraining

Beim negativ dynamischen oder exzentrischen Krafttraining steht das Abfangen des eigenen Körpergewichts oder supramaximaler Lasten (bis etwa 120 % der individuellen Maximalkraft) im Vordergrund. Die Bewegungsausführung kann dabei schnell - z.B. bei Niedersprüngen - oder langsam - z.B. beim Absenken mit hohem Gewicht - sein. Bei der

schnellen Ausführung wird vor allem die Reaktivkraft und die Schnellkraft, bei der langsamen die Maximalkraft bzw. der Muskelquerschnitt verbessert.
Unter **Reaktivkraft** versteht man die Fähigkeit, Gewichte bzw. den Körper schnellkräftig abzubremsen und in die Gegenrichtung zu beschleunigen, wie dies z.B. bei den explosiven Richtungswechseln in den Sportspielen der Fall ist (s. auch plyometrisches Training).
Einen zusammenfassenden Überblick über verschiedene exzentrische Arbeitsmöglichkeiten am Beispiel der Beinkraftschulung gibt Abb. 76.

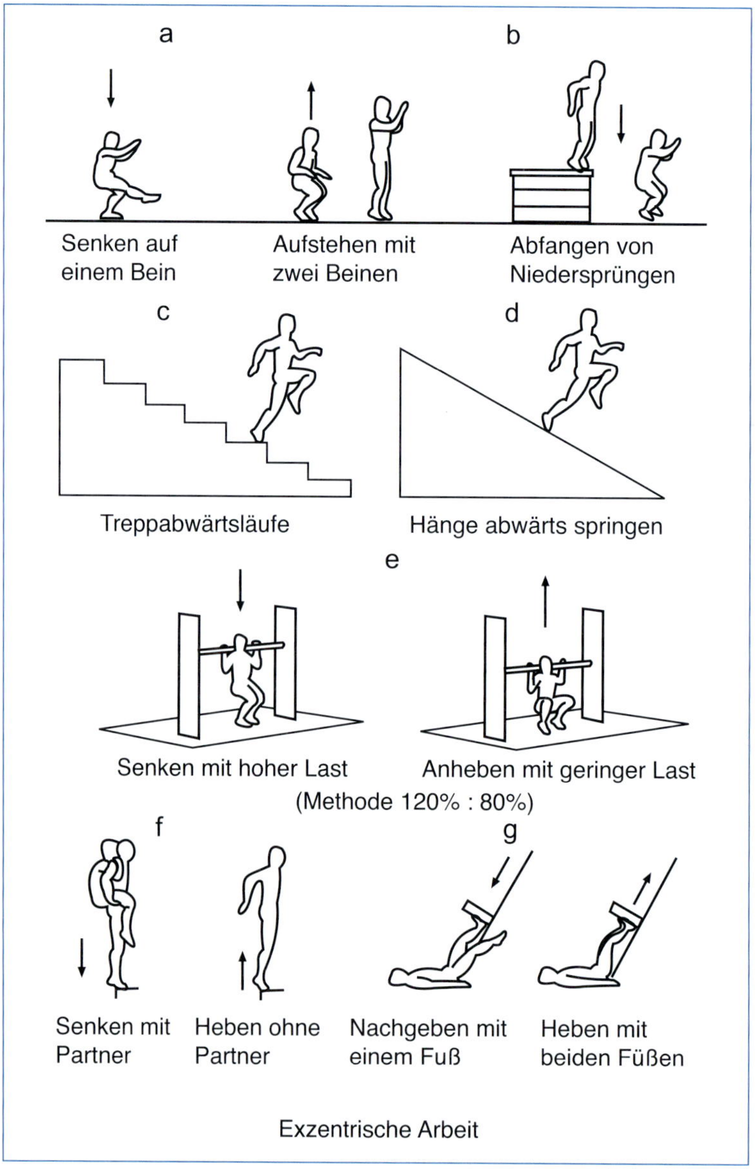

Abb. 76: Beispiele für exzentrische Trainingsformen zur Verbesserung der Kniestrecker

Absenken von Gewichten -> g1, f1, e1, c1, a1

Es wird deutlich, dass negativ dynamisches Training allein, mit Hilfsgerät, mit Partner, mit Geländehilfen oder speziellen Kraftmaschinen durchgeführt werden kann.

Beachten Sie: Für die maximale "Ausreizung" der Muskulatur, das heißt die Verbesserung der intramuskulären Koordination, ist die exzentrische Methode der konzentrischen überlegen. Sie eignet sich daher vor allem zur Steigerung der Maximalkraft und kann - je nach Einwirkungsdauer - ohne (kurze Belastungszeit durch schnelle Bewegungsausführung) oder mit Hypertrophieeffekt (lange Einwirkungsdauer mit langsamer Bewegungsausführung) zum Einsatz gebracht werden.

Das exzentrische Training kann allein, aber auch in verschiedenen Kombinationen verwendet werden. Als mögliche Kombinationen kommen in Frage:

- Exzentrisch-konzentrisches Training
  Beispiel: Methode "120-80". Hierbei wird der exzentrische Anteil der Bewegung mit 120 %, der konzentrische Teil mit 80 % der individuellen Maximalkraft ausgeführt.
- Exzentrisch-isometrische Methode
  Beispiel: Beim Tiefgehen in die Kniebeuge werden mehrere statische Haltephasen eingeschaltet, welche zu einer vermehrten Querschnittszunahme des Muskels führen.

Vorteile des negativ dynamischen Krafttrainings

- Es ermöglicht Spannungsspitzen, die weit über denen eines positiv dynamischen oder statischen Trainings liegen. Das exzentrische Kraftmaximum liegt etwa 30-40 % über dem isometrischen, das isometrische wiederum 10-15 % über dem positiv dynamischen. Aus diesem Grunde fördert es auch bei schon hochgradig trainierten Sportlern je nach Durchführung noch deutlich die Schnellkraft oder den Muskelzuwachs.
- Bei langsamer Bewegungsausführung führt es zu einer ausgeprägten Muskelhypertrophie.
- Bei explosiver Ausführung (Niedersprünge) kommt es zu einer selektiven Inanspruchnahme der FT-IIb-Fasern und damit zu einer gezielten Schnellkraftverbesserung.
- Da die nachgebende Muskelarbeit weniger Energie erfordert als überwindende ist exzentrische Muskelarbeit - entsprechend dosiert, wie z.B. beim bergab Gehen - gut in der Rehabilitation zu verwenden.

Nachteile des negativ dynamischen Krafttrainings

- Abhängigkeit von Hilfestellern oder speziellen Apparaten
- Erhebliches Verletzungsrisiko bei unkontrollierter Ausführung
- In starkem Maße Muskelkater provozierend
- Eignung mehr für Fortgeschrittene als für Anfänger.

1.5.1.3 Positiv und negativ dynamische Mischformen

- Isokinetisches Krafttraining

Charakteristisch für das isokinetische Krafttraining ist der gleichmäßige Bewegungsablauf bei konstantem Widerstand. Entsprechende Maschinen erlauben die Kombination von positiv und negativ dynamischem Training, wobei der Übergang von der einen in die andere Trainingsmethode "weich" ist. Aufgrund seines wenig explosiven Ausführungscharakters ist diese Trainingsmethode nur für entsprechende "isokinetische Sportarten", wie z.B. Schwimmen, Rudern etc. oder für den allgemeinen Muskelaufbau geeignet.
Weitere **Vorteile** sind:
- Die den unterschiedlichen Hebelverhältnissen angepasste Belastung kräftigt die Muskulatur in allen Bewegungsabschnitten.
- Da durch den gleichmäßigen Kraftverlauf keine Belastungsspitzen auftreten, werden die Aufwärmzeit verkürzt und Muskelkatersymptome vermieden.
- Diese Art des Trainings bietet die Möglichkeit, schwache Muskelgruppen speziell zu kräftigen, was insbesondere in der Rehabilitation nach Verletzungen von Wert ist.

Nachteile des isokinetischen Trainings sind seine geringe Eignung für Sportarten, für die eine Bewegungsbeschleunigung mit veränderlichen Kraftverlaufsmerkmalen charakteristisch ist (wie z.B. bei allen Würfen und Sprüngen) sowie seine hohe Geräte-Abhängigkeit.

- Plyometrisches Training

Bei dieser Trainingsmethode kommt es zu einer komplexen Kopplung des Effektes des negativ dynamischen Trainings mit dem des positiv dynamischen. Im Gegensatz zum isokinetischen Training erfolgen allerdings die Übergänge von exzentrischem zu konzentrischem Training nicht weich, sondern abrupt. Auf muskelphysiologischer Ebene werden bei dieser Methode vor allem Momente des Dehnungsreflexes ("Dehnungs-Verkürzungs-Zyklus") und der elastischen Komponente des Muskels ausgenutzt.
Die charakteristischen Besonderheiten dieser Trainingsmethoden seien kurz am Beispiel des Niedersprungtrainings aufgezeigt:
Durch den Niederhochsprung werden die späteren Agonisten - hier der M. quadriceps femoris und der Wadenmuskel (m. triceps surae) - gedehnt. Der über die Muskelspindeln ausgelöste Dehnungsreflex führt zu einer vermehrten Innervation von ansonsten nicht aktivierten Muskelfasern und damit zu einer höheren und schnelleren Kraftentwicklung bei der anschließenden Kontraktion.
Schließlich wird beim plyometrischen Training auch noch die elastische Komponente des Muskels als Energiespeicher ausgenutzt: Es kommt dabei über die Dehnung der elastischen Komponente zu einer Speicherung kinetischer Energie, die dann in der Folge der durch Muskelkontraktion erzeugten Energie hinzugefügt wird.
Im Zentrum des plyometrischen Trainings stehen Sprünge bzw. Sprungfolgen und Sprungkombinationen aller Art. Von "kleiner", "einfacher" oder "natürlicher" Plyometrie spricht

man, wenn nur Sprünge ohne Zusatzlasten oder Zusatzgeräte wie Kästen, Hürden, etc. zur Anwendung kommen. Bei Sprüngen über niedere Kästen und Hürden spricht man von "mittlerer" Plyometrie und bei Sprüngen von bzw. über hohe Geräte von "großer" Plyometrie. Abb. 77 gibt eine Übersicht verschiedener plyometrischer Übungen.

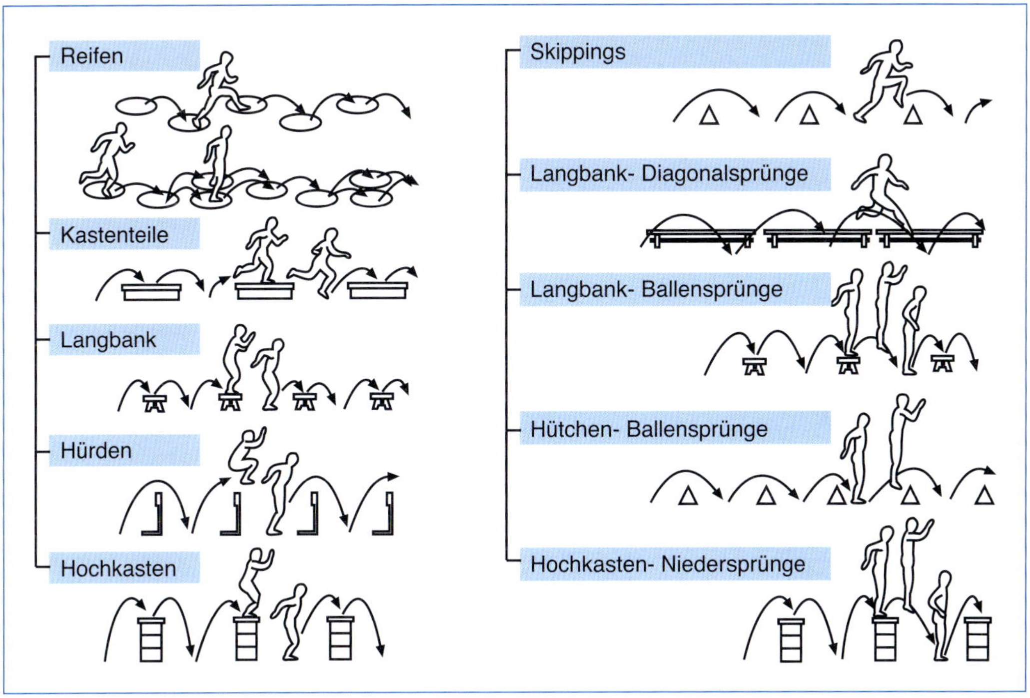

Abb. 77: Plyometrische Übungen zur Verbesserung der Schnellkraft der Knie- und Fußstrecker

Das plyometrische Training kann gut in Kombination mit einem vorausgehenden isometrischen Training verwendet werden, da hierdurch eine optimale Spannungserhöhung für die nachfolgenden Sprungkombinationen erfolgt.

Vorteile des plyometrischen Trainings:

- Verbesserung der intramuskulären Koordination und rascher Kraftgewinn ohne Muskelmassen- bzw. Körpergewichtszunahme (wichtig z.B. für einen Hoch- oder Weitspringer bzw. Spieler).
- Diese Methode führt auch bei bereits hochgradig austrainierten Sportlern noch zu einer Zunahme der Schnellkraft bzw. der Reaktivkraft.
- Durch die graduelle Abstufbarkeit bezüglich des Schwierigkeitsgrades - kleine, mittlere und große Plyometrie - lässt sich diese Methode für jedes Leistungsniveau bzw. jede Altersstufe sportartadäquat einsetzen.
- Durch seine hohe Dynamik verbessert es die Reaktivkraft und erhöht die "stiffness" durch Vermehrung der bindegewebigen Strukturen, wie z.B. der Titin- und Nebulinfilamente.

Nachteile des plyometrischen Trainings
- Aufgrund seiner hohen Intensität stellt diese Methode eine hohe psychophysische Belastung dar, die eine gut entwickelte Kraft und einen entsprechend vorbereiteten aktiven und passiven Bewegungsapparat voraussetzt.
- Eine unsachgemäße Durchführung (z.B. ohne ausreichendes vorheriges Aufwärmen) ist mit erheblichen Verletzungsrisiken verbunden.

1.5.2 Statisches oder isometrisches Training

Bei dieser Trainingsmethode kommt es nur zu einer Spannungsentwicklung, nicht aber zu einer sichtbaren Verkürzung der kontrahierten Muskulatur.
Das isometrische Training in seinen verschiedenen Formen sollte niemals isoliert zur Verbesserung der Maximal- und Schnellkraft bzw. der Kraftausdauer angewendet werden (s. Nachteile des statischen Trainings). In Verbindung mit einem unmittelbar nachfolgenden plyometrischen, konzentrischen oder exzentrischen Training ist diese Methode jedoch hochgradig effektiv, da mit einem voll aktivierten (tonisierten) Muskel gearbeitet werden und damit die nervale Kapazität voll ausgeschöpft werden kann.
Als wesentliche Methoden des isometrischen Trainings unterscheidet man:

1.5.2.1 Maximale Isometrie

Gegen einen festen Widerstand oder in einer selbst gewählten Gelenkstellung wird mit höchstem Willenseinsatz über 4 bis 6 Sekunden ein maximaler Gegendruck bzw. eine maximale isometrische Kontraktion erzeugt. Mit dieser Methode lässt sich gut die Maximalkraft bzw. der Muskelquerschnitt und die intramuakuläre Koordination verbessern.

1.5.2.2 Totale Isometrie

Bei dieser Methode werden geringe bis hohe Lasten in einer bestimmten Winkelstellung - z.B. in der halben Kniebeuge - bis zum Ermüdungsabbruch gehalten. Die hierbei auftretende starke Muskelaktivierung stellt einen starken Hypertrophiereiz dar und verbessert die Kraftausdauer.

1.5.2.3 Statisch-dynamische Methode

Bei dieser Methode wird innerhalb eines Bewegungsablaufes in einer bestimmten Winkelstellung - sie entspricht zumeist einer für die sportliche Leistungsfähigkeit wichtigen Position - ein isometrischer Stop von 2 bis 3 Sekunden eingelegt, gefolgt von einer dynamischen Weiterführung der Bewegung.
Vorteile des statischen Trainings:
- Einfache geräteunabhängige Durchführung
- Zu Beginn hohe Kraftzuwachsraten

- Starker Hypertrophiereiz
- Zeitsparendes und effektives Training
- Möglichkeit einer lokalen, zielgerichteten Einflussnahme auf eine beliebige Muskelgruppe bei gefordertem Gelenkwinkel
- Sehr gute Eignung in der Prävention und Rehabilitation von Muskelschwächen; Vermeidung einer Muskelatrophie bei verletzungsbedingter Immobilisierung.

Nachteile des statischen Trainings:
- Es erfolgt keine Verbesserung der intermuskulären Koordination, welche das Zusammenspiel verschiedener Muskeln innerhalb eines Bewegungsablaufes optimieren könnte. Beim Training für dynamische Sportarten eignet sich das statische Training demnach nur als Ergänzungstraining zu anderen Methoden der Kraftentwicklung.
- Die isometrische Anspannung großer Muskelgruppen führt zu einer ausgeprägten Pressatmung (s.S. 156), was vor allem beim Training mit untrainierten bzw. älteren Personen vermieden werden sollte.
- Bei einförmiger statischer Trainingsweise kommt es sehr rasch zu einer Stagnation der Kraftzunahme (bereits nach 4 bis 6 Wochen).

1.6 Praxisbeispiele zur Durchführung verschiedener Krafttrainingsarten

In der Folge sollen einige praktische Beispiele zeigen, wie das Training der Maximalkraft, der Schnellkraft bzw. der Kraftausdauer gestaltet werden könnte.

1.6.1 Maximalkrafttraining

Als Beispiel soll die schematische Darstellung eines Maximalkrafttrainings im Verlauf der Vorbereitungsperiode eines Kugelstoßers dienen.

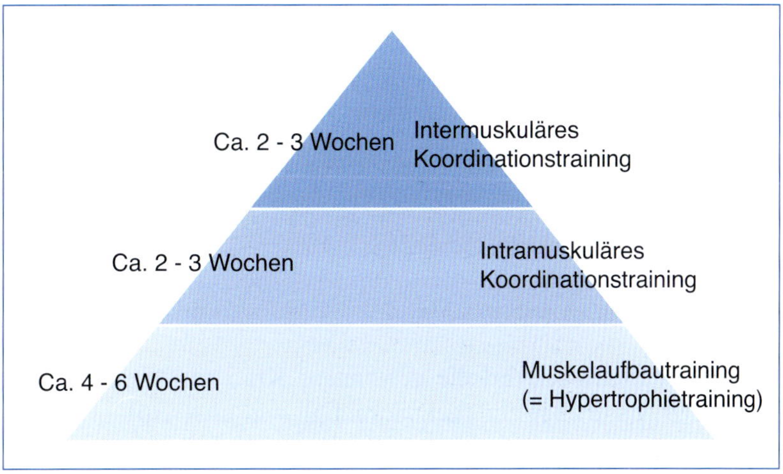

Abb. 78: Reihenfolge und zeitlicher Ablauf eines Maximalkrafttrainings eines Kugelstoßers im Rahmen der Vorbereitungsperiode

- Hypertrophietraining

Ein Hypertrophietraining lässt sich sehr effektiv z.B. mit der positiv dynamischen und isometrischen Krafttrainingsmethode (KTM) durchführen.

	Hypertrophietraining	
	Positiv dynamische Krafttrainingsmethode	Isometrische Krafttrainingsmethode
Reizintensität	50-70 % der MK	submaximal, bzw. maximal
Reizdauer	ca. 8-12 Wiederholungen, langsame (bis zügige) Ausführung ohne Unterbrechung	6-8 sec.
Reizumfang	3-5 Serien à 8-12 Wiederholungen (Anfänger), 5-8 Serien à 8-12 Wiederholungen (Fortgeschrittene)	3-5 Serien (Anfänger) 5-8 Serien (Fortgeschrittene)
Reizdichte	Serienpause ca. 3 Min.	1-3 Min. Serienpause
Trainingshäufigkeit	mindestens 2x pro Woche	mindestens 2x pro Woche
Reizkomplexität	gering	gering

Tab. 7: Belastungskomponenten und Durchführungsmodalitäten bei einem Muskelaufbautraining im Rahmen der Maximalkraftentwicklung

Allgemein gilt: Je höher der ATP-Umsatz pro Zeiteinheit, desto ausgeprägter die Hypertrophie!

- Intramuskuläres Koordinationstraining

Dies wird erreicht durch die *Methode der maximalen Krafteinsätze (s. Tab. 8).*

Nach der Verbesserung der Ausgangsbasis durch das Hypertrophietraining wird nun in einem zweiten Schritt der Muskel "ausgereizt": Der vorhandene Muskel wird befähigt, die Anzahl der synchron innervierbaren motorischen Einheiten maximal zu erhöhen!

- Intermuskuläres Krafttraining

Mit dieser Methode wird die gewonnene Kraft im sportartspezifischen Bewegungslauf umgesetzt. Es erfolgt ein Techniktraining - in unserem Fall ein Kugelstoßtraining - bei jetzt erhöhtem Kraftniveau.

Methode der maximalen Krafteinsätze		
	Maximales Gewicht z.B. mit konz. / exzentr. KTM	Maximal schnelle Ausführung z.B. mit konz. , plyom. KTM
Reizintensität	95-100 %	max. schnell (explosiv), (selektive Beanspruchung der FT-Fasern) = 100%
Reizdauer	1-3 Wiederh. (7-10 Sek.)	Kurz; Wiederholungszahl so wählen, dass die max. Intensität gehalten werden kann
Reizumfang	3-5 Serien à 1-3 Wiederh. (bzw. 5-8 Serien bei 1 Wiederholung)	z.B. 3-5 Serien à 5-8 Wiederh.
Reizdichte	Serienpause ca. 3-5 Min.	Serienpause ca. 3-5 Min. (vollständige Erholung)
Trainingshäufigkeit	mindestens 2x pro Woche	mindestens 2x pro Woche
Reizkomplexität	gering	mittel

Tab. 8: Belastungskomponenten und Durchführungsmodalitäten eines intramuskulären Koordinationstrainings mit Hilfe der Methode der maximalen Krafteinsätze

1.6.2 Schnellkrafttraining

Je nach Sportart wird beim Schnellkrafttraining der Akzent mehr auf die Startkraft - hier dominiert der koordinative Anteil - oder auf die Explosivkraft - hier besteht eine hohe Abhängigkeit zur Maximalkraft - gelegt. (vgl. Tab. 9)

Schnellkrafttraining	
Startkraft	**Explosivkraft**
(Boxer, Karateka etc.)	(Kugelstoßer, Gewichtheber, Ringer etc.)
v.a. intra- und intermuskuläres Koordinationstraining (s.o.) der Maximalkraft (Hypertrophie ist hier nicht erwünscht) Ausführung: maximal schnell! Methoden: - Konzentrische KTM - Exzentrische KTM - Plyometrische KTM	Training der 3 Hauptkomponenten (Hypertrophie, intra- und intermuskuläre Koordination, s.o.)

Tab. 9: Kurzcharakteristik bzw. Durchführungsmodalitäten eines Schnellkrafttrainings in Abhängigkeit von der jeweiligen Zielgruppe

1.6.3 Kraftausdauertraining

Allgemein gilt: Kraftausdauertraining ist vor allem sportartspezifisches Stoffwechseltraining, bei dem je nach Bedarf mehr die Kraft- bzw. Ausdauerkomponente trainiert werden muss!

Tab. 10 gibt eine Übersicht über die verschiedenen Möglichkeiten eines Kraftausdauertrainings.

Kraftausdauertraining		
Maximalkraftausdauer	Kraftausdauer mit mittlerem Kraftaufwand	Kraftausdauer mit geringem Kraftaufwand
z.B. Turner (Kreuzhang)	z.B. Ruderer, Schwimmer (Sprint)	z.B. Schwimmer (längere Strecken)
Energiebereitstellung: anaerob-laktazid	Energiebereitstellung: gemischt aerob-anaerob	Energiebereitstellung: überwiegend aerob
Training z.B. mit maximalen bzw. supramaximalen Gewichten	Training mittels Zugmaschine	Training mittels Zugmaschine
Zeitdauer in etwa entsprechend der Dauer der jeweiligen Wettkampfdisziplin	entsprechend der Dauer der Wettkampfdisziplin, bzw. "overdistance"	große Umfänge (3-5 km und mehr)
Methoden: dynamische und statische KTM	Methoden: dyn. KTM (mittels Zugmaschine)	Methoden: dyn. KTM (mittels Zugmaschine)
Reizdauer bzw. Reizumfang: in etwa entsprechend der Dauer der jeweiligen Wettkampfdisziplin	Reizdauer bzw. Reizumfang: in etwa entsprechend der Dauer der jeweiligen Wettkampfdisziplin	Reizdauer bzw. Reizumfang: in etwa entsprechend der Dauer der jeweiligen Wettkampfdisziplin
	Beachten Sie: Je nach Zusatzlast erniedrigt bzw. erhöht sich die Zahl der Wiederholungen	Beachten Sie: Je nach Zusatzlast erniedrigt bzw. erhöht sich die Zahl der Wiederholungen

Tab. 10: Kurzcharakteristik eines Kraftausdauertrainings in Abhängigkeit von der jeweiligen Zielgruppe

1.7 Durchführungs- und Organisationsformen des Krafttrainings

Die vorweg dargestellten Methoden werden in verschiedenen Durchführungs- und Organisationsformen zur Anwendung gebracht. Die bekanntesten sollen hier kurz dargestellt werden.

1.7.1 Pyramidentraining

Unter Pyramidentraining versteht man die pyramidenförmige Zu- bzw. Abnahme der Belastungsintensität in einer Trainingseinheit (s. Abb. 79).

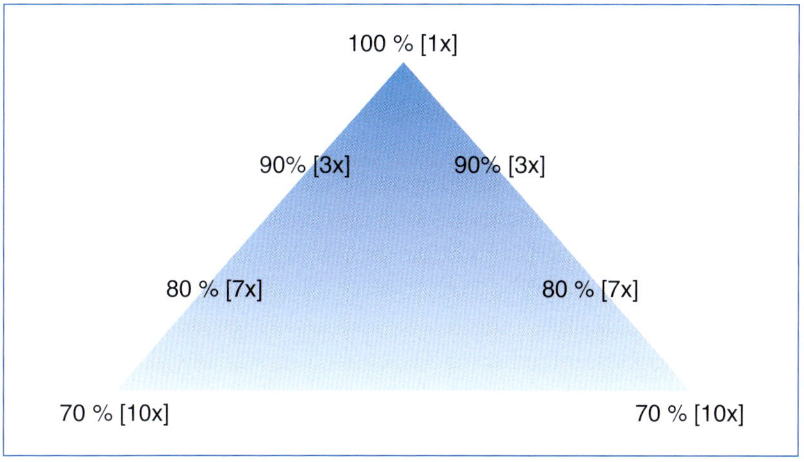

Abb. 79: Schematische Darstellung des Pyramidentrainings mit sich ändernder Wiederholungszahl

Der Hauptvorteil des Pyramidentrainings liegt darin begründet, dass es bei Einbeziehung aller Bereiche der Pyramide zu einer kombinierten Verbesserung der Kraft über Hypertrophie und intramuskuläre Koordination kommt.
Es kann je nach Durchführung und Ausführungsart verschiedene Akzente setzen. Wird mehr die Spitze mit geringen Wiederholungszahlen (etwa 1 bis 5) und hoher Intensität (etwa 75 - 100 %) betont, dann dominiert die Entwicklung der Maximalkraft mittels Verbesserung der intramuskulären Koordination. Liegt der Akzent auf einer mittleren Wiederholungszahl (etwa 8 bis 12) dann kommt es zu einer Kraftsteigerung mittels Muskelmassenzunahme, was einem Muskelaufbautraining entspricht. Bei Betonung der Pyramidenbasis mit sehr hohen Wiederholungszahlen (15 und wesentlich mehr) und geringer Intensität (unter 40 %) dominiert die Kraftausdauer. Eine explosive Ausführung - bei entsprechend geringer Hublast - fördert vor allem die Schnellkraft. Das Pyramidentraining ist vor allem für Sportarten geeignet, die nur eine kurze Vorbereitungsperiode zur allgemeinen und speziellen Kraftsteigerung zur Verfügung haben, wie dies z.B. in den Spielsportarten vielfach der Fall ist.

1.7.2 Zirkeltraining

Dieses Training mit seinen verschiedenen Varianten ist für fast alle Sportarten und Leistungsniveaus zur allgemeinen und speziellen Konditionierung von Bedeutung. Je nach Zielsetzung, Alter und Leistungsvermögen werden 5 bis 12 Stationen im Zirkel durchlaufen, in denen die jeweils wichtigsten Muskelgruppen in wechselnder Folge trainiert werden. In Abhängigkeit von der Art der Kraft, die geschult werden soll, beträgt die Arbeitszeit 15 - 40 Sekunden (bei Ausdauerzirkeln sogar wesentlich länger). Die Pause zwischen den einzelnen Stationen verhält sich im Vergleich zur Arbeitszeit bei leistungsstarken Gruppen wie 1 : 1, bei leistungsschwachen wie 1 : 2.

Wesentliche Vorteile des Zirkeltrainings:

- Viele Sportler können gleichzeitig auf verhältnismäßig engem Raum zielgerichtet belastet werden.
- Je nach Belastungsmodalität kann differenziert die Entwicklung der motorischen Hauptbeanspruchungsformen Kraft, Schnelligkeit und Ausdauer sowie ihrer Subkategorien Kraftausdauer, Schnellkraft, Schnellkraftausdauer, Schnelligkeitsausdauer erreicht werden.
- Es ist eine vielseitige Belastung möglich.
- Übungsintensität und Gesamtbelastung lassen sich in Abhängigkeit von der Belastbarkeit der Trainingsgruppe und je nach Zielsetzung variabel gestalten.
- Es ist eine progressive Belastungssteigerung durch Veränderung der Belastungskomponenten (z.B. der Reizintensität), Veränderung der Stationen, der Übungsfolge etc. möglich.
- Es kann als Einzel- oder Partnerzirkel durchgeführt werden.

Durchführungshinweise:

- Vor der Durchführung eines Zirkels hat ein ausreichendes Aufwärmen zu erfolgen!
- Der Übungsparcours sollte die wesentlichen sportartspezifischen oder gesundheitsrelevanten Muskelgruppen belasten!
- Die verschiedenen Muskelgruppen sollten im Wechsel zum Einsatz gelangen!
- Agonisten und Antagonisten sollten gleichermaßen geschult werden, also z.B. Bauch- und dann Rückenmuskulatur!
- Es sollte darauf geachtet werden, dass die erste und letzte Übung des Zirkels nicht die gleiche Muskelgruppe beanspruchen!
- Die Pause zwischen den Übungen sollte "aktiv" erfolgen! Beim Herumstehen oder Hinsetzen kann, insbesondere nach Sprungübungen, das Blut in den weitgestellten Gefäßen der Leistungsmuskulatur versacken, was zu Schwindel oder gar zum kurzfristigen Kollaps führen kann (Verletzungsrisiko).

Beispiel für einen Zirkel mit 5 Stationen zur allgemeinen Kräftigung (Schulniveau):

1. Station: Sit-ups (Bauchmuskulatur)
2. Station: Aus der Bauchlage mit Armen in Hochhalte; Beine und Arme fortlaufend kurz vom Boden abheben und wieder ablegen (Rückenmuskulatur)
3. Station: Liegestützen schräg gegen die Wand (Armstreckmuskulatur)
4. Station: Klimmziehen im Schrägliegehang (Armbeuger)
5. Station: Kastensteigen (Knie- und Hüftstrecker)

Zusammenfassend lässt sich feststellen, dass jede Krafttrainingsmethode bzw. jede Organisationsform je nach Durchführungsmodalität mehr die Maximalkraft, die Schnellkraft oder die Kraftausdauer schult. Langsam durchgeführte Übungen mit mittlerer bis hoher Belastung und (maximal möglichen) 8-12 Wiederholungen führen zur Muskelhypertrophie, schnellkräftig und explosiv ausgeführte Übungen mit geringen Wiederholungszahlen bewirken ebenso wie Übungen mit maximaler Kraftanspannung vor allem eine Verbesserung der intramuskulären Koordination. Entsprechend der jeweiligen Zielstellung müssen die Krafttrainingsmethoden und -inhalte ausgewählt werden.

1.8 Risiken und Gefahren des Krafttrainings

1.8.1 Mechanische Überlastung

Da viele Sportler im Gegensatz zu Gewichthebern meist nur geringe Informationen über richtige Hebetechniken besitzen - dies trifft insbesondere bei den wirbelsäulenbelastenden Übungen wie Kniebeugen mit Hanteln etc. zu -, wird oftmals die Gefahr eines forcierten, zu einseitigen, zu frühen, zu plötzlichen oder mit einer falschen Technik durchgeführten Krafttrainings unterschätzt bzw. bagatellisiert.
Vor allem eine mangelhafte Hebetechnik (s.auch S. 94) liegt dem gehäuften Auftreten von Wirbelsäulenschäden durch Überlastung zugrunde. Wie Abb. 80 zeigt, ergibt bereits ein Vorbeugen des Rumpfes um 15 cm eine Mehrbelastung der Rückenmuskulatur um 100 kg. Auf eine richtige Technik bzw. Entlastung der Wirbelsäule ist vor allem bei den jugendlichen Sportlern zu achten, da in der Wachstumsphase ein erhöhtes Schadensrisiko über eine verringerte Belastungsfähigkeit vorliegt. Die Knochen sind noch nicht so fest wie beim Erwachsenen und die Wachstumsfugen sind noch nicht verknöchert und damit besonders anfällig für Fehlbelastungen. Viele Bandscheibenprobleme im fortgeschrittenen Erwachsenenalter ließen sich durch ein technisch richtiges Krafttraining im Jugend- und jungen Erwachsenenalter vermeiden.

Beachten Sie: Bei den in vielen Sportarten häufig durchgeführten Kniebeugen mit Hanteln ist nicht nur auf eine korrekte Rumpfhaltung zu achten, sondern auch auf das Anlegen eines Gewichthebergürtels, da hiermit durch den erhöhten Innenbauchdruck die Wirbelsäule besser gegen mechanische Überlastung geschützt ist.

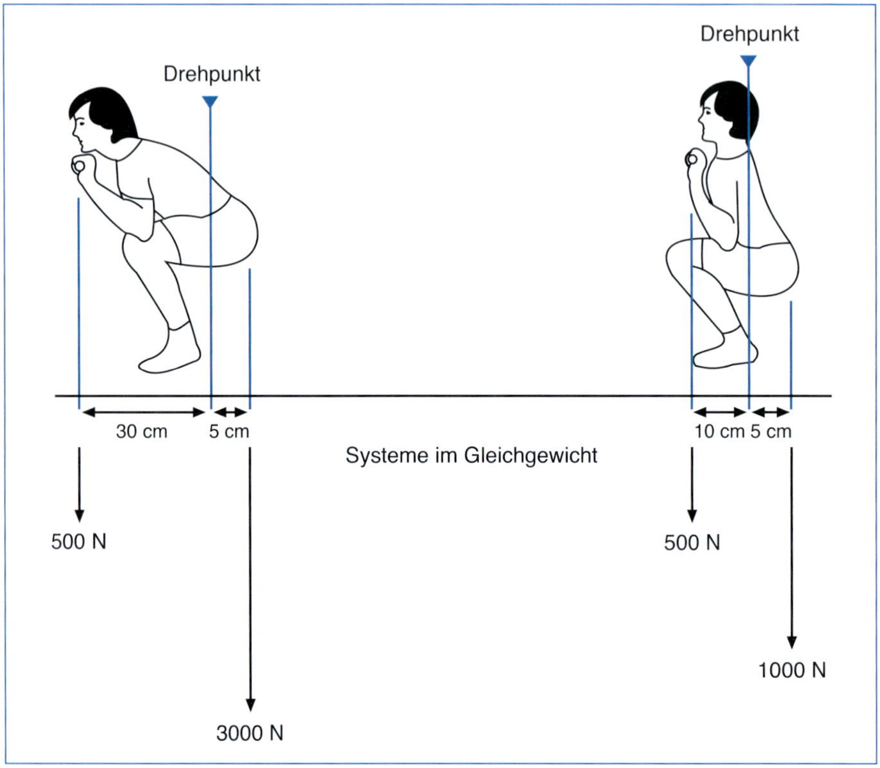

Abb. 80: Verhältnis von Last- und Kraftarm bei abgeknickter (links) bzw. vertikaler Rumpfhaltung (rechts) bei der Gewichtheberdisziplin Hockumsetzen (verändert nach Ehlenz / Grosser / Zimmermann 1983,46)

In Frage kommen auch so genannte "Wirbelsäulenentlastungsübungen".Vor allem im Schulbereich ist auf diese Übungen zurückzugreifen, da viele Schüler durch ihre täglichen Geh-, Lauf- und Sprungaktivitäten relativ "beinstark" sind, aber vergleichsweise eine wenig belastbare Wirbelsäule bzw. Rumpfmuskulatur besitzen.
Die in Abb. 81 gezeigten Alternativen sollten vor allem im Kinder- und Jugendbereich zur Anwendung kommen. Allerdings muss für den höheren Leistungsbereich darauf hingewiesen werden, dass diese "Ersatzübungen" nicht die gleiche Effektivität aufweisen wie die "Originalübung" bei explosiver Ausführung.
Konsequenzen für die Trainingspraxis: Im absoluten Hochleistungsbereich ist bei gut auftrainierten Sportlern kaum auf die Kniebeugeübung zu verzichten. Im unteren Leistungsbereich hingegen - dies gilt vor allem für den Jugendbereich und während der muskulären Aufbauphase (Vorbereitungsperiode) - ist diesen wirbelsäulenentlastenden Übungen der Vorzug zu geben, um Überlastungsfolgeschäden zu vermeiden.

Beachten Sie: Beim Treppauf- und Treppabsteigen entstehen in der Kniescheibenbandsehne (ligamentum patellae) Kräfte, die dem über Dreifachen des Körpergewichts entsprechen.

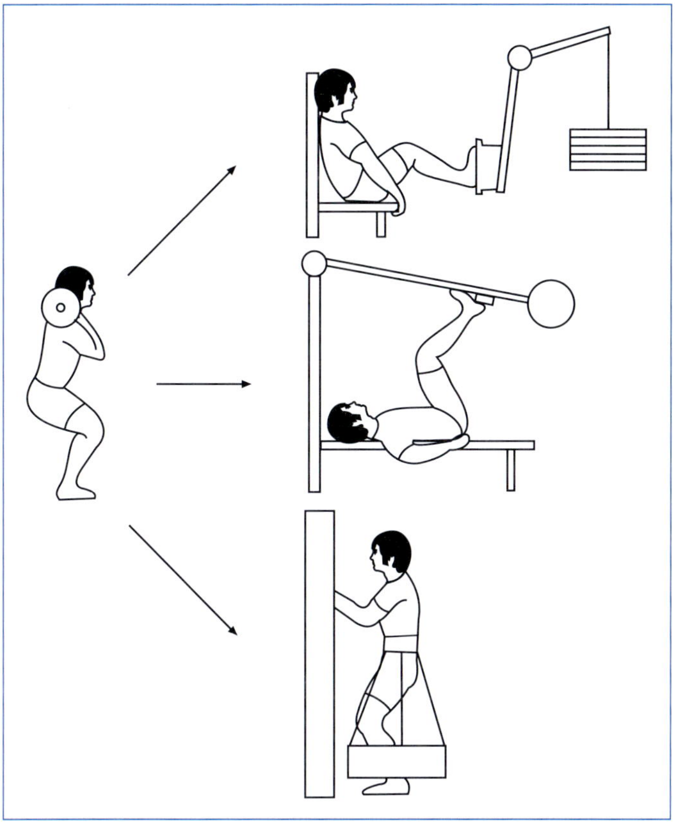

Abb. 81: Möglichkeiten der Abwandlung einer wirbelsäulenbelastenden Beinkraftübung

Bei der tiefen Kniebeuge entwickelt sich im Bereich der Kniescheibenrückseite ein Anpressdruck, der das Zwölffache des Körpergewichts ausmacht. Es wird daher verständlich, dass Sportler die eine Bindegewebsschwäche oder eine bereits degenerierte und damit vorgeschädigte Kniescheibe besitzen, bei häufiger Anwendung dieser Übung ein hohes Risiko eingehen, den auf der Rückseite der Kniescheibe befindlichen hyalinen Gelenkknorpel langfristig zu schädigen und eine Kniescheibenarthrose - auch als "chondropathia patellae" bezeichnet - zu provozieren. **Konsequenz**: Zu häufige Sprungübungen aus der tiefen Hocke (z.B. in der Art des "Froschhüpfens") sollten bei weniger belastbaren oder jungen Personen ohne entsprechenden muskulären Schutz so weit wie möglich vermieden werden.
Zusammenfassend lässt sich feststellen, dass unsachgemäßes Krafttraining langfristig zu Knorpelschädigungen in den hauptsächlich belasteten Gelenken und damit zur Arthrosebildung führen können. Aus diesem Grunde ist zur Prävention langfristiger Überlastungsschäden ein allmählicher, alters- und belastbarkeitsadäquater Kraftaufbau vor allem bei jungen Menschen, untrainierten Erwachsenen und insbesondere älteren Personen eine der wichtigsten Voraussetzungen für eine risikoarme bzw. -freie Steigerung der Kraft bzw. der allgemeinen körperlichen Leistungsfähigkeit.

1.8.2 Muskelkater / Muskelverletzungen

Krafttraining in übertriebenem Maße - z.B. durch ein zu intensives oder mit ungewohnten Methoden und Übungen durchgeführtes Training - kann zu mehr oder weniger ausgeprägten Mikro- bzw. Makroverletzungen des Muskels führen. Ein in der Sportpraxis allgemein bekanntes Phänomen ist in dieser Hinsicht der Muskelkater. Seiner Entstehung liegt eine Mikrotraumatisierung (= Auftreten kleinster Verletzungen), vor allem des muskulären Bindegewebes, aber auch der kontraktilen Filamente Aktin und Myosin zugrunde (vgl. Abb. 82).

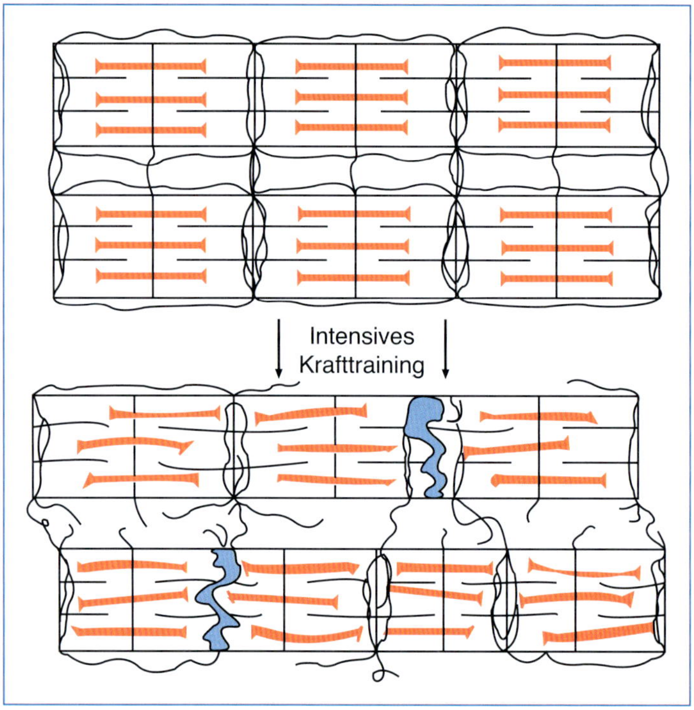

Abb. 82: "Muskelkater". Schematisierte Darstellung der Auswirkungen eines intensiven Krafttrainings oder starker exzentrischer Belastungen auf die bindegewebigen Begleitstrukturen und die kontraktilen Filamente

Durch die lokale Überbeanspruchung des Muskels - sie kommt vor allem bei exzentrischer Arbeit zustande, da hier erhöhte Belastungsspitzen auftreten - werden Veränderungen muskulärer Strukturen in Gang gebracht, die - je nach Schweregrad - zu einer mehr oder weniger ausgeprägten Beeinträchtigung der Kontraktionsfunktion führen. Dass neben Veränderungen im Myofibrillenbereich vor allem die Z-Streifen betroffen sind, hängt damit zusammen, dass sie die schwächste Stelle innerhalb des Sarkomers - es stellt wie bereits erwähnt die kleinste Einheit einer Muskelfaser dar und reicht von einem Z-Streifen zum nächsten - ausmachen.

Der Schädigungsmechanismus der Aktin- und Myosinfilamente bzw. der Z-Scheiben erklärt sich wie folgt: Bei exzentrischer Arbeit werden die Filamente trotz Kontraktion auseinander gezogen bzw. sogar auseinander gerissen. Es kommt auf beiden Seiten der Z-Scheiben zu entgegengesetzt gerichteten Zugbewegungen der Myosinköpfchen, die versuchen, trotz der hohen äußeren Kräfte, ihre Kontraktionsarbeit zu verrichten und den Muskel bzw. das Sarkomer zu verkürzen. Dadurch kommt es zu einer Überbeanspruchung bzw. Mikroverletzung der kontraktilen Filamente. Zusätzlich erfolgt eine infrastrukturelle Teilzerstörung bzw. Zerreißung der Z-Streifen, da sowohl die Myosinfilamente über die Titinfilamente als auch die Aktinfilamente über die Nebulinfilamente an den Z-Streifen verankert sind (s. Abb. 49, S. 98) und diese bei der von beiden Seiten erfolgenden abrupten Zugbelastung auseinanderreißen.

Der beschriebene Entstehungsmechanismus des Muskelkaters macht es verständlich, warum vor allem bei **ungewohnten Belastungen** ein Muskelkater auftritt: Die bindegewebigen Begleitstrukturen (hierzu gehören auch die gerade erwähnten Titin- und Nebulinfilamente) haben unter anderem eine mechanische Schutzfunktion für den Muskel im Sinne einer Überdehnungsbarriere. Bei unzureichender Vorbereitung bzw. schlechtem augenblicklichem Trainingszustand werden die Substrukturen des Muskels durch die zu intensive Belastung überfordert und dadurch unblutig (es kommt auf diesem Niveau noch zu keinen Blutgefäßzerreißungen, wie dies bei Makroverletzungen der Fall ist) mikrotraumatisiert.

Muskelkater wird oftmals auch durch koordinative Mängel- sei es durch ein Übungsdefizit nach längerer Trainingspause oder durch Belastungen im ermüdeten Zustand - ausgelöst.

Symptomatik: Die betroffenen Muskeln sind in der Folge hart, geschwollen und steif, empfindlich gegen Berührung, schmerzhaft bei jedem Bewegungsversuch und unfähig zu großen Anstrengungen.

Beachten Sie: Die Muskelkatersymptomatik tritt meist erst 1 oder 2 Tage nach der Belastung auf, ist während der nächsten 1-2 Tage am stärksten und klingt dann allmählich ab. Ursache für die verzögert eintretende Schmerzempfindung ist ein entzündlicher Prozess, der durch die “Zelltrümmer” der Mikroläsionen in Gang gesetzt wird. Dadurch kommt es zu einer allmählichen Wassereinschleusung in die Muskelzelle, was durch die intrazelluläre Drucksteigerung zur Stimulierung der Schmerzrezeptoren führt.

Vorbeugung: Das einfachste Rezept zur Vermeidung eines Muskelkaters ist die behutsame Steigerung der körperlichen Belastung (allmähliche Belastungssteigerung bei neuen, ungewohnten Übungen und nach längerer Trainingspause). Dadurch hat die Skelettmuskulatur Zeit, sich den ihr auferlegten Spannungen in funktioneller Weise anzupassen.

Behandlung: Da dem Muskelkater eine mechanische Schädigung zugrunde liegt, ist eine Schonung bzw. eine Belastung geringer Intensität (z.B. durchblutungsförderndes gemütliches Radfahren oder Joggen) als sinnvoll anzusehen. Geeignet erscheinen auch Sauna und heiße Bäder, da sie aufgrund der verbesserten Durchblutung den Heilungsprozess fördernd unterstützen. Massagen sind kontrainidiziert, da sie eine weitere mechanische Irritation des Muskels darstellen. Bei bestehendem Muskelkater sollten Schnellkraft- oder Maximalkraftbelastungen vermieden werden, um nicht aus der Mikro- eine Makroverletzung (z.B. Muskelfaser- oder Muskelriss) mit entsprechend gravierenden Folgen zu provozieren.

1.8.3 Pressatmung

Eine Gefährdung besonderer Art - dies gilt vor allem für ältere bzw. untrainierte oder koronar (die Herzkranzgefäße betreffend) vorgeschädigte Personen - stellt die so genannte Pressatmung dar.

Bei allen intensiveren bzw. maximalen Kraftbelastungen kommt es automatisch zur Pressatmung. Sie ist bei gesunden Personen durchaus sinnvoll, da sie eine Erhöhung des inneren Lungendruckes bewirkt und über den so genannten *pneumomuskulären Reflex* den funktionellen Zustand der Skelettmuskulatur im Sinne eines Spannungs- und Kraftanstieges optimiert, der bei Kraftleistungen erwünscht und notwendig ist (ohne Pressatmung ist die maximale Kraft etwa 10-15 % geringer).
Bei älteren, oftmals arteriosklerotisch vorgeschädigten Personen jedoch birgt die Pressatmung bisweilen schwer kalkulierbare Gefahren. Durch die Erhöhung des Druckes im Brustinnenraum wird **zum einen** der venöse Rückstrom erheblich beeinträchtigt. Dadurch fällt das Herzminutenvolumen bis um 55 % ab und das Schlagvolumen wird vorübergehend auf weniger als ein Drittel des Ausgangswertes verringert. Folge ist einerseits eine verringerte Herzkranzgefäßdurchblutung, die Herzrhythmusstörungen auslösen kann, andererseits können aufgrund einer Gehirnmangeldurchblutung kollapsähnliche Zustände provoziert werden. **Zum anderen** kann es aufgrund des mit der Pressatmung einhergehenden erhöhten Blutdruckes zu Gefäßzerreißungen mit Augenhintergrundblutungen oder zu einer zerebralen Massenblutung (mit bisweilen sogar tödlichem Ausgang) kommen.
Kurz: Bei gesunden, leistungssportlich orientierten, krafttrainingsgewohnten Personen ist die Pressatmung ein alltägliches unproblematisches Phänomen. Bei untrainierten Personen hingegen sollte die Pressatmung so weit wie möglich vermieden werden, um die aufgezeigten möglichen Komplikationen zu vermeiden.

1.9 Gesundheitliche Bedeutung des Krafttrainings

1.9.1 Haltungsprophylaxe

Nachdem in unserer bewegungsarmen Zeit und aufgrund der langen Sitzzeiten (in Schule und Beruf) ein Großteil der Kinder / Jugendlichen und Erwachsenen mangels ausreichend entwickelter Rumpfmuskulatur an Haltungsschwäche leidet, ist sowohl beim sportlichen als auch gesundheitsorientierten Training der Kinder / Jugendlichen und Erwachsenen nicht nur auf eine Optimierung der Leistungs- und Funktionsmuskulatur, sondern in ganz besonderem Maße auch der Haltemuskulatur zu achten. Damit lässt sich frühzeitig und effektiv der für viele Sportler, aber auch Schüler und Büroarbeiter typische "Kreuzschmerz" vermeiden. Dieser hat seine Ursache oftmals in einer unzureichend ausgebildeten Bauch- und Rückenmuskulatur bzw. in muskulären Ungleichgewichten (Dysbalancen) der Rumpf- und Beckenstellung stabilisierenden Muskelgruppen.

1.9.2 Osteoporoseprophylaxe

Bewegungsmangel führt nicht nur zu einer Abnahme der Muskelmasse - man spricht pauschal von einem Abfall von 1 % pro Jahr ab etwa dem 30. Lebensjahr - , sondern auch der Knochendichte. Nur durch ein regelmäßiges, altersadäquates und sachgemäßes Krafttraining lässt sich die Entwicklung einer Osteoporose verhindern.

Knochen passt sich dem Zug, dem Gegengewicht an

1.9.3 Erhalt der Alltagskompetenz

Um ein Leben lang die persönliche Selbständigkeit bzw. Unabhängigkeit im Alltag zu erhalten, bedarf es eines lebensbegleitenden regelmäßigen Krafttrainings. Treppensteigen, Einkaufen, Amtsbesuche etc. erfordern ein gewisses Maß an Kraft. Wird ein bestimmtes Kraftniveau unterschritten, dann wird das Spektrum der Alltagsaktivitäten zunehmend eingeschränkt, was im Sinne eines "Teufelskreises" wiederum Rückwirkungen auf das individuelle Kraftniveau hat. Auch hier hilft im präventiven Sinne nur die Durchführung eines täglichen, adäquaten, den Erfordernissen der "Alltagskompetenz" entsprechenden Krafttrainings.

1.9.4 Erhalt der Vitalität und Lebensfreude

Krafttraining hat sowohl kurz- als auch längerfristig einen Einfluss auf die Sexualhormonspiegel, welche ihrerseits in nicht unwesentlichem Maße unsere Vitalität, unser allgemeines Aktivitätsniveau, unsere Stimmung und Lebensfreude beeinflussen. Unmittelbar nach einem Krafttraining kommt es sowohl zu einem Anstieg des Testosterons (Männer) als auch des Östrogens (Frauen) sowie anderer anaboler Hormone wie z.B. des Wachstumshormons. Längerfristig verlangsamt ein Krafttraining den altersbedingten Abfall der Sexualhormone und trägt damit zum Erhalt der Vitalität bzw. zu einer höheren Belastbarkeit und Regenerationsfähigkeit bei.

1.9.5 Wiedergewinnung der sportlichen Leistungsfähigkeit nach Verletzung

Da Sportverletzungen zu den häufigsten Verletzungen überhaupt gehören, soll an dieser Stelle exemplarisch am Beispiel eines am Meniskus operierten Spielsportlers dargestellt werden, welche wichtige Rolle das Krafttraining für den Wiederaufbau der sportlichen Leistungsfähigkeit nach Verletzung spielt.
Wie Abb. 83 verdeutlicht, ist nach Verletzung eine charakteristische Reihenfolge unterschiedlicher Maßnahmen für das stufenweise Wiedererreichen der ursprünglichen Leistungsfähigkeit erforderlich. Das Krafttraining spielt dabei eine Sonderrolle.

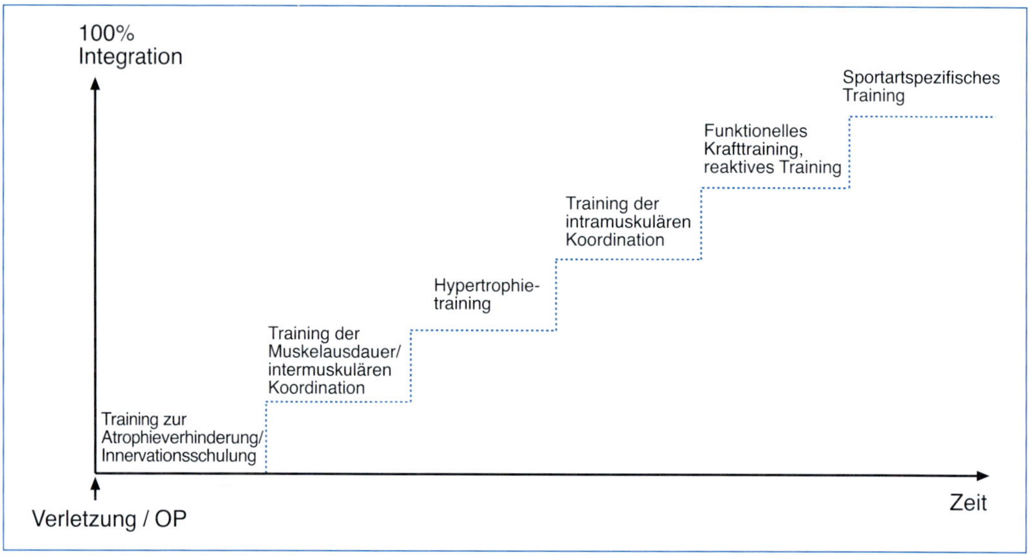

Abb. 83 : Rehabilitationsmaßnahmen nach einer Verletzung

Die Rehabilitationsmaßnahmen eines Spielsportlers beinhalten neben dem hier dargestellten Muskeltraining natürlich noch eine Vielzahl weiterer Faktoren wie z.B. physikalische Therapie (Reizstrombehandlung, Massagen, etc...), eine allgemeine Koordinations-, Beweglichkeits- und Ausdauerschulung sowie eine psychosoziale Begleitung. Ziel aller Reha-Maßnahmen ist die stufenweise Wiederherstellung der ursprünglichen Funktions- bzw. Leistungsfähigkeit des Sportlers.
Allgemein gilt: Nach einer Meniskusoperation ist die gesamte **Propriozeption** gestört.

Unter Propriozeption sind die Leistungen aller gelenksumgebenden Rezeptoren - sie geben z.B. Auskunft über die Gelenkstellung bzw. informieren über die auf das Gelenk einwirkenden Zug- und Druckkräfte - zu verstehen. Bei ihrer Ausschaltung funktionieren die ursprünglichen reflektorischen Sicherungs- und Innervationsmechanismen nicht mehr wie gewohnt und die Muskulatur beginnt aufgrund der postoperativen Immobilisierung mangels ausreichender Innervationsimpulse zu atrophieren.

- Erster Schritt: Training zur Atrophieverhinderung / Innervationsschulung

Um die Propriozeption schnellstmöglich wieder funktionstüchtig zu machen und eine zu ausgeprägte Muskelatrophie zu verhindern, muss es das Ziel entsprechender Reha-Maßnahmen sein, möglichst schnell die gestörte Innervation und die Atrophietendenz mit einem gezielten Innervations- bzw. Krafttraining zu beheben.
Mit Hilfe unterschiedlicher physiotherapeutischer Maßnahmen - zu ihnen gehören auch Mobilisationsmaßnahmen, die zuerst passiv (Bewegung durch den Therapeuten) und in der Folge zunehmend aktiv (Bewegung durch den Verletzten) erfolgen - wird versucht, die gestörte Propriozeption und Innervation allmählich wieder zu normalisieren. Gezielte und wohldosierte isometrische Kontraktionen tragen dazu bei, dass die Atrophie der Muskulatur so weit als möglich verhindert bzw. begrenzt wird.

- Zweiter Schritt: Training der Muskelausdauer bzw. der intermuskulären Koordination

Um den reduzierten Muskelstoffwechsel und die intermuskuläre Koordination, also das Zusammenspiel der an einer Bewegung beteiligten Muskeln, wieder in Gang zu bringen, erfolgt ein aerobes Kraftausdauertraining - z.B. mit Hilfe eines Fahrradergometers oder progressiv längeren Spaziergängen (anfangs mit Entlastungshilfe, dann zunehmend ohne), - wodurch die lokale Muskelausdauer verbessert wird (Ökonomisierung des Energiebedarfs durch Optimierung der intermuskulären Koordination, Vergrößerung der lokalen Energiespeicher, Steigerung der Enzymaktivität, Kapillarisierung etc.).

- Dritter Schritt: Hypertrophietraining

Auf der Basis der nun bereits optimierten Stoffwechselsituation und der verbesserten intermuskulären Koordination wird nun versucht über ein mildes Hypertrophietraining - die Intensität liegt zu Beginn bei etwa 40 bis 60 % der individuellen Maximalkraft - die geschwächte Muskulatur wieder an die präoperativen Werte heranzuführen. Je nach Belastbarkeit erfolgen 3-5 Serien à 8-12 Wiederholungen. Es bieten sich Übungen für die gesamte Beinmuskulatur an: Training der Kniestrecker und -beuger, Adduktoren und Abduktoren etc. Am besten ist hierbei ein "Zirkeltraining" an isokinetischen Geräten geeignet, das risikofrei und im Wechsel die verschiedenen Muskelgruppen auftrainiert.

- Vierter Schritt: Training der intramuskulären Koordination

Der im vorhergehenden Schritt erfolgten Muskelquerschnittszunahme folgt nun die so genannte "Ausreizung" der wiedererstarkten Muskulatur: Der Sportler versucht über maximale Anspannungen - z.B. über isometrische oder exzentrische Übungen - die intramuskuläre Koordination, d.h. die Fähigkeit eines Muskels möglichst viele Muskelfasern synchron zur Kontraktion bringen zu können, zu optimieren. Dieser Schritt ist von großer Bedeutung für die Vorbereitung der nächsten Trainingsstufe.

- Fünfter Schritt: Funktionelles Krafttraining / reaktives Training

Der vorhergehenden intensiven Phase folgt nun eine explosive Phase, die im Rahmen eines Reaktivkrafttrainings die verloren gegangene "Stiffness" des Spielsportlers wieder aufbaut.
Das funktionelle Krafttraining berücksichtigt dabei zunehmend die spezifischen Notwendigkeiten und Bewegungsabläufe der jeweiligen Sportart. Methode der Wahl ist das plyometrische Training, wobei mit der kleinen Plyometrie begonnen und mit der großen Plyometrie geendet wird.

- Sechster Schritt: Sportartspezifisches Krafttraining

Mit Hilfe des sportartspezifischen Krafttrainings - es stellt die Anforderungen der Spielfähigkeit mit ihren Antritten und Abbremsvorgängen, Richtungswechseln, Sprüngen etc. ins Zentrum - wird die sportartspezifische Leistungsfähigkeit innerhalb der sportartspezifischen Bewegungsabläufe trainiert. Übungsspiele mit progressiv gesteigertem Eigen- und Gegnereinsatz bereiten schließlich auf die nachfolgende Reintegration in den normalen Spielbetrieb vor.

Dieses Beispiel macht deutlich, dass das Krafttraining mit seinen unterschiedlichen Zielsetzungen hochgradig differenziert und gezielt zum Wiederaufbau der sportlichen Form nach Verletzung beitragen kann.

1.10 Krafttraining im Kindes- und Jugendalter

1.10.1 Besonderheiten des Krafttrainings im Kindes- und Jugendalter

Das Kinder- und Jugendtraining unterscheidet sich in vieler Hinsicht vom Erwachsenentraining und erfordert damit besondere Maßnahmen:

- Die Notwendigkeit eines altersgemäßen Krafttrainings im Kindes- und Jugendalter
Viele Kinder und Jugendliche erreichen ihre potenzielle Leistungsfähigkeit später nur deshalb nicht, weil die während der Wachstumsvorgänge für den Haltungs- und Bewegungsapparat gesetzten Reize aufgrund des vielfach vorherrschenden chronischen Bewegungsmangels unzureichend waren. Da zwischen körperlichen Fähigkeiten - hier vor allem der Kraft - und der allgemeinen Leistungsfähigkeit bzw. den sportlichen Fertig-

keiten enge Beziehungen bestehen, ist die rechtzeitige und altersgemäße Ausbildung dieses physischen Leistungsfaktors für die spätere Belastbarkeit und Leistungsentwicklung mit von entscheidender Bedeutung. Für die optimale Entwicklung des Bewegungsapparates sind Kraftreize von besonderer Wichtigkeit, da sie präventiv sowohl im Hinblick auf die heutzutage so häufig anzutreffenden Haltungsschwächen und -schäden wirken als auch unabdingbar für die Vermeidung der "Volkskrankheit" Osteoporose sind: 98 % der Knochendichte - sie ist mitentscheidend für die Stabilität des Knochens im Sinne einer Frakturprophylaxe - wird im Kindes- und Jugendalter erworben. Kinder bzw. Jugendliche, die aufgrund unzureichender Kraft- bzw. Bewegungsimpulse ihren Bewegungsapparat nicht ausreichend stimuliert und gefordert haben, erreichen eine geringere Knochenspitzenmasse und unterschreiten im späteren Leben bereits frühzeitig die so genannte "Frakturschwelle", die mit einem erhöhten Bruchrisiko verbunden ist (vgl. Abb. 84).

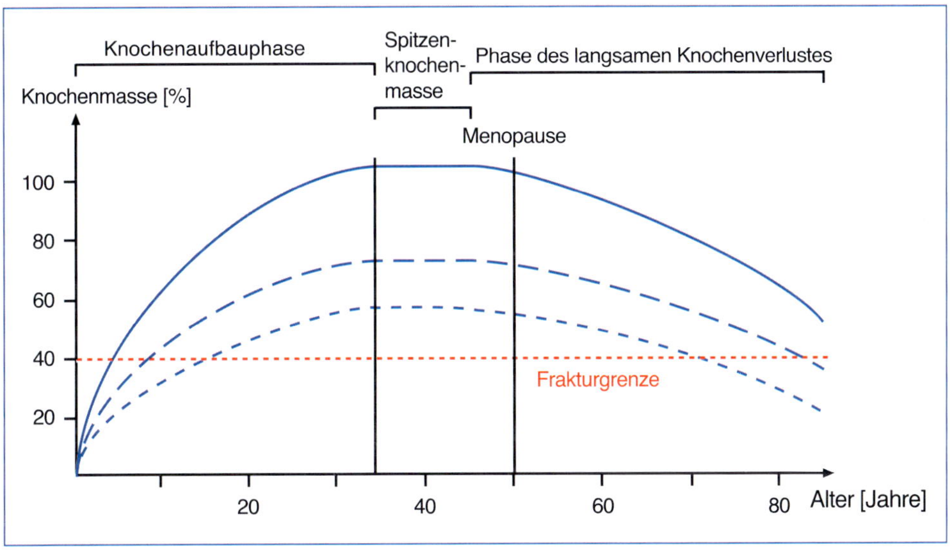

Abb. 84: Entwicklung der Knochenmasse im Altersverlauf bei Personen unterschiedlicher muskulärer Aktivität (verändert nach Lauritzen / Minne 1990,26)

- Krafttraining unter Berücksichtigung des wachsenden Organismus

Bei der Entwicklung der Kraft ist auf die Besonderheiten des wachsenden Organismus zu achten: Der kindliche und jugendliche Knochen ist zwar aufgrund der geringeren Kalkeinlagerungen elastischer, dafür aber weniger druck- und biegefest. Weiterhin ist die Verknöcherung der Wachstumsfugen erst zwischen dem 17. und 20. Lebensjahr abgeschlossen. Beides hat zur Folge, dass der passive Bewegungsapparat des Jugendlichen im Vergleich zum Erwachsenen eine reduzierte Belastbarkeit aufweist. Allerdings lassen sich auch am passiven Bewegungsapparat des Kindes über Zug- und Druckbeanspruchungen des Knochens durch muskuläre Betätigung - hierbei sind vor allem die Spielsportarten mit ihren abrupten Stops und Richtungswechseln von besonderer Bedeutung - formative Reize

und damit Adaptationserscheinungen auslösen, die unter anderem in der Knochenstruktur (dickere Knochenrinde, breitere Knochen, Ausrichtung der Knochenbälkchen nach den Zug- und Drucklinien) und in der höheren Zugfestigkeit der Bänder und Sehnen deutlich werden.
Da die Muskulatur dank der Steuerungsmechanismen der Ermüdung durch Krafttraining kaum übertrainierbar ist, sind Schädigungen der Muskulatur durch akzentuiertes Training im allgemeinen nicht zu befürchten.

Um Schäden am passiven Bewegungsapparat zu verhindern - dies gilt in besonderem Maße für jugendliche Leistungssportler -, ist vor allem eine frühzeitige Spezialisierung mit einem damit verbundenen einseitigen Training der Muskulatur zu vermeiden, da es dadurch zu einer Überbeanspruchung des Skelettsystems, hier vor allem der Wirbelsäule, kommen kann.

1.10.2 Krafttraining in den verschiedenen Altersstufen

Das Krafttraining im Kindes- und Jugendalter hat sich den wechselnden wachstums- und entwicklungsbedingten Gegebenheiten sowohl hinsichtlich der sich ändernden Belastbarkeit als auch hinsichtlich der altersentsprechenden Erwartungen bezüglich Übungsauswahl und Durchführungsmodalitäten anzupassen.

- Krafttraining im Vorschulalter, frühen und späten Schulkindalter
Im Vorschulalter (bis 6 Jahre) ist Krafttraining im eigentlichen Sinne nicht angebracht. In dieser Altersstufe gilt es nur, den normalen Bewegungsdrang der Kinder bezüglich einer vielseitigen und umfassenden allgemeinen Entwicklung des aktiven und passiven Bewegungsapparates lenkend auszunutzen, um ausreichende Reize für Knochenwachstum und Muskelentwicklung zu setzen.
Geeignet ist in diesem Alter vor allem das **Hindernisturnen** in Klettergärten etc.
Auch im frühen Schulkindalter (6/7 - 10 Jahre = Grundschulalter) steht die vielseitige Kräftigung des Halte- und Bewegungsapparates im Mittelpunkt. Allerdings kann nun schon in gezielter Form der weiterhin ausgeprägte Bewegungsdrang der Kinder für ein abwechslungsreiches Krafttraining, z.B. in der Form eines **Zirkeltrainings** mit kindgerechter Übungsauswahl, ausgenutzt werden. Ausschließliche Trainingsmethode ist das dynamische Training, wobei vor allem der Schnellkraftschulung der Vorzug gegeben werden sollte.
Im späten Schulkindalter (10 Jahre bis Pubertätseintritt) erfährt die allgemeine und vielseitige Kräftigung der wichtigsten Muskelgruppen durch Übungen, die das Überwinden des eigenen Körpergewichts beinhalten bzw. durch Hinzunahme geringer Zusatzlasten (Medizinbälle, Fausthanteln, Sandsäcke etc.) eine weitere Steigerung.

- Krafttraining im Jugendalter
Der Eintritt der Pubertät stellt das Ende der Kindheit und den Beginn des Jugendalters dar. Die Pubertät lässt sich in zwei Abschnitte, nämlich die Pubeszenz und die Adoleszenz, unterteilen.
In der **Pubeszenz** (Mädchen 11/12-13/14; Jungen 12/13-14/15) - sie wird auch erste puberale Phase genannt - kommt es durch den ausgeprägten Längenwachstumsschub zu einer vorübergehenden und individuell mehr oder weniger ausgeprägten Disharmonie der Körperproportionen. Dabei werden die Hebelverhältnisse in ihrer Relation zum Leistungspotenzial der Muskulatur immer ungünstiger. Da weiterhin der Wachstumsknorpel unter dem Einfluss von Hormonen, vor allem dem Wachstums- und Sexualhormon, eine Reihe morphologischer und funktioneller Veränderungen erfährt, die seine mechanische Belastbarkeit herabsetzen, ist diese Altersstufe in Bezug auf Fehlbelastungen bzw. einseitige Dauerbelastungen, insbesondere im Bereich der Wirbelsäule, vermehrt anfällig. Andererseits gilt der Pubertätseintritt mit seinem steilen **Anstieg der Sexualhormone** - sie haben eine starke anabole = eiweißaufbauende Wirkung - als so genannte **sensible Phase** für die Kraftentwicklung. Diese Sondersituation erfordert zum einen die Ausnutzung dieser Phase hoher Krafttrainierbarkeit, zum anderen die Durchführung eines Krafttrainings, das den passiven Bewegungsapparat nicht überfordert und so Schäden am Skelettsystem vermeidet. Aus diesem Grunde sollte in dieser Altersstufe die Entwicklung einer kräftigen Muskulatur bei weitgehender Entlastung der Wirbelsäule erfolgen.
Die **Adoleszenz** (Mädchen 13/14-17/18; Jungen 14/15-18/19) - sie wird auch als zweite puberale Phase bezeichnet - gilt als der Zeitpunkt der besten Trainierbarkeit für die Kraft und ist gekennzeichnet durch
- vermehrtes Breitenwachstum
- Reharmonisierung der Körperproportionen
- hohe Sexualhormonspiegel
- starke Zunahme der Muskulatur
- Stabilisierung des Skelettsystems sowie
- einer parallel damit einhergehenden erhöhten mechanischen Belastbarkeit.

In der Adoleszenz können die Belastungen bzw. Trainingsmethoden schrittweise aus dem Erwachsenentraining übernommen werden. Allerdings dominiert auch in dieser Altersstufe noch die Umfangsarbeit gegenüber Belastungen mit hoher Intensität; außerdem sollte auf eine kontinuierliche Belastungssteigerung geachtet werden.

1.11 Zusammenfassung

Das Krafttraining stellt einen wichtigen Faktor für die Steigerung der sportlichen Leistungsfähigkeit und die Verletzungsprophylaxe bzw. die Rehabilitation nach Verletzung dar. Die Wirksamkeit eines Krafttrainings hängt von der Trainierbarkeit der jeweiligen Muskulatur, seiner Muskelfaserzusammensetzung, vom Alter und der neuromuskulären Leistungsfähigkeit ab. Die Kraft des Sportlers lässt sich durch ein Muskelquerschnitts-

bzw. Hypertrophietraining und ein Training der intra- und intermuskulären Koordination erreichen. Der Erfolg eines Krafttrainings hängt von einer Vielzahl unterschiedlicher Faktoren, wie z.B. dem Ausgangsniveau, der Trainingshäufigkeit und der Ernährung ab. Je nach Zielsetzung - Verbesserung der Maximalkraft, der Schnellkraft oder der Kraftausdauer - müssen unterschiedliche Trainingsmethoden - dynamische, statische oder gemischte - und Durchführungs- bzw. Organisationsformen, wie z.B. das Pyramiden- und das Zirkeltraining, zum Einsatz kommen.

1.12 Lernerfolgskontrolle

- Stellen Sie die Bedeutung der Kraft für die sportliche Leistungsfähigkeit und die Alltagskompetenz exemplarisch dar!
- Nennen Sie die drei Hauptmanifestationsformen der Kraft und stellen Sie Gemeinsamkeiten und Unterschiede der beiden Schnellkraftsubkategorien Startkraft und Explosivkraft dar!
- Erläutern Sie den Zusammenhang zwischen Trainierbarkeit und Sexualhormonen!
- Erklären Sie warum eine Frau im Vergleich zum Mann eine geringere Kraft hat!
- Nennen und erläutern Sie die Faktoren, welche für einen beschleunigten Kraftanstieg verantwortlich sind!
- Geben Sie eine Systematik der wichtigsten Krafttrainingsmethoden!
- Beschreiben Sie die Vor- und Nachteile des positiv und negativ dynamischen Krafttrainings!
- Erläutern Sie die gesundheitliche Bedeutung eines Kraftausdauertrainings!
- Erörtern Sie den Aufbau eines Krafttrainings in der Rehabilitation nach Verletzung!
- Stellen Sie die Risiken und Gefahren eines Krafttrainings dar!
- Entwerfen Sie einen volleyballspezifischen "Zirkel" zur Verbesserung der Schnellkraft und einen schwimmspezifischen "Zirkel" zur Verbesserung der Kraftausdauer!
- Erläutern Sie die Besonderheiten eines Krafttrainings im Kindes- und Jugendalter!

2. Lerneinheit: Schnelligkeitstraining

Lerninhalte:

- Bedeutung der Schnelligkeit
- Anatomisch-physiologische Grundlagen der Schnelligkeit
- Arten der Schnelligkeit
- Methoden des Schnelligkeitstrainings
- Risiken und Gefahren des Schnelligkeitstrainings
- Gesundheitliche Bedeutung der verschiedenen Arten der Schnelligkeit
- Schnelligkeitstraining im Altersgang

2.1 Bedeutung der Schnelligkeit

Bei der Schnelligkeit handelt es sich um einen außergewöhnlich vielfältigen Fähigkeitskomplex, der sich in den verschiedenen Sportarten in recht unterschiedlicher Weise darstellt. Ringer, Boxer, Karatekas, Spielsportler und Leichtathleten zeichnen sich zwar alle durch eine hohe Schnelligkeitsausprägung aus, unterscheiden sich jedoch in vielfacher Hinsicht in ihrer sportartspezifischen Schnelligkeit voneinander. Schnelligkeit ist nicht nur die Fähigkeit, schnell zu laufen, sondern sie spielt auch bei azyklischen Bewegungen (Sprung, Wurf) und weiteren zyklischen Bewegungen (Eisschnelllauf, Radsprint) eine wichtige Rolle. Darüber hinaus ist sie mit ihren kognitiven Teilkomponenten Wahrnehmungsschnelligkeit, Antizipationsschnelligkeit, Entscheidungsschnelligkeit und Reaktionsschnelligkeit (s.S. 171) in allen Spielsport- und Kampfsportarten von eminenter Bedeutung.

Die Schnelligkeit ist eine motorische Hauptbeanspruchungsform, die wie die Beweglichkeit sowohl eine Zuteilung zu den konditionellen Fähigkeiten als auch zu den koordinativen Fähigkeiten zulässt.

Die Schnelligkeit im Sport stellt die Fähigkeit dar, aufgrund kognitiver Prozesse, maximaler Willenskraft und der Funktionalität des Nerv-Muskel-Systems höchstmögliche Reaktions- und Bewegungsgeschwindigkeiten unter gegebenen Bedingungen zu erzielen (Grosser 1991,13).

2.2 Anatomisch-physiologische Grundlagen der Schnelligkeit

Die Schnelligkeit ist als komplexer psychophysischer Leistungsfaktor von verschiedenen anatomisch-physiologischen Voraussetzungen abhängig.
Eine zusammenfassende Übersicht der Einflussgrößen der motorischen Schnelligkeit gibt Abb. 85.

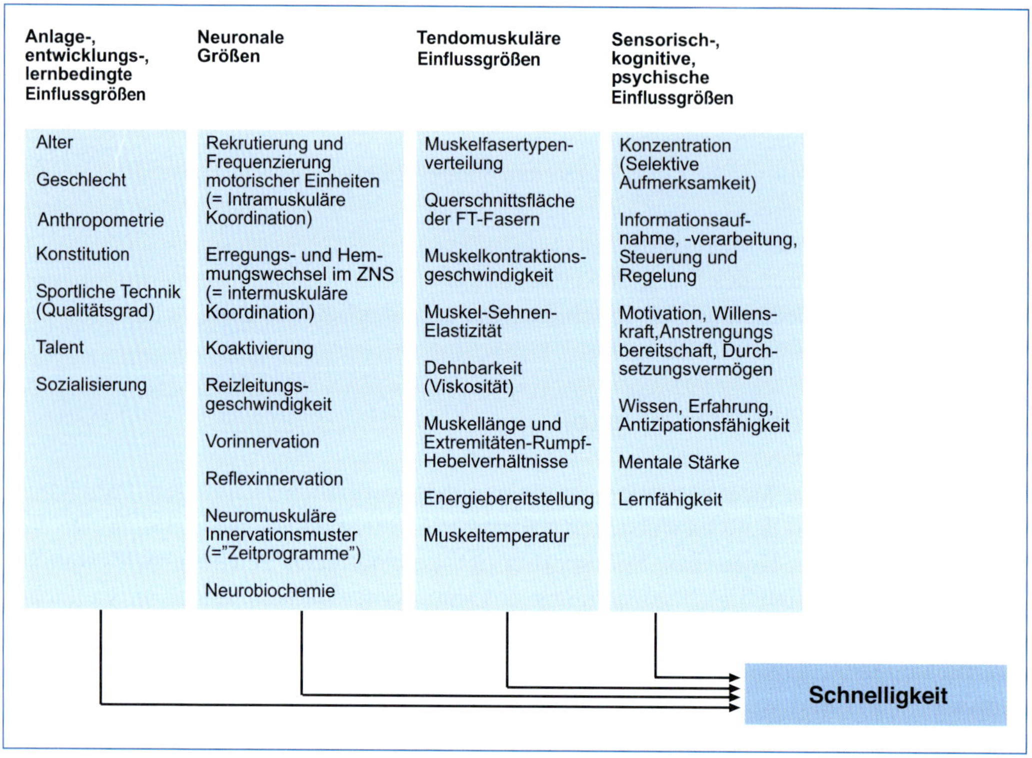

Abb. 85: Einflussgrößen der motorischen Schnelligkeit (verändert nach Grosser in Weineck 2002,400)

Die wichtigsten schnelligkeitsbestimmenden Faktoren sollen in der Folge kurz dargestellt werden.

2.2.1 Art der Muskulatur

Die Kontraktionsgeschwindigkeit eines Muskels ist im hohen Maße von seiner Muskelfaserzusammensetzung abhängig.

"Geborene Sprinter" - sie haben bisweilen einen FT-Faser-Anteil von bis zu 90 % - weisen einen höheren Prozentsatz an FT-Fasern auf als zum Beispiel Langstreckenläufer, bei denen die ST-Fasern dominieren.

2.2.2 Kraft der Muskulatur

Die unterschiedliche Leistungsfähigkeit im Schnelligkeitsbereich - dies gilt besonders für ihre Teilkomponente, die Beschleunigungsphase - basiert auf einem verschiedenen Ausgangsniveau an Koordinations- und Kraftvermögen. Eine Verbesserung der speziellen

Kraft geht stets auch mit einer Erhöhung der Bewegungsschnelligkeit einher.
Die Zunahme des Muskelquerschnitts ermöglicht mehr Brückenbindungen pro Zeiteinheit für das Ineinandergleiten von Aktin und Myosin und erhöht so die Kontraktionsgeschwindigkeit des Muskels.
Die Größe der Kraftimpulse ist von ausgeprägtem Einfluss auf die Schrittlänge bzw. die Schrittfrequenz: Ist der Kraftimpuls in der Stützphase größer, vergrößert sich die Schrittlänge und verkürzt sich die Stützzeit, was zu einer Erhöhung der Schrittfrequenz führt.

2.2.3 Biochemie der Muskulatur

Die Maximalgeschwindigkeit des Sportlers ist in hohem Maße von der Höhe und der Art der Energievorräte in der Arbeitsmuskulatur sowie ihrer möglichen Mobilisationsgeschwindigkeit abhängig.
Mit zunehmender Laufdauer nimmt die Maximalgeschwindigkeit ab, da die nacheinander dominierenden Brennstoffe eine abnehmende energetische Flussrate besitzen. Bei azyklischen Bewegungen (Wurf, Stoß, Sprung) stellen die intrazellulären ATP-Speicher die entscheidende Energiequelle dar.

Bei Kurzstreckenläufen reichen die energiereichen Phosphate (ATP, KP) - sie weisen die höchste Flussrate aller Energieträger auf - je nach speziellem Trainingszustand beim Erwachsenen etwa 5-7 Sekunden, bei Kindern etwa 3-5 Sekunden für maximale Sprintleistungen.
Bei längeren Laufstrecken oder schnell aufeinander folgenden Läufen mit unvollständiger Resynthese der energiereichen Phosphate - pro gelaufene 10 m wird in der Leichtathletik eine Pause von 1 Minute zur Wiederauffüllung von ATP und KP gefordert - spielt die anaerobe Glykolyse (Zuckerverbrennung ohne Sauerstoff) mit Laktatproduktion eine entscheidende Rolle.
Bereits bei einem 100m-Lauf werden daher auch bei den weltbesten Sprintern Laktatwerte von über 10 Mmol Laktat/l erreicht. Die Beteiligung glykolytischer Prozesse an der Energiebereitstellung bei kurzen Sprints und Antritten zeigt die Bedeutung der muskulären Glykogenspeicher.

Durch spezielles Training können die energiereichen Phosphate um etwa 20 % und die für die anaerobe Glykolyse wichtigen Glykogenspeicher um etwa 60 % gesteigert werden. Parallel dazu steigt die Aktivität der am Umsatz dieser energiereichen Phosphate beteiligten Enzyme.

Beachten Sie: Nur ein Training mit maximal schneller Bewegungsausführung - dies gilt sowohl für azyklische als auch zyklische Bewegungen - führt zu einer Optimierung der Bewegungsschnelligkeit. Ein Schnelligkeitstraining mit submaximalen Geschwindigkeiten - wie z.B. beim intensiven Intervalltraining - führt nicht zu einer optimalen Verbesserung schnelligkeitsspezifischer biochemischer Parameter, da es nicht zu einem maxima-

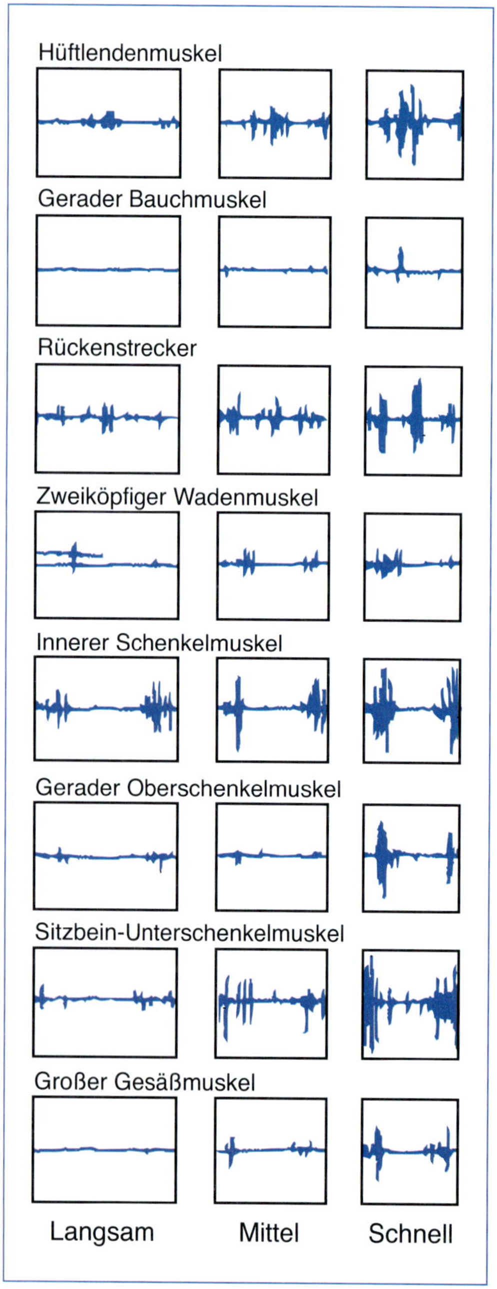

Abb. 86 : Einsatz der Muskulatur bei unterschiedlichen Geschwindigkeiten (EMG) (Kunz /Unold 1988,21)

len Umsatz und Abbau des energetischen Potenzials und bestmöglicher koordinativer Belastung kommt. Abb. 86 zeigt eindrucksvoll, dass jede Geschwindigkeit ihr spezielles koordinatives Innervationsmuster und damit auch ihre spezielle Biochemie aufweist.

Demnach gilt: Nur ein Sprinttraining mit maximaler Geschwindigkeit, also vollstem Einsatz bringt über die Aktivierung der "richtigen" Muskelfasern und der "richtigen" Stoffwechselwege ein optimales Trainingsergebnis!
Ein Training in ermüdetem Zustand bringt ebenso wenig wie ein lustlos "heruntergespultes" Schnelligkeitstraining ohne letzten Einsatz.

2.2.4 Neuromuskuläre Steuerungsprozesse

Ein kräftiger Antritt mit hoher Bewegungsfrequenz kann nur bei schnellstem Wechsel zwischen Erregung und Hemmung und entsprechenden Regulationen des Nerv-Muskelsystems in Verbindung mit einem optimalen Krafteinsatz erreicht werden. Erst eine optimale intermuskuläre (zwischen den verschiedenen Muskeln) und intramuskuläre (innerhalb des einzelnen Muskels) Bewegungskoordination ermöglicht es, das Zusammenspiel von Agonisten und Antagonisten zu verbessern sowie die Zahl der gleichzeitig aktivierten motorischen Einheiten zu erhöhen und somit die Beschleunigungskraft der Arbeitsmuskulatur anzuheben.

Beachten Sie: Sowohl die inter- als auch die intramuskuläre Koordination können zur Optimierung der Antrittsschnelligkeit bzw. der Reaktion nur dann in höchstem Maße entwickelt werden, wenn sie unter sportartspezifischen Bedingungen und mit höchster Intensität geschult werden.

2.2.5 Nervenleitungsgeschwindigkeit

Die Nervenleitungsgeschwindigkeit ist eng mit guten Schnelligkeits- (zyklische Schnelligkeit) bzw. Schnellkraftleistungen (azyklische Schnelligkeit) verbunden. Sie ist eng mit der Größe der zugehörigen Neuronen und der Dicke der Myelinscheiden (sie isolieren die Nervenleitungsbahnen) korreliert.

2.2.6 Elastizität und Entspannungsfähigkeit der Muskulatur

Wenn die Elastizität, die Dehnbarkeit und die Entspannungsfähigkeit der Muskeln unzureichend sind, kommt es zu einer Verringerung der Bewegungsamplitude sowie zu einer Verschlechterung des koordinativen Zusammenspiels, da die sich kontrahierende Muskulatur (Agonisten) während der Bewegung einen höheren Widerstand der Gegenspieler (Antagonisten) überwinden muss.

2.2.7 Erwärmungszustand der Muskulatur

Eine hohe Bewegungsfrequenz und Kraftentwicklung setzt einen optimalen Erwärmungszustand voraus. Durch das Aufwärmen wird zum einen die innere Reibung (Viskosität) herabgesetzt und die Dehnungsfähigkeit bzw. Elastizität der Muskulatur erhöht. Andererseits nimmt auch die Leitungsgeschwindigkeit zu, wodurch sich gleichermaßen die Reaktionsfähigkeit erhöht: Ursache ist die so genannte Reaktions-Geschwindigkeits-Temperatur-Regel (RGT-Regel), die besagt, dass bei ansteigender Temperatur bis zu einem Optimum alle biochemischen Prozesse um bis zu 20 Prozent schneller ablaufen. Zum Erreichen der individuellen Maximalgeschwindigkeit ist demnach ein ausreichendes Aufwärmen notwendig.

2.2.8 Ermüdung

Muskuläre Ermüdung führt zu einer mehr oder weniger ausgeprägten Abnahme der Energiespeicher bzw. zu einer zunehmenden Übersäuerung der Muskulatur, die über sensible afferente Leitungsbahnen zur Hirnrinde gemeldet werden. Dadurch werden die für die motorische Steuerung verantwortlichen Gehirnzentren gehemmt, was eine Abnahme der Zahl der innervierten motorischen Einheiten zur Folge hat.
Für das Training der maximalen Schnelligkeit bedeutet dies, dass in der Trainingseinheit

Schnelligkeitsübungen nach einer entsprechenden Aufwärmarbeit am Anfang stehen sollten, so lange der Sportler noch erholt und frisch ist.

2.2.9 Geschlecht

Die geschlechtsspezifischen Unterschiede in der maximalen Laufgeschwindigkeit sind überwiegend auf die unterschiedlichen Kraftvoraussetzungen zurückzuführen. Aufgrund der unterschiedlichen hormonellen Ausgangssituation besitzt die Frau eine geringere Kraft und damit auch niedrigere Geschwindigkeiten bezüglich zyklischer und azyklischer Bewegungen.

2.2.10 Alter

Die Schnelligkeit ist derjenige physische Leistungsfaktor, der mit zunehmendem Alter am frühesten und ausgeprägtesten eine Abnahme erfährt. Dies hängt vor allem mit der altersbedingten Abnahme der Kraft sowie der koordinativen Leistungsfähigkeit zusammen. Wie Abb. 87 verdeutlicht, steigt die Tappingfrequenz - sie ergibt sich aus schnellstmöglichen wechselweisen Fußkontakten auf einer entsprechenden Messplatte - aufgrund der zunehmenden Kraft im Jugendalter stark an und fällt dann mit ansteigendem Alter kontinuierlich ab.

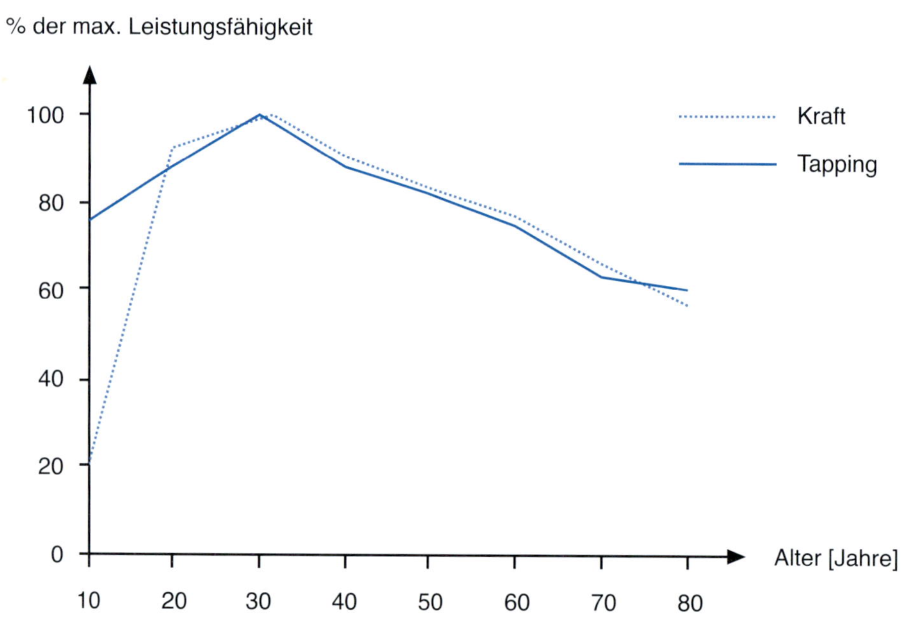

Abb. 87: Die Beziehung zwischen der Entwicklung der Kraft bzw. der Foot-Tapping-Frequenz im Altersgang

2.3 Arten der Schnelligkeit

Wie Abb. 88 zeigt, lässt sich die Schnelligkeit in kognitive und motorische Schnelligkeitsarten unterteilen.

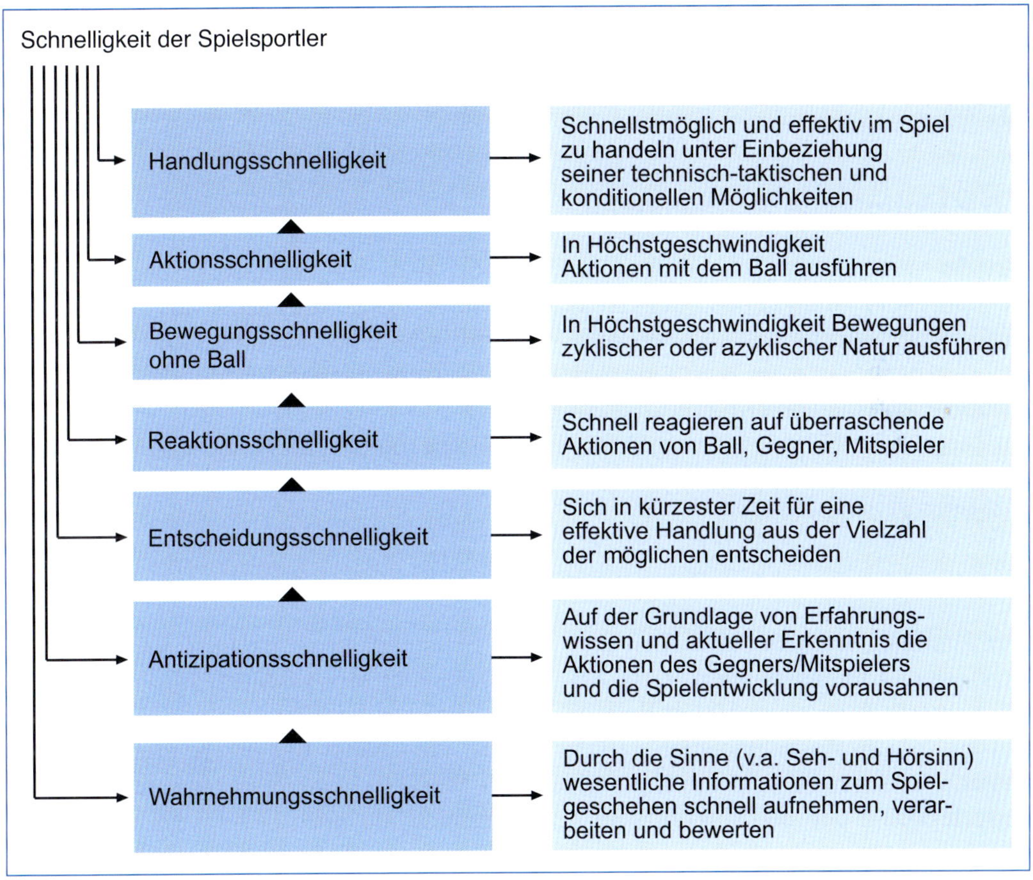

Abb. 88: Teileigenschaften der Schnelligkeit und ihre Bedeutung für die Leistungsfähigkeit des Spielsportlers

2.3.1 Kognitive Schnelligkeit

Zu den rein kognitiven Schnelligkeitsarten gehören die **Wahrnehmungs-**, die **Antizipations-** und die **Entscheidungsschnelligkeit**. Die **Reaktionsschnelligkeit** befindet sich an der Schnittstelle von kognitiver und motorischer Schnelligkeit. Die Bewegungs- und Aktionsschnelligkeit gehören überwiegend zur motorischen Schnelligkeit.
In ihrer komplexesten Form tritt die Schnelligkeit in der so genannten **Handlungsschnelligkeit** bzw. -geschwindigkeit in Erscheinung. Sie ist vor allem in den Spiel- und Zweikampfsportarten von besonderer Bedeutung und wird sowohl von Prozessen der Infor-

mationsaufnahme und -verarbeitung als auch dem situationsadäquaten motorischen Handlungsvollzug bestimmt.

Definitorisch lässt sich die Handlungsschnelligkeit wie folgt umreißen:
Unter Handlungsschnelligkeit ist eine komplexe sportartspezifische Schnelligkeitsform zu verstehen. Sie stellt ein psychophysisches Vollzugsmerkmal dar, das die Schnelligkeit der ablaufenden Prozesse technisch-taktischer Spielhandlungen - sie werden emotional und motivational interindividuell unterschiedlich gesteuert - in gegebenen Spielsituationen widerspiegelt.

2.3.2 Motorische Schnelligkeit

Bei der motorischen Schnelligkeit unterscheidet man eine azyklische und zyklische Schnelligkeit, die neben der Reaktionsschnelligkeit oft auch als elementare Schnelligkeitseigenschaften bezeichnet werden. Allerdings ist diese Zuteilung nicht unumstritten, da auch hier eine Vielzahl unterschiedlicher leistungsbestimmender Faktoren auf eine hohe Komplexität hinweisen.
Im Zentrum der Folgeausführungen soll die zyklische motorische Schnelligkeit stehen, da die azyklische Schnelligkeit (Sprung, Wurf, Stoß, Schuss etc.) schon umfassend bei der Schnellkraft dargestellt wurde.

Trainierbarkeit der motorischen Schnelligkeit

Der konditionell-koordinative Leistungsfaktor Schnelligkeit ist anlagebedingter und in geringerem Umfang trainierbar als z.B. die Kraft oder die Ausdauer. Ein untrainierter Erwachsener kann seine 100-m-Bestzeit bei entsprechendem Training um 15-20 % verbessern, nur in Ausnahmefällen darüber hinaus. Dies hängt mit der bereits erwähnten Tatsache zusammen, dass die Unterschiede im Muskelfaserverteilungsmuster genetisch festgelegt sind und die Muskelfasern durch Training nur noch bedingt bezüglich ihres Volumens (Querschnittszunahme) bzw. ihrer Koordinationsfähigkeit verändert werden können.

2.4 Methoden des Schnelligkeitstrainings

2.4.1 Wiederholungsmethode

Die geeignetste Methode im Schnelligkeitstraining ist die Wiederholungsmethode. Sie beinhaltet das wiederholte Absolvieren einer gewählten Strecke, die nach einer jeweils vollständigen Erholung mit maximal möglicher Geschwindigkeit durchlaufen wird. Aufgrund der hohen Intensität ist nur eine geringe Wiederholungszahl möglich. Bei Auftritt von Ermüdungserscheinungen - dies kann beim Untrainierten bereits nach 3-5 Wiederholungen der Fall sein - wird die Serie bzw. Lauffolge beendet, um keine langsamen "Bewegungsprogramme" einzuschleifen bzw. zu verfestigen.

Bei der Wiederholungsmethode kehren aufgrund der vollständigen Erholung zwischen den einzelnen maximalen Belastungen alle Leistungsparameter aus dem Bereich des Atmungs-, Herz-/Kreislauf- und Stoffwechselsystems in die Ausgangslage zurück. Bei jeder weiteren Belastung kommt es zu einem neuerlichen Durchlaufen sämtlicher regulativer und biochemischer Steuerungsprozesse. Aus diesem Grunde schult die Wiederholungsmethode in ausgeprägtem Maße das reibungslose Ineinandergreifen aller leistungsbestimmenden Regulationsmechanismen (vgl. Abb. 89).

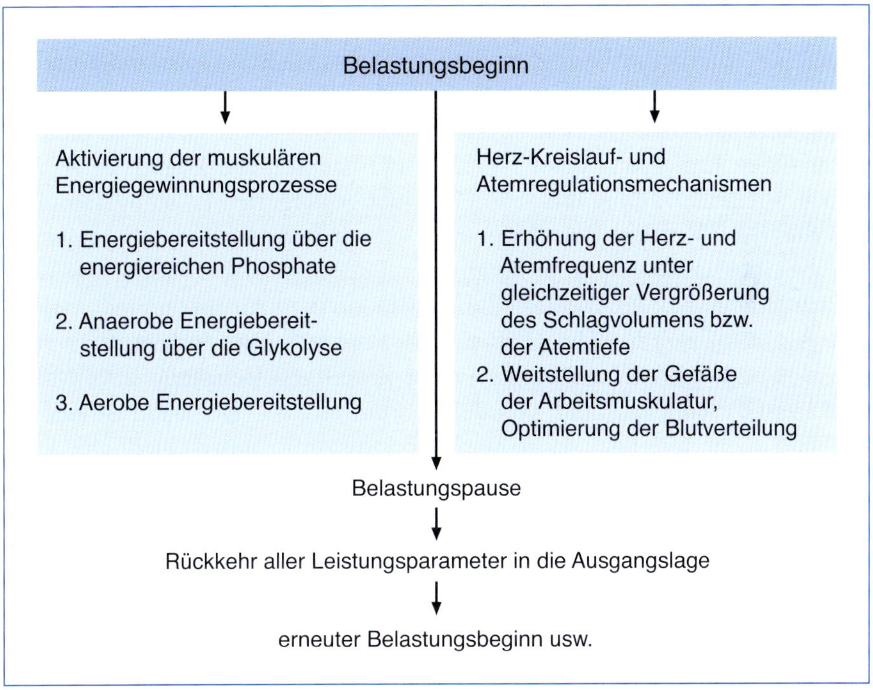

Abb. 89: Das Prinzip der Wiederholungsmethode

Neben der Schulung der Regulationsmechanismen setzt das Wiederholungstraining mit seinen maximalen Belastungen auch noch Reizintensitäten, die eine Hypertrophie der FT-Fasern der jeweiligen Arbeitsmuskulatur ermöglichen. Diese Methode ist deshalb vor allem für Sportdisziplinen geeignet, bei denen es neben einer hohen Schnelligkeit auch noch auf ein hohes Maß an Kraft bzw. Schnellkraft ankommt. Schließlich spielt die Wiederholungsmethode mit ihren maximalen Belastungsanforderungen noch eine wichtige Rolle für die gezielte Vermehrung der muskulären Energiespeicher. Je nach Belastungsdauer bzw. Laufstrecke werden dabei entweder vor allem die energiereichen Phosphate, die anaerobe laktazide Energiebereitstellung (anaerobe Glykolyse) oder z.T. bereits auch schon die aerobe Energiebereitstellung beansprucht. Meist liegt eine sportartspezifische "gemischte" biochemische Beanspruchung vor, da bei hochintensiven Belastungen alle Energiebereitstellungsmechanismen gleichzeitig anlaufen, jedoch ihr Maximum zu unterschiedlichen Zeitpunkten erreichen.

Beachten Sie also: Azyklische Schnelligkeitsleistungen, wie z.B. Sprung / Wurf / Stoß werden durch ATP energetisch abgewickelt; ultrakurze Läufe von 3-5 Sekunden erhöhen vor allem die Speicher der energiereichen Phosphate (ATP und KP) und deren Enzymaktivität; längere maximale Läufe (> 5-7 Sekunden) werden insbesondere von der anaeroben Glykolyse bewerkstelligt - dies führt zu einer Steigerung der lokalen Glykogenspeicher - und darüber hinaus gehende Belastungen beziehen bereits die aerobe Energiegewinnung mit ein

Da das Phänomen der Superkompensation dann besonders ausgeprägt ist, wenn die Energiespeicher - hierbei insbesondere die Glykogenspeicher - vollständig und rasch entleert werden, bietet sich die Wiederholungsmethode in dieser Hinsicht als die optimale "Entleerungsmethode" an: Bereits 5-6 Tempoläufe über 400m führen zu einer schnellen und vollständigen Entleerung der FT-Fasern und nachfolgend kommt es zu einer überschießenden Wiederauffüllung und damit zu einer gesteigerten Leistungsfähigkeit.
Beachten Sie: Eine derartige Belastung unter Verwendung der Wiederholungsmethode ist nur für einen Hochleistungssportler möglich.
Welche Pausenlänge bei der Wiederholungsmethode dem Anspruch einer "vollständigen Pause" genügt, lässt sich in vielen Fällen nicht konkret - etwa in Minuten - angeben, da das Pausenintervall extrem abhängig von der jeweiligen Belastung bzw. Vorbelastung, vom Alter, vom Trainingszustand, von der Sportart etc. ist. Demnach ist eine normative Pausengebung nicht möglich, da je nach Sportdisziplin unterschiedliche Ermüdungszustände pro Zeiteinheit erreicht werden.
Für den leichtathletischen Sprint gilt wie bereits erwähnt: "1 Minute Pause pro 10 gelaufene Meter".

2.4.2 Intensive Intervallmethode

Als ergänzende Methode zur Verbesserung der "Schnelligkeitsausdauer" - sie beinhaltet die Fähigkeit, möglichst lange mit maximaler Schnelligkeit zu laufen und spielt eine wichtige Rolle in den leichtathletischen Sprints (100m, 200m, 400m) - kann noch die intensive Intervallmethode herangezogen werden. Hierbei wird das Phänomen der kumulativen Ermüdung zur Steigerung der intramuskulären Glykogenspeicher ausgenutzt.

2.5 Inhalte bzw. praktische Beispiele für die Durchführung eines Schnelligkeitstrainings

2.5.1 Training der kognitiven Schnelligkeitsfaktoren

Die kognitiven Schnelligkeitskomponenten - Wahrnehmungs-, Antizipations-, Entscheidungs- und Reaktionsschnelligkeit - lassen sich komplex am besten mit Hilfe der "Kleinen Spiele" bzw. der großen Sportspiele (Fußball, Handball, Basketball, Volleyball, Hockey etc.) entwickeln. Wie Abb. 90 verdeutlicht, wird in den Sportspielen der so genannte "fünffache Blick" geschult.

Unter höchstem Zeitdruck muss eine gegebene Spielsituation richtig eingeschätzt und in eine weiterführende Lösung (Schuss, Pass, Dribbling o.ä.) umgesetzt werden. Nur ein Spieler mit ausreichend entwickeltem "peripheren Sehen", der Fähigkeit z.B. Laufwege der Mit- oder Gegenspieler zu sehen bzw. vorherzusehen, sich schnellstmöglich zu entscheiden und entsprechend rasch zu reagieren ist in der Lage, das Spiel gewinnbringend "zu lesen" und situationsadäquat zu handeln.

Abb. 90: Der "fünffache Blick" des Spielers als Voraussetzung für eine hohe Handlungsschnelligkeit

In den “Kleinen Spielen” werden diese Eigenschaften systematisch vom Einfachen zum Komplexen, vom Einfachen zum Schwierigen, vom Langsamen zum Schnellen, vom Überschaubaren zum “Unüberschaubaren” hin entwickelt.

Die für die Spielsportarten so wichtige schnelle räumlich-zeitliche Orientierung mit entsprechendem “Anschlussverhalten” wird durch einfache Spiele wie “Schwarzer Mann” oder verschiedene “Platzsuchspiele” (z.B. “Feuer, Wasser, Blitz”; “Tag und Nacht”) geschult. Anschließend folgen zunehmend komplexere Spiele (z.B. “Der Bär ist los” oder “Steh Bock, frei Bock” ; “das Schiff geht unter”) bis schließlich die noch gut überschaubaren Kleingruppenspiele (2 : 2; 3 : 3 etc.) mit oder ohne zusätzlicher Anspielstation folgen, die schon eindeutige Züge der Sportartspezifität tragen.

2.5.2 Training der motorischen Schnelligkeit am Beispiel des 100m-Laufes

Der 100-m-Lauf setzt sich aus 4 charakteristischen Phasen, nämlich der Startreaktionsphase, der Beschleunigungsphase, der Phase der Aktions- bzw. Frequenzschnelligkeit und der Schnelligkeitsausdauerphase zusammen und ist vor allem determiniert durch die Faktoren Kraft (Maximal- und Schnellkraft) und Koordination.

Beachten Sie: Um das Phänomen der frühzeitigen Stagnation durch die Ausbildung stabiler Bewegungsmuster - sie lassen sich später aus neuromuskulärer Sicht kaum mehr auf ein höheres Niveau anheben - zu vermeiden, ist bei allen Trainingsformen auf ein variables Übungsprogramm (“vielseitig, variantenreich, ungewohnt”) unter stets variierenden Rahmenbedingungen zu achten.

2.5.2.1 Training der Reaktion und Startbeschleunigung

Die **Reaktionsgeschwindigkeit** wird meist zusammen mit dem Beschleunigungsvermögen trainiert. Beide Faktoren sind in dieser Kombination nicht nur für den leichtathletischen Sprinter, sondern auch für alle Spielsportler von besonderer Bedeutung. Mögliche Übungen:
- Starts aus unterschiedlichen Lagen
- Starts nach Nieder- oder Seitwärtssprüngen bzw. Rückwärts- oder Seitwärtslaufen
- Starts nach verschiedenen Signalen (akustisch, optisch, taktil)
- Starts auf verschiedenen Böden (Hartplatz, Sand, Rasen,Weichbodenmatte etc.)
- Kleine Spiele und Staffeln mit schneller Reaktion (z.B. “Nummernwettlauf”)

Da das **Beschleunigungsvermögen** stark von der Maximal- bzw. Schnellkraft abhängt, sollte in der Vorbereitungsperiode oder parallel zum “Antrittstraining” stets auch ein entsprechendes Krafttraining stehen (s. Maximal- und Schnellkrafttraining S. 145).

Als Übungsformen bieten sich an:
- Kurze Sprünge (beid- oder einbeinige Einfach- bzw. Mehrfachsprünge horizontal oder vertikal bzw. kombiniert)
- Lange Sprünge (z.B. Sprungläufe über 20, 30, 50 m und mehr)
- Plyometrisches Training (s.S. 142)
- Antritte unter erschwerten Bedingungen (z.B. bergauf) oder mit Zusatzbelastung (Partnerzug, Reifen bzw. "Schlitten")

2.5.2.2 Training der Frequenzschnelligkeit

Beachten Sie: Beim Training der Frequenzschnelligkeit - im Sprint wird sie oftmals auch als Aktionsschnelligkeit bezeichnet - steht vor allem die Koordinationsschulung im Vordergrund. Dabei sollte auf einen möglichst frühen Beginn geachtet werden, da sich "schnelle Zeitprogramme" frühzeitig herausbilden und verfestigen. "Geschwindigkeitsbarrieren" durch einseitige und monotone Trainingsinhalte sollten so weit als möglich durch ein variables Übungsgut vermieden werden. Immer wieder sollten Bedingungen geschaffen werden, die höhere - aber auch real mögliche bzw. umsetzbare - Bewegungsgeschwindigkeiten zulassen.
Als Inhalte bzw. Übungsformen für die zyklische Schnelligkeit kommen in Frage:

- "Dribbling" am Ort, in der Vorwärtsbewegung (Frequenzarbeit, wobei die Fußballen den Boden nicht verlassen)
- "Skipping" (Kniehebelauf, auch über Hindernisse wie Stäbe, Medizinbälle etc.)
- Läufe mit fliegendem Start
- Läufe mit Zugseil, "Zauberschnur"(unterstützend)
- Steigerungsläufe
- Bergabläufe
- Bergauf- / Treppaufläufe (Frequenzarbeit)

2.5.2.3 Training der Schnelligkeitsausdauer

Beachten Sie: Die Schnelligkeitsausdauer spielt vor allem für Sprinter (100m - 400m) eine wichtige Rolle, nicht jedoch für Spielsportler, die aufgrund der Kürze ihrer Antritte diese spezielle Eigenschaft nicht benötigen.

Die Schnelligkeitsausdauer sollte pro Woche nicht öfter als einmal trainiert werden, um wegen der geringeren Bewegungsgeschwindigkeit keine Verschlechterung im Bereich Antritts- bzw. Frequenzschnelligkeit in Kauf nehmen zu müssen.
Als Inhalte bzw. Übungsformen eignen sich:
- "Overdistance-Läufe" (etwa 10 - 20 % über der Wettkampfstrecke)
- Tempowechselläufe
- Bergaufläufe/-sprünge, Treppaufläufe/-sprünge

- Laufen auf Sand
- Laufen gegen Zugwiderstände (Zauberschnur, “Reifen-Schleppen”, “Schlitten” ziehen)
- Laufen mit Fuß-, Bein- und / oder Handmanschetten
- Laufen mit “Bleiweste”.

2.6 Risiken und Gefahren des Schnelligkeitstrainings - Gesundheitsrelevanz

Aufgrund des maximalen psychophysischen Einsatzes beinhaltet das Schnelligkeitstraining bei unzureichender Leistungsvorbereitung ein nicht zu unterschätzendes Verletzungsrisiko für den gesamten Bewegungsapparat. Im “Gesundheitssport” gelten maximale Schnelligkeitsleistungen - insbesondere das Laufen, Radfahren, Inline-Skaten etc. mit maximaler Geschwindigkeit - für Normalpersonen bereits ab etwa 30 Jahren als Kontraindikation, da sie ein nicht unerhebliches Gefährdungspotenzial für das Herz-Kreislauf-System (Auslösung von Herzrhythmusstörungen, Provokation von gefährlichen Blutdruckspitzen etc.) bei degenerativ vorgeschädigten Personen in sich tragen.
Das Training des **kognitiven** Schnelligkeitsfaktors sollte jedoch lebensbegleitend erfolgen!

2.7 Schnelligkeitstraining im Altersgang

Motorische Schnelligkeitsleistungen sind, wie gerade dargestellt, vor allem ein Privileg der Jugend und weniger für das fortgeschrittene Erwachsenenalter geeignet.
Kognitive Schnelligkeitsleistungen hingegen sind für alle Altersstufen von Bedeutung!

2.7.1 Schnelligkeitstraining im Kindes- und Jugendalter

Die Maximalgeschwindigkeit von azyklischen und zyklischen Bewegungen scheint genetisch in einem relativ engen Rahmen festgelegt zu sein. Zusätzlich scheint die endgültige Ausprägung der biologischen Grundlagen der verschiedenen Schnelligkeitseigenschaften sehr frühzeitig zu erfolgen. Was demnach nicht rechtzeitig entwickelt wurde, ist später nicht oder kaum mehr oder nur mit einem wesentlich erhöhten Aufwand zu erreichen.

Im Kinder- und Jugendbereich - insbesondere im Altersbereich zwischen 8 und 16 Jahren - ermöglichen die hohe Plastizität (Formbarkeit bzw. Anpassungsfähigkeit) der Großhirnrinde und des gesamten Nervensystems sowie besondere muskuläre und hormonelle Gegebenheiten am besten eine umfassende und effiziente Ausbildung im Bereich der verschiedenen kognitiven und motorischen Schnelligkeitsfähigkeiten.
Die Frequenz und die Geschwindigkeit von Bewegungen erfahren im **frühen Schulkindalter** ihren höchsten Entwicklungsschub überhaupt. Diesem Zeitraum höchster Zuwachsraten der Schnelligkeitsfähigkeiten ist in der allseitigen Entwicklung der physischen

Leistungsfaktoren durch ein akzentuiertes Heranziehen schnelligkeitsbetonter Übungen - man denke z.B. an das leichtathletische "Lauf-ABC" (Dribbling, Skipping etc.) in spielerischer Einkleidung - Rechnung zu tragen.
Dies ist um so mehr von Bedeutung, als aufgrund des ausgeprägten **Bewegungsdranges** und der schier nicht beherrschbaren Neugier jeder "Bewegungsanlass" als Auslöser für Aktivitäten aller Art - also auch schnelligkeitsschulender Laufgelegenheiten - wahrgenommen und deshalb einer gezielten Schulung zugeführt wird.
Im **späten Schulkindalter** scheint die Entwicklung der azyklischen und zyklischen Schnelligkeit aus koordinativer Sicht zu stagnieren. Die Verbesserung der Laufschnelligkeit ist in dieser Altersstufe demnach eher auf andere Faktoren, wie z.B. die Kraft, zurückzuführen.
Mit Eintritt in die Pubertät kommt es zu tiefgreifenden psychophysischen Veränderungen, die auch entscheidend die verschiedenen Schnelligkeitseigenschaften beeinflussen.
Aufgrund der hormonell bedingten großen Zuwachsraten der Kraft ergeben sich in dieser Phase hohe Zugewinne an Schnelligkeit.
Der Anstieg der Sexualhormone führt nicht nur zu einem vermehrten Muskelwachstum, sondern erhöht auch die Leitungsgeschwindigkeit und die Schnelligkeit synaptischer Überträgermechanismen, was sich in koordinativer Hinsicht leistungsoptimierend auswirkt.

2.7.2 Schnelligkeitstraining im jungen, mittleren und höheren Erwachsenenalter

Die **zyklische** motorische Schnelligkeit ist überwiegend ein Privileg des Kindes- und Jugendalters und des jungen Erwachsenenalters. Im mittleren und höheren Erwachsenenalter ist sie von zu vernachlässigender Bedeutung, da sie im Alltagsleben kaum mehr vorkommt und im Seniorensportbereich nur noch für schnelligkeitsorientierte Leistungssportler eine Rolle spielt.

Trainingsmethoden und -inhalte unterscheiden sich im jungen Erwachsenenalter nicht wesentlich von der vorhergehenden Altersstufe, nur werden sie mit größerer Intensität und insgesamt höheren Trainingsbelastungen durchgeführt.

Die **azyklische** motorische Schnelligkeit bleibt ein Leben lang von hoher Bedeutung, da sie in der Sturzprophylaxe bzw. -vermeidung eine wichtige Rolle spielt.
Im Gegensatz zur **zyklischen** motorischen Schnelligkeit spielen die kognitiven Schnelligkeitseigenschaften ein Leben lang für jede Altersstufe eine wichtige Rolle nicht nur für den Sport, sondern auch für die Alltagskompetenz!

Ob im Straßenverkehr oder im Alltagsleben, überall sind die Wahrnehmungs, Antizipations-, Entscheidungs- und Reaktionsschnelligkeit von vitaler Bedeutung. Im "Verkehrsgetümmel" sind sie unersetzlich für eine schnelle Orientierung und adäquate kognitiv-

motorische Lösungen. Von jedem Verkehrsteilnehmer wird ein Leben lang verlangt, dass er sich jederzeit verkehrsgerecht verhält und den Anforderungen entsprechend schnell genug reagiert und handelt.
Im Alltagsleben sind die kognitiven Schnelligkeitseigenschaften von herausragender Bedeutung für die Sturz- und Unfallprophylaxe.
Aus diesem Grunde sollten die kognitiven Schnelligkeitseigenschaften über altersadäquate Spielsportarten (Tischtennis, Federball, "family tennis" etc.) oder ein lebensbegleitendes Jongliertraining trainiert und auf einem möglichst hohen Niveau gehalten werden. Wie neueste Untersuchungen zeigen werden durch diese Aktivitäten auch die "grauen Hirnzellen" effektiv mit trainiert, was im Sinne einer aktiven "Alzheimerprophylaxe" nicht von Schaden sein dürfte.

2.8 Zusammenfassung

Das Schnelligkeitstraining spielt in vielen Sportarten - vor allem in den leichtathletischen Sprintdisziplinen und in den Spiel- und Zweikampfsportarten - eine entscheidende Rolle für die sportliche Leistungsfähigkeit. "Schnelligkeitstalente" besitzen mehr FT- als ST-Fasern und haben eine schnellere Reaktionsfähigkeit.
Zur Verbesserung der motorischen Schnelligkeit müssen insbesondere die Faktoren Kraft und Koordination optimiert werden. Die wichtigste Methode zur Verbesserung der Laufschnelligkeit ist die Wiederholungsmethode.
Im Kindesalter liegt eine "sensitive Phase" vor allem bezüglich der Verbesserung der koordinativen Leistungsfähigkeit, insbesondere der "Frequenzschnelligkeit", vor. Nach einem "koordinativen Plateau" zwischen 10 und 12 Jahren stellt das Jugendalter nochmals eine Phase bester Trainierbarkeit dar, da durch den Hormonschuss sowohl koordinative als auch konditionelle Faktoren einen steilen Anstieg erfahren.
Aus gesundheitlicher Sicht sind vor allem die kognitiven Schnelligkeitseigenschaften Wahrnehmungs-, Antizipations-, Entscheidungs- und Reaktionsschnelligkeit im Sinne einer Sturz- bzw. Unfallprophylaxe von Bedeutung. Die Laufschnelligkeit hingegen verliert mit zunehmendem Erwachsenenalter an Relevanz und stellt über ihr hohes muskuläres Verletzungspotenzial bzw. ihre maximale Herz-Kreislauf-Belastung einen hochgradig gesundheitsgefährdenden Faktor dar. Aus sportmedizinischer Sicht sollten daher maximale Laufbelastungen jenseits der 30-er Jahre für untrainierte Personen vermieden werden.

2.9 Lernerfolgskontrolle

- Definieren Sie den Begriff der Schnelligkeit!
- Stellen Sie die unterschiedliche Bedeutung der Schnelligkeit in verschiedenen Sportarten dar!
- Nennen Sie die wesentlichen schnelligkeitsbestimmenden Einflussgrößen!
- Begründen Sie die besondere Bedeutung der Kraft für die motorische Schnelligkeit!
- Zeigen Sie am Beispiel des 100-m-Laufes die wesentlichen energieliefernden Prozesse

auf!
- Erläutern Sie die Bedeutung der "Flussrate" für die verschiedenen Schnelligkeitsleistungen!
- Stellen Sie die Bedeutung der intra- und intermuskulären Koordination für die Schnelligkeit dar!
- Erklären Sie die besondere Bedeutung des "Aufwärmens" für alle Schnelligkeitsleistungen unter Berücksichtigung der "RGT-Regel"!
- Erläutern Sie den Einfluss von Ermüdung auf die Schnelligkeit!
- Nennen und erläutern Sie die Bedeutung der kognitiven Schnelligkeitskomponenten!
- Diskutieren Sie die Existenz "sensitiver Phasen" für das Schnelligkeitstraining!
- Charakterisieren Sie die "Wiederholungsmethode" als die Schnelligkeitstrainingsmethode!
- Nennen Sie die wichtigsten "kognitiven" Schnelligkeitseigenschaften und begründen sie ihre Bedeutung für die Spielsportarten und die Alltagskompetenz!
- Nehmen Sie kritisch Stellung zur gesundheitlichen Relevanz von Schnelligkeitsleistungen!

IV Literaturhinweise

Ehlenz H., M. Grosser, E. Zimmermann: Krafttraining. BLV Verlagsgesellschaft, München - Wien - Zürich 1983

Grosser M.: Schnelligkeitstraining. Grundlagen, Methoden, Leistungssteuerung, Programme. BLV Verlagsgesellschaft, München 1991

Hohmann A., M. Lames, M. Letzelter: Einführung in die Trainingswissenschaft. Limpert Verlag, Wiebelsheim 2002

Israel S.: Zur Problematik des Übertrainings aus internistischer und leistungsphysiologischer Sicht. Medizin und Sport (1976), 1-12

Keul J., E. Doll, D. Keppler: Muskelstoffwechsel. Barth-Verlag, München 1969

Kunz H.-R., E. Unold: Muskeleinsatz beim Krafttraining. Eidgenössische Turn- und Sportschule, Magglingen 1988

Lauritzen C., H. Minne: Osteoporose. Wenn Knochen schwinden. Trias Verlag, Stuttgart 1990

Spencer M.R. , P.B. Gastin: Energy system contribution during 200 to 1500-m running in highly trained athletes. Medicine & Science in Sports & Exercise, 2001,1,157-162 2001,

Starischka S.: Trainingsplanung. Hofmann Verlag, Schorndorf 1988

Tidow G., K. Wiemann: Zur Interpretation und Veränderbarkeit von Kraft-Zeit-Kurven bei explosiv-ballistischen Krafteinsätzen. Deutsche Zeitschrift für Sportmedizin 1993,92-103 und 136-150

Weineck J.: Sportbiologie. Spitta Verlag, Balingen , 2002, 8. Auflage

Weineck J.: Optimales Training. Spitta Verlag, 2003, 13. Auflage

Weineck J.: Sportanatomie. Spitta Verlag, 2003, 16. Auflage

Weineck J.: Bewegung und Sport - wozu? Promotion-Service Zenk, Forchheim 2000

Weineck J., G. Köstermeyer: Zur Bedeutung von elementaren Zeitprogrammen für die Sprintleistung und Talentdiagnose. Leistungssport 1998, 1, 22-25

V Sachregister

VI Abbildungsnachweise

Alle Abbildungen ohne speziellen Autorennachweis stammen von den Autoren des Buches selbst.

Abb. 2: Aus Hohmann / Lames / Letzelter “Einführung in die Trainingswissenschaft”, Limpert Verlag, Wiebelsheim 2002, 25

Abb. 3: Aus Weineck "Optimales Training", Spitta Verlag, Balingen 2003, 21

Abb. 4: Aus Weineck "Sportbiologie", Spitta Verlag, Balingen 2002, 23

Abb. 5: Aus Weineck "Sportbiologie", Spitta Verlag, Balingen 2002, 23

Abb. 6: Aus Weineck "Optimales Training", Spitta Verlag, Balingen 2003, 33

Abb. 7: Aus Weineck "Optimales Training", Spitta Verlag, Balingen 2003, 33

Abb. 8: Verändert nach Graf in Hettinger "Isometrisches Muskeltraining", Thieme Verlag, Stuttgart 1966, 31

Abb. 9: Aus Weineck "Sportbiologie", Spitta Verlag, Balingen 2002, 26

Abb. 12: Verändert nach Grosser et al. "Leistungssteuerung in Training und Wettkampf”, BLV Verlagsgesellschaft, München - Wien - Zürich 1986, 34

Abb. 13: Aus Weineck "Sportbiologie", Spitta Verlag, Balingen 2002, 35

Abb. 14: Aus Starischka "Trainingsplanung", Hofmann Verlag, Schorndorf 1988, 11

Abb. 16: Verändert nach Grosser et al. "Leistungssteuerung in Training und Wettkampf”, BLV Verlagsgesellschaft, München - Wien - Zürich 1986, 48, 49

Abb. 17: Verändert nach Starischka "Trainingsplanung", Hofmann Verlag, Schorndorf 1988, 72

Abb. 18: Aus Weineck "Sportanatomie", Spitta Verlag, Balingen 2003, 15

Abb. 21: Aus Weineck "Sportanatomie", Spitta Verlag, Balingen 2003, 70

Abb. 22: Verändert nach Weineck "Sportanatomie", Spitta Verlag, Balingen 2003, 116

Abb. 24: Verändert nach Weineck "Sportanatomie", Spitta Verlag, Balingen 2003, 69

Abb. 25: Verändert nach Weineck "Sportanatomie", Spitta Verlag, Balingen 2003, 135

Abb. 26: Verändert nach Weineck "Sportanatomie", Spitta Verlag, Balingen 2003, 150

Abb. 27: Verändert nach Weineck "Sportanatomie", Spitta Verlag, Balingen 2003, 150

Abb. 30: Verändert nach Smillie in Weineck "Sportanatomie", Spitta Verlag, Balingen 2003, 164

Abb. 32: Verändert nach Schmidt in Weineck "Sportanatomie", Spitta Verlag, Balingen 2003, 168

Abb. 33: Verändert nach Weineck "Sportanatomie", Spitta Verlag, Balingen 2003, 170

Abb. 41: Verändert nach Schirmer in Weineck "Sportanatomie", Spitta Verlag, Balingen 2003, 85

Abb. 42: Verändert nach Schmidt in Weineck "Sportanatomie", Spitta Verlag, Balingen 2003, 92

Abb. 47: Aus Weineck "Sportbiologie", Spitta Verlag, Balingen 2002, 38

Abb. 50: Aus Weineck "Sportbiologie", Spitta Verlag, Balingen 2002, 43

Abb. 53: Verändert nach Spencer / Gastin "Energie system contribution during 200 to 1500-m running in highly trained athletes”, Medicine & Science in Sports & Exercise, 2001, Nr.1, 159

Abb. 54: Verändert nach Keul in Weineck "Sportbiologie", Spitta Verlag, Balingen 2002, 48

Abb. 55: Aus Tidow / Wiemann "Zur Interpretation und Veränderbarkeit von Kraft-Zeit-Kurven bei explosiv-ballistischen Krafteinsätzen", Deutsche Zeitschrift für Sportmedizin 1993, 140

Abb. 56: Aus Weineck "Sportbiologie", Spitta Verlag, Balingen 2002, 64

Abb. 57: Aus Latash "Neurophysiological basis of movement", Verlag Human Kinetics, Champaign, Il, 1998, 45

Abb. 59: Aus Weineck "Sportanatomie", Spitta Verlag, Balingen 2003, 120

Abb. 60: Verändert nach Weineck "Sportanatomie", Spitta Verlag, Balingen 2003, 124, 126

Abb. 61: Verändert nach Weineck "Sportanatomie", Spitta Verlag, Balingen 2003, 134, 136, 138

Abb. 62: Verändert nach Weineck "Sportanatomie", Spitta Verlag, Balingen 2003, 153, 171

Abb. 63: Verändert nach Weineck "Sportanatomie", Spitta Verlag, Balingen 2003, 161, 177

Abb. 64: Verändert nach Weineck "Sportanatomie", Spitta Verlag, Balingen 2003, 196

Abb. 66: Verändert nach Ikai in Weineck "Optimales Training", Spitta Verlag, Balingen 2003, 255

Abb. 67: Verändert nach Fukunaga in Weineck "Optimales Training", Spitta Verlag, Balingen 2003, 251

Abb. 68: Verändert nach Cometti in Weineck "Sportbiologie", Spitta Verlag, Balingen 2002, 282

Abb. 69: Verändert nach Meerson in Weineck "Optimales Training", Spitta Verlag, Balingen 2003, 256

Abb. 70: Aus Weineck "Optimales Training", Spitta Verlag, Balingen 2003, 262

Abb. 71: Aus Weineck "Optimales Training", Spitta Verlag, Balingen 2003, 236

Abb. 76: Verändert nach Cometti in Weineck "Optimales Training", Spitta Verlag, Balingen 2003, 281

Abb. 77: Verändert nach Cometti in Weineck "Optimales Training", Spitta Verlag, Balingen 2003, 289

Abb. 79: Aus Weineck "Optimales Training", Spitta Verlag, Balingen 2003, 297

Abb. 84: Aus Lauritzen / Minne "Osteoporose. Wenn Knochen schwinden", Trias Verlag, Stuttgart 1990, 26

Abb. 85: Verändert nach Grosser in Weineck "Optimales Training", Spitta Verlag, Balingen 2003, 400

Abb. 86: Aus Kunz / Unold: "Muskeleinsatz beim Krafttraining", Eidgenössische Turn- und Sportschule, Magglingen 1988, 21

Abb. 88: Verändert nach Weineck "Optimales Training", Spitta Verlag, Balingen 2003, 398

Abb. 89: Aus Weineck "Optimales Training", Spitta Verlag, Balingen 2003, 178

Tabellennachweis

Alle Tabellen ohne speziellen Autorennachweis stammen von den Autoren des Buches selbst.

Tab. 4: Aus Weineck "Sportbiologie", Spitta Verlag, Balingen 2002, 47

Tab.5: Aus Israel "Zur Problematik des Übertrainings aus internistischer und leistungsphysiologischer Sicht", Medizin und Sport, 1976, 2

Tab. 6: Aus Israel "Zur Problematik des Übertrainings aus internistischer und leistungsphysiologischer Sicht", Medizin und Sport, 1976, 8